谨以此书献给

爱子乐天

（2018年12月28日夜初啼）

本书为教育部人文社会科学重点研究基地重大项目

"犹太教与基督教的历史与现实研究"（16JJD730002）

之阶段性成果

经 院 哲 学 与 宗 教 文 化 研 究 丛 书

段德智 总主编

From Nature to Grace: An Ethical Study of St. Thomas Aquinas

托马斯·阿奎那伦理学研究

王涛 著

人民出版社

经院哲学与宗教文化研究丛书

《托马斯·阿奎那自然法思想研究》，刘素民著，已出

《阿奎那自然神学思想研究》，翟志宏著，已出

《阿奎那存在论研究——对波埃修<七公理论>的超越》，董尚文著，已出

《阿奎那人学思想研究》，白虹著，已出

《阿奎那变质说研究》，濮荣健著，已出

《吉尔松哲学研究》，车桂著，已出

《拉纳先验哲学研究》，车桂著，已出

《阿奎那三一学说研究》，车桂著，已出

《托马斯·阿奎那情感理论研究》，黄超著，已出

《自由之三维：力量、爱和正义——R.尼布尔政治神学研究》，方永著，已出

《托马斯·阿奎那爱的学说研究》，张祎娜著，已出

《托马斯·阿奎那伦理学研究》，王涛著，已出

《阿奎那正义理论研究》，陈文安著，即出

（待续）

总　序

段德智

　　《经院哲学与宗教文化研究丛书》已经开始面世了。在其面世之际或面世之初，我作为该丛书的主编和策划者之一，有责任向读者交代一下我们主编这套丛书的初衷，即我们为何要策划编辑出版这样一套丛书以及我们关于这套丛书的一些具体设想。

　　《经院哲学与宗教文化研究丛书》虽然从字面上看蕴涵两个部分，但是，按照我们的设想，"经院哲学"毕竟是其主体部分。从这个意义上讲，"我们为何要主编这样一套丛书"便可以化约为我们为何要研究和阐释经院哲学这样一个问题。那么，我们为什么要研究和阐释经院哲学呢？诚然，我们之所以要研究和阐释经院哲学是具有多方面的原因的，例如，有社会方面的原因，也有我们个人学术经历方面的原因，但是，最根本的原因却在于作为我们研究对象的经院哲学本身的本质规定性，在于它的学术价值和学术地位。具体说来，就在于，在我们看来，经院哲学是一门比较纯粹的学问，是作为哲学的哲学，是一种指向性极强的形而上学和生存论，是一种与宗教文化和世俗文化密切相关的哲学，是一种在西方哲学发展史上享有崇高历史地位的哲学。

第一，在我们看来，经院哲学是一门比较纯粹的学问，是哲学。经院哲学虽然与基督宗教神学相关，但是，就其基本内涵和学术取向看，经院哲学，顾名思义，其所意指的无非是经院里的哲学，学院里的哲学，学者们的哲学。"经院哲学"这个词在英文中为"scholasticism"，在德文中为"Scholastik"，在法文中为"philosophie scolastique"，而它们的源头又都可以一直上溯到希腊词"schoolastikós"，而这一希腊词主要意指的即是一种为学问而学问的比较纯粹的学术探究。此外，希腊词"schoolastikós"还有一个意思，这就是它也可以用来意指以上述学术态度和学术立场治学的学者。在拉丁文中，"scholasti-cus"作为经院哲学的一个近义词，其基本内涵即为"学者"、"文人"。其意思与杜甫"士子甘旨阙，不知道里寒"（《别董颎》）一句中的"士子"以及吴敬梓的《儒林外史》书名中的"儒"字的含义大体相当。再者，从这些词的词根(scho-)看，这些词除内蕴有学问、学习、学术探究外，还都内蕴有学校、学院、大学的意思。例如，英文"scholasticism"除与意指"学问"、"学识"的"scholarship"同源外，还显然与"school（学校）"同源。而在拉丁文中，"schola"的基本含义即为"学校"、"学舍"、"讲堂"、"教室"，与我国古代的"书院"大体相当。因此，经院哲学其实是一种学校里的哲学，大学里的哲学，当然，从历史上看，首先当是巴黎大学、牛津大学和剑桥大学里的哲学。因此之故，即使"打算穿七里长靴尽速跨过"中世纪的黑格尔在《哲学史讲演录》中在谈到经院哲学与教父哲学的区别时，也曾经强调指出：能够成为经院哲学载体或主体的不是具有圣职的"教父",而是有学问的能够"科学地成体系地"讲授哲学和神学的"博士"、"教师"和"学者"(scholasticus)。他还进而明确指出:"经院哲学是这个时期的主要人物。它是欧洲中世纪的西欧哲学。"①而意大利来华的传教士艾儒略(Julius Aleni,1582—1648 年)在《西学凡》中不仅将哲学(Philosophia)译做"理科"或"理学",而且还明确地将"理学"解释为"义理之大学"和"格物穷理之学"。即使基督宗教神学(Cheologie),也被他译做"道科"或"道学",理解成"总括人学之精"的学问。②

第二,在我们看来,经院哲学的长处不仅在于它是一种比较纯粹的哲学,而且还在于它是一种指向性极强的形而上学。按照黑格尔的说法,经院哲学家,作为哲学家,其根本努力就在于"把基督宗教教会的教义建筑在形而上学的基础上"。③这是一件经院哲学家当时不能不做的事情。在基督宗教神学在当时的意识形态中处于"万流归宗"的地位的情势下,经院哲学家只有两种选择:一种是放弃职守,如是,他也就因此不复为哲学家;另一种是接受"任务"。然而,一旦他接受为基督宗教神学做哲学论证的"任务",他也就必须站到形上学的平台上开展工作。因为基督教教义和神学,归根到底是一种关于上帝的学说,一种关于终极实存的学说,一种关于使万物

---

① 参见黑格尔:《哲学史讲演录》第 3 卷,贺麟、王太庆译,商务印书馆 1981 年版(下同),第 268、278、268 页。

② 参见艾儒略:《西学凡》,见李之藻编:《天学初函》(一),台湾学生书局 1965 年版(下同),第 50 页。

③ 黑格尔:《哲学史讲演录》第 3 卷,第 289 页。

之存在得以存在的纯粹存在的学说。因此,黑格尔强调说:"这样的神学家只能是哲学家。关于上帝的科学唯有哲学",唯有形而上学。① 在一定意义上,我们可以说,把人类的思维水平提升到形而上学的层次上来,是中世纪经院哲学的一项巨大贡献。艾儒略在《西学凡》中将经院哲学称做"超出生死之学",②来华传教士利类思(Pudovicus Buglio,1606—1682年)将经院哲学称做"最贵且要"的"天学",③台湾新士林哲学强调经院哲学乃"超越智慧"。所有这些都可以看做经院哲学形而上学性质的印证。形而上学乃哲学的"硬核"和"纵深维度",是任何哲学体系都不可或缺的东西。尽管在西方哲学史上,从古希腊罗马时代的智者派和皮浪主义,到中世纪的唯名论,再到近现代的经验主义、实证主义、逻辑经验主义,一直绵延有"拒斥形而上学"的理论思潮,但是,从整个哲学史来看,最后遭到拒斥的不是形而上学,而是那些拒斥形而上学的上述哲学流派。"从这个意义上讲",对以形而上学为其主体内容的"经院哲学和学院哲学的研究"是"具有永恒意义的,只要哲学存在一天,学院哲学或作为学院哲学的经院哲学就应当存在一天,因为对学院哲学或作为学院哲学的经院哲学的研究的意义因此就永远会有专属于它自身的面向未来而在的载体。"④就此而言,人们关于经院哲学或托马斯·阿奎那的哲学为"永

---

① 黑格尔:《哲学史讲演录》第3卷,第280页。

② 参见艾儒略:《西学凡》,见李之藻编:《天学初函》(一),第49页。

③ 参见利类思:"《超性学要》自序",圣托马斯:《超性学要》"超性学要自序",利类思译,上海土山湾印书馆1930年版(下同),第3页。

④ 段德智:《试论经院哲学的学院性质及其学术地位》,载许志伟主编:《基督教思想评论》,上海人民出版社2007年版(下同),第8页。

恒哲学"（philosophia perennis）的说法,如果撇开其宗教立场和神学意蕴,也是不无道理的。

第三,经院哲学不仅是一种指向性极强的形而上学,而且还是一种指向性极强的生存论。毋庸讳言,宗教神学是人异化或对象化的产物,但是,在这种异化或对象化的背后还有一个更深层次的问题,这就是人何以要将自己异化或对象化出去的问题,这就是我们通常所说的宗教神学之谜的谜底问题。费尔巴哈曾经深刻地指出:"神学之秘密是人本学。"①蒂利希也从人学的立场出发,指出:"神学的对象,是引起我们的终极关切的问题。"②恩格斯的答案更为简洁。他说:宗教之谜的谜底不是别的,就是"神是人"。③ 然而,无论是费尔巴哈和蒂利希的答案,还是恩格斯的答案,似乎都尚未完全回答了我们的问题。因为他们的答案所回答的只是一个"是什么",尚不是我们所要求的"为什么"。"因此,当我们说过'神是人'之后,我们还必须进而说'人是神'。唯其如此,我们才可以说是解读了宗教的秘密,给出了宗教之谜的谜底。"④这就是说,人类之所以要造出一个个神,乃是为了使他们自己成为神,使他们自己像神那样生活。一句话,宗教神学和宗教哲学的问题,说到底,是一个生存论问题。就经院哲学来说,事情也是如此。如果说

5

---

① 费尔巴哈:《基督教的本质》,荣震华译,商务印书馆 1984 年版(下同),第 5 页。

② 蒂利希:《系统神学》第 1 卷,芝加哥大学出版社 1951 年版(下同),第 12 页。

③ 恩格斯:《英国状况(评托马斯·卡莱尔的〈过去和现在〉)》,见《马克思恩格斯全集》第 1 卷,人民出版社 1956 年版(下同),第 651 页。

④ 段德智:《宗教概论》,人民出版社 2005 年版(下同),第 252 页。

在希腊哲学里,根本无所谓"人本思想",而只有"魂本思想"的话,那么在经院哲学里,则出现了"全整的人(既有灵魂也有身体的人)"的概念。如果说在希腊哲学里,只有抽象的人的概念或人的"类"概念的话,在经院哲学里,则出现了"个体的人"的概念。如果说在苏格拉底那里,"认识你自己"、"照顾你自己的灵魂"还是少数知识分子精英的事情的话,那么,在中世纪的经院哲学里,则成了普通民众的事情。还有,如果说在古希腊哲学里,"存在"只不过是一种"理念"或"通种"的问题,而在中世纪的经院哲学里,"存在"便开始演变成了一种"生存活动"。总之,在经院哲学这里,人的问题或人的生存问题,不再是哲学予以说明的一个问题,而是成了整个哲学的归宿问题。① 艾儒略在谈到经院哲学的功用时,强调说:研究和掌握经院哲学不仅旨在"知万有之始终、人类之本向、生死之大事",而且还旨在"格物穷理,则于人全,而于天近"②。利类思则从"天学"与"人学"相互渗透、相互贯通的高度,充分肯认了经院哲学的人学意义:"非人学,天学无先资;非天学,人学无归宿。必也两学先后联贯,乃为有成也。"③我国著名学者徐光启在谈到经院哲学时,也突出地强调了它的生存论意义,说经院哲学是"事天爱人之说,格物穷理之论,治国平天下之术"。④ 与徐

---

① 参见段德智:《试论经院哲学的学院性质及其学术地位》,载许志伟主编:《基督教思想评论》,第11—13页。

② 艾儒略:《西学凡》,见李之藻编:《天学初函》(一),第50、31页。

③ 利类思:"《超性学要》自序",圣托马斯:《超性学要》"超性学要自序",第3页。

④ 徐光启:《辨学章疏》,见《徐光启集》下册,上海古籍出版社1984年版(下同),第434页。

光启相一致,李之藻也把经院哲学视为"存心养性之学"和
"救心之药"。① 这些都是很有见地的。

第四,经院哲学不仅是一种指向性极强的形而上学和生
存论,而且还是一种与宗教文化和世俗文化关系密切的哲学。
宗教既然为人类文化的"硬核"和"深层维度",它与人类社会
和人类文化的各个层面的广泛联系也就是一件非常自然的事
情了。马克思在《〈黑格尔法哲学批判〉导言》中称宗教为世
俗世界或世俗文化的"总理论"、"包罗万象的纲领"和"具有
通俗形式的逻辑",即是谓此。② 这种情况在中世纪欧洲差不
多被发挥到了极致,以至于在谈到基督宗教及其神学在中世
纪欧洲的整个社会文化大系统中的"万流归宗"的地位时,恩
格斯强调说:"中世纪把意识形态的其他一切形式——哲学、政
治、法学,都合并到神学中,使它们成为神学中的科目","中世
纪的历史只知道一种形式的意识形态,即宗教和神学"。③

第五,作为学院哲学的中世纪经院哲学是西方哲学史上
一个极其重要的发展阶段。作为学院哲学的经院哲学虽然有
古典经院哲学和新经院哲学之分,但是,其"轴心时代"无疑
是中世纪。而中世纪经院哲学不仅是西方哲学发展史上的一
个阶段,而且是其一个极其重要的发展阶段。说它是西方哲
学发展史上一个极其重要的发展阶段乃是出于下面两个理由

7

---

① 李之藻:《天主实义序》、《畸人十篇序》,朱维铮主编:《利玛窦中文
著译集》,复旦大学出版社 2001 年版(下同),第 100、502 页。

② 马克思:《〈黑格尔法哲学批判〉导言》,《马克思恩格斯选集》第 1
卷,人民出版社 1995 年版(下同),第 1 页。

③ 恩格斯:《路德维希·费尔巴哈和德国古典哲学的终结》,《马克思
恩格斯选集》第 4 卷,人民出版社 1995 年版(下同),第 255、235 页。

的考虑。首先,是就中世纪经院哲学本身的特殊规定性而言的。哲学,作为一种特殊的意识形态,与其他人文科学和社会科学的根本区别,在于它对终极实存的特别关注,在于它的超越性和形而上学性,在于它的"一切皆一"、"一即一切"的意识。在通常情况下,由于人们为身边的俗物所累,很难进入这样一种超越的意境,用柏拉图的话说,就是我们很难完成"哲学的排练"(即"死亡的排练")。而经院哲学的根本特征恰恰在于其对终极实存或终极存在的特别关注,在于它的超越性和形而上学性,在于它对"一切皆一"和"一即一切"的无保留的强调。从这个意义上讲,中世纪经院哲学是训练人类哲学思维的最好的课堂或最好的课堂之一,对于人的形上思维的成长和形而上学的进步无疑有非常积极的影响。尽管人们往往将中世纪经院哲学仅仅理解为"历史"和"过去",但是,一如吉尔松所强调指出的,它至今"依然活着","我们可以假定它还会长久地继续鼓舞形而上学"。① 其次,是就中世纪经院哲学作为西方哲学发展史中的一个环节而言的。黑格尔曾经把哲学史理解成"一道洪流",理解成一个包含诸阶段于自身内的一个"在发展中的系统"。② 卢汶高等哲学研究所首任所长麦西埃(Desire Mercier,1851—1926 年)说:"哲学是在历史进程里时代相连的努力所生成的果实。"③中世纪经院哲学作为

---

① 吉尔松:《中世纪哲学精神》,沈清松译,台湾商务印书馆 2001 年版(下同),第 14 页。

② 参见黑格尔:《哲学史讲演录》第 1 卷,贺麟、王太庆译,商务印书馆 1981 年版(下同),第 8、33 页。

③ 转引自赵敦华:《基督教哲学 1500 年》,人民出版社 1994 年版(下同),第 4 页。

西方哲学发展史中的一个环节,一方面是古希腊罗马哲学的承续者、丰富者、革新者和赋予意义者,另一方面又是近现代西方哲学的资源、助产者和开启者。中世纪经院哲学的这样一种双重身份是可以从许多方面看出来的。例如,中世纪经院哲学在人学和存在论方面强调人的全整性和个体性,并把存在理解成一种创造性的生存活动,一方面是对古希腊罗马时代的"魂本思想"和"逻各斯主义"的继承和超越,另一方面又构成了近现代人学思想和存在主义思想的先声和一个理论源头。① 再如,中世纪经院哲学的注重广延和运动的物质观一方面是对古希腊罗马哲学消极被动的物质观的扬弃和超越,另一方面又是近现代物质观的先声和一个理论源头。② 中世纪经院哲学与西方哲学史上其他历史阶段的哲学形态一样,也具有明显的两重性,即:一方面具有时代的局限性,有其"过去"的一面;另一方面也有其"不死"的一面,也有其"超时代"的一面。

这些就是我们编辑出版这套丛书的主要缘由。

那么,关于这套丛书,我们究竟有一些什么样的具体打算呢?

在我国,对于中世纪经院哲学的介绍、思考和研究工作,可以一直上溯到明末清初。那时候,不仅一些有学养的来华传教士,如利玛窦(Matteo Ricci,1552—1610 年)、艾儒略、毕方济(Franciscus Sambiasi,1582—1649 年)和利类思等,对之做了大量的介绍和研究工作;而且一些著名的华人学者,如李之藻和徐光启等,也对之做了大量的介绍和研究工作。但是,

① 参见段德智:《试论经院哲学的学院性质及其学术地位》,载许志伟主编:《基督教思想评论》,第 11—13 页。

② 参见赵敦华:《基督教哲学 1500 年》,第 470、388 页。

在此后开展的洋务运动、维新运动、新文化运动、抗日战争等事关中国命运和前途的各项政治运动和社会变革中,尽管在这期间康有为等也曾提出过"建立宗教论"的主张,梁启超甚至强调过"天下无无教而立国者",但是,由于当时我国的志士仁人所关注的主要是器皿层面和制度层面的问题,甚至是民族的存亡问题,故而尽管西学在这个时期有了相当规模的"东渐",而对作为学院哲学的经院哲学却几乎无人问津。这种状况至 20 世纪下半叶才有所改变。一些先知先觉者,如大陆学者车铭州、张尚仁、傅乐安、赵敦华、唐逸,台湾学者罗光、邬昆如、黎建球、沈清松、高凌霞、张振东、潘小慧、傅佩荣等,香港学者谢扶雅等,"继"中国经院哲学研究之"绝学",在复兴这项哲学事业方面分别作出了程度不同的贡献。但是,至今我国在经院哲学的研究无论从规模上还是从水平上都与我们的大国地位极不相称。而且,在这些介绍、思考和研究中,一部分学者或是过多地倚重宗教神学层面,或是基本上着眼于历史层面和文化层面,或是基本上满足于外在审视和通俗介绍,且相当一部分学者对西方中世纪经院哲学原典又缺乏必要的了解和研究。在这种情势下,除了少数几本著作外,大多数相关著作往往缺乏应有的学术立场和必要的理论深度。鉴此,编辑出版一套基于原典翻译和研究的注重学术品位和理论深度的经院哲学著作,在我们看来,就是一件对于振兴我国经院哲学研究再适合不过的事情了。

关于这套丛书,我们的具体设想主要在下述几个方面:

第一,我们打算走学术化的研究路子,走"哲学研究"的路子。诚然,无论从宗教神学的角度,还是从历史层面和文化层面，来思考和研究中世纪经院哲学，都是有益的和必要的。但是，我们认为学术著作的生命线在学术和思想本身，唯有走学术化的研究路子、走"哲学研究"的路子才是提升我国经院哲学研究水平的根本途径。黑格尔在《哲学史讲演录》中不仅区分了哲学与宗教、哲学与其他科学知识，而且还区分了哲学与"通俗哲学"。① 罗素在《对莱布尼茨哲学的批评性解释》的"第一版序"中也明确地区分了哲学史的"历史"研究方式和"哲学"研究方式，宣称："哲学史作为一项学术研究，可以设置两种稍有差异的目标，其中第一种主要是历史的，而第二种则主要是哲学的。由于这个缘故，就很容易出现这样一种现象，即在我们寻找哲学'的'历史的地方，我们却相反地发现了历史'和'哲学。"②事实上，当我们宣称经院哲学是一门比较纯粹的学问、学院哲学和学者的哲学时，我们就是在宣示我们这样的一种意向和决心。黑格尔说："思想必须独立，必须达到自由的存在，必须从自然事物里摆脱出来，并且必须从感性直观里超拔出来。思想既然是自由的，则它必须深入自身，因而达到自由的意识。"③亚里士多德断言"理性的沉思生活"乃"人的最完满的幸福"。它给出的理由是，这样一种生活"既有较高的严肃的价值"，"又不以本身之外的任何目的为目标，并且具有它自己本身所特有的愉快（这种愉快增强了活动），而且自足性、悠闲自适、持久不倦（在对于人是可

①　参见黑格尔：《哲学史讲演录》第1卷，第91—93页。
②　罗素：《对莱布尼茨哲学的批评性解释》，段德智、张传有、陈家琪译，陈修斋、段德智校，商务印书馆2000年版（下同），第21页。
③　黑格尔：《哲学史讲演录》第1卷，第93页。

能的限度内)和其他被赋予最幸福的人的一切属性"。① 我等既然生活在尘世,受物所累,在所难免,但是,既然这种"沉思生活"值得憧憬,我等自当勉之。

第二,与此相适应,我们将着眼于经院哲学的超越性,着眼于经院哲学的形而上学性质,着眼于经院哲学的存在论和实体学说。毫无疑问,"宗教文化"也是我们这套丛书的一项内容,我们不仅要深入研究经院哲学的自然哲学、心灵哲学、认识论、道德伦理、人学思想、自然法理论、正义学说、公平价格理论、美学思想等,而且还要研究中世纪的与宗教相关的政治、经济、科学技术、文学、艺术、风俗习惯等。但是,在所有这些研究中,一方面,我们将首先致力于经院哲学的形而上学研究,致力于经院哲学的存在论和实体学说的研究;另一方面,我们又将努力从形而上学和本体论的高度来审视经院哲学的其他内容和宗教文化的各个层面。在我们看来,唯其如此,方能保证我们这套丛书的理论深度和学术品位,才能昭示出中世纪经院哲学既区别于古希腊罗马哲学也区别于西方近现代哲学的特殊本质。像罗素那样,把中世纪经院哲学简单地等同于古希腊罗马哲学,把中世纪经院哲学简单地视为古希腊罗马哲学与基督宗教神学的结合的看法,我们是不能苟同的。而致力于中世纪经院哲学的形而上学研究,致力于对其存在论和实体学说的研究正是对这样一种错误看法的一服消毒剂。②

---

① 亚里士多德:《尼各马可伦理学》第 10 卷第 7 章,北京大学哲学系外国哲学史教研室:《古希腊罗马哲学》,商务印书馆 1982 年版,第 327 页。

② 参见段德智:《阿奎那的本质学说对亚里士多德的超越及其意义》,《哲学研究》2006 年第 4 期。

第三，强调原典的研读和研究、强调研究和著述以原典的翻译和研究为基础也是我们的一个根本性的指导思想。既然在我们看来，我国近半个世纪中世纪经院哲学研究的一个根本缺陷即在于缺乏坚实的文本基础或原典基础，则我们之注重原典的研读和研究，强调研究和著述须以原典的翻译和研究为基础就是一件再自然不过的事情了。黑格尔在谈到治哲学史的秘诀时，曾强调指出："从原始史料去研究哲学史。"①至于翻译的重要性，也一向受到硕学之士的强调。明末学者徐光启就曾发出过"欲求超胜，必须会通；会通之前，必须翻译"的呼吁。② 梁启超更从"强国"的高度来审视"翻译"问题，说："国家欲自强，以多译西书为本。"③梁启超的这句话固然有点高谈阔论，但是，倘若把翻译视为振兴我国经院哲学研究的"第一事"，倒是一点也不为过的。我们注重原典的翻译和研究，注重尊重文本，这并不意味着我们将拘泥于文字考据，正相反，我们也同样注重对文本作出现代性的诠释。我们所强调的只不过是一种尊重文本的伽达默尔式的"视域融合"罢了。

第四，我们将把对托马斯·阿奎那的研究作为我们的一个重点。我们这样做，不仅仅是因为托马斯·阿奎那是中世纪经院哲学的主要代表人物，也不仅仅是因为托马斯·阿奎那是中世纪经院哲学家中最具影响力的人物，是一个在西方

---

① 参见黑格尔：《哲学史讲演录》第 1 卷，第 110 页。
② 徐光启：《历史总目表》，见《徐光启集》下册，第 374 页。
③ 梁启超："西学书目表序列"，《饮冰室合集》文集之一，中华书局1989 年版，第 122 页。

思想史上堪与苏格拉底、柏拉图、亚里士多德、笛卡尔、牛顿、康德、达尔文、马克思、麦克斯韦、霍金、尼采相媲美的世界历史性人物，而且还因为他的哲学思想在中世纪经院哲学中最为丰富，也最见学理性和系统性，是中世纪经院哲学的集大成者。利类思在其"《超性学要》自序"中，曾经称赞托马斯的著作"义据宏深，旨归精确。自后学天学者，悉禀仰焉。……学者推为群学之折衷，诸理之正鹄，百学之领袖，万圣之师资。岂不然哉！"[1]毫无疑问，在我们这套丛书中，我们将尽力推出一系列阐述中世纪经院哲学的其他代表人物和中世纪经院哲学发展过程、发展规律和历史影响的专著，但是，无论如何，托马斯·阿奎那经院哲学思想的研究都是我们的一个重点。我们这样做不仅是想借此把中世纪经院哲学的最壮观的一幕呈现给读者，在中世纪经院哲学的研究中发现"哲学"，而且还想借此为我们对中世纪经院哲学的其他代表人物的阐述提供一个坐标或参照框架。换言之，在我们看来，唯其如此，才能够使我们的整个中世纪经院哲学的研究整体上达到更高的水平。

第五，西方中世纪经院哲学与中国中世纪"书院哲学"的比较研究，也当是本套丛书的一项内容。按照一些史学家（如朱维铮）的观点，中国也有自己的"中世纪"，既然如此，中国也当有自己的中世纪经院哲学，其中最典型的莫过于"书院哲学"了。这就向我们提出了一个如何对中西中世纪经院

---

① 利类思："《超性学要》自序"，圣托马斯：《超性学要》"超性学要自序"，第3页。

哲学进行比较研究的问题,换言之,这也就是所谓"会通中西"的问题。既然我们身为中国学者,既然我们是在中国国土上从事中世纪经院哲学研究,我们就不能不考虑这种比较研究或中西会通问题。明末徐光启就曾强调指出:"欲超前胜,必须会通。"① 清末维新学者梁启超也从"治国"和"救亡"的高度强调了"会通"的必要性。他指出:"舍西学而言中学者,其中学必为无用;舍中学而言西学者,其西学必为无本。无用无本,皆不足以治天下,虽庠序如林,逢掖如鲫,适以蠹国,无救危亡。"② 虽然梁启超关于"本"、"用"的说法未必精当,但是他强调"会通"的初衷却是楚楚可见的。"会通"是不可能靠简单的"对照"和"比附"就能成的,不仅需要很好的学养,而且还需要下很大的工夫。否则,不仅"视域融合"将成为一句空话,甚至连"时间间距"和"空间间距"的隔障也难以破除。

第六,还有一个学术国际化的问题。马克思在其博士论文中就曾经提出过"哲学的世界化"问题。③ 时至今日,我们已经进入了"全球化"时代,"哲学的世界化"的任务就更加迫切了。若要在中世纪经院哲学的研究中担当这样一个任务,至少有两个方面的工作要做。这里首先有一个知识结构和理论视野问题,它要求我们在研究工作中尽可能多地了解和借

① 徐光启:《辨学章疏》,见《徐光启集》下册,第433页。

② 梁启超:《〈西学书目表〉后序》,《梁启超全集》第1册,北京出版社1999年版,第86页。

③ 马克思:《德谟克利特的自然哲学与伊壁鸠鲁的自然哲学的差别》,《马克思恩格斯全集》第40卷,人民出版社1982年版(下同),第135页。

鉴国际学术界在这一领域中的优秀成果,尽可能地同这一领域世界顶尖级的专家学者形成一种积极的对话态势。其次,在作者队伍方面,尽管我们将以国内学者或大陆学者为主,但是我们也将尽可能多地吸收像圣路易斯大学讲席教授埃利奥诺·斯敦普(Eleonore Stump)和哈佛大学中国历史和哲学教授杜维明这样一些世界顶尖级学者参加。相信我们的这些努力会对提升本套丛书的学术质量产生积极的影响。

我是 1963 年进入大学开始学习哲学的。正是因为我对信仰问题有着一种好奇或诧异,这推动我对宗教信仰问题进行哲学的思考,推动我创办了武汉大学宗教学系,组建了阿奎那与中世纪思想研究中心(后更名为武汉大学基督宗教与宗教文化研究中心),推动我去翻译杜维明先生的《论儒学的宗教性》,去组织翻译托马斯·阿奎那的《神学大全》、《反异教大全》和《论存在者与本质》,并因此而逐步萌生了主编一套关于中世纪经院哲学丛书的念头。2005 年,当我把我的这个念头和相关设想告诉人民出版社洪琼先生的时候,出乎意料地得到了他的极其热烈的回应。说实话,他当时所表现出来的学术热情、使命意识和乐观情绪,不仅使我平添了几分信心,而且还颇有几分遇到知音的感觉。应该说,我们这套丛书之能够成功推出,与他的积极投入是分不开的。因此,在我们这套丛书面世之际,如果有什么人需要感谢的话,那么,我首先应当感谢的就是洪琼先生。

我还应当特别感谢我们刚刚提到的著名的阿奎那专家埃利奥普·斯敦普教授,多年来她不仅多次到我们学校进行中世纪经院哲学讲演,而且还将他的老师诺曼·克雷茨曼(Norman Kretzmann)的数千册图书悉数捐赠给了我们。她对我们武汉大学基督宗教和宗教文化研究中心的无私帮助,对我们中世纪经院哲学研究工作的充分肯定,是并且将继续是我们中世纪经院哲学研究的一个重要助力。台湾辅仁大学哲学系的高凌霞教授受美国天主教大学荣誉教授乔治·弗兰西斯·麦克莱恩(George Frances Mclean)的委托年复一年地奔波于海峡两岸,为我们的经院哲学研究和教学工作作出了令人瞩目的贡献。此外,德国柏林自由大学的哲学教授威廉·施米特·比格曼(Wilhelm Schmidt Biggermann),加拿大不列颠哥伦比亚大学维真学院的许志伟教授,香港中文大学崇基学院神学院的卢龙光院长,台湾辅仁大学的黎建球校长和该校哲学系的潘小慧主任、香港浸会大学基督教研究中心的江丕盛主任,中国神学研究院的周永健院长和余达心院长也都曾高度评价了我们的经院哲学研究,并给予了我们多方面的支持和帮助。大陆学者如北京大学的赵敦华教授、靳希平教授、张志刚教授,中国人民大学的李秋零教授,山东大学的傅有德教授,浙江大学的王志成教授,中国社会科学院的李景源先生、李河先生、霍桂桓先生、孔明安先生、卓新平先生、辛岩先生,商务印书馆的狄玉明先生、徐奕春先生、朱泱先生和陈小文先生,人民出版社的陈亚明女士、方国根先生等也都对我们的中世纪经院哲学研究工作给予了极大的关注、支持和帮助。我谨在此一并予以致谢!

我国古代著名的诗人陶渊明在读过《山海经》后曾写过一首催人奋进、感人肺腑的诗:"精卫衔微木,将以填沧海。刑天舞干戚,猛志固常在。同物既无虑,化去不复悔。徒设往昔心,良辰讵可待!"无疑,他的这首诗向我们提出了一个值得深思的问题,这就是:我们如何在持守精卫、刑天的"勇猛凌厉之志"的同时又能使我们的"往昔心"不至于"徒设"?我们的应对措施主要有两条。首先,我们必须看到,尽管中世纪经院哲学研究具有上述诸多重大意义,但是它毕竟只是一种哲学形态,而且还是一种我们几乎不可能指望其成为一门"显学"的哲学形态。自西方中世纪经院哲学东渐以来,它虽然也曾受到过国人的重视,但是,它却从来不曾成为一门显学,而且,在洋务运动、维新运动和五四运动和文化革命运动中,它甚至几乎为国人所忘却。因此,尽管我们对振兴我国经院哲学研究心存希望并决心为之奋斗,但是我们也绝不会因此而奢望它在我国成为一门显学。其次,我们清醒地看到,振兴我国经院哲学研究是一项巨大的学术工程:不仅需要社会各方面的鼎力相助,而且也需要几代人坚韧不拔的努力。就我们而言,倘若借这套丛书能为这样一种振兴稍尽绵薄,对我国学术事业的繁荣和发展稍尽绵薄,也就至幸、至足了。仅此而已!仅此而已!

是为序。

2007 年 2 月 3 日初稿

2007 年 11 月 3 日修订稿

于武昌珞珈山南麓

序　言

段德智

　　无论对于宗教哲学还是对于神学,宗教伦理都是一个权重很大的研究课题。何谓宗教?固然见仁见智,但无论如何,伦理都是其不可或缺的规定性。在任何意义上,我们都可以说,离开了伦理便无所谓宗教。当代著名的宗教学家约翰·希克曾经依据世界各大宗教的理论和历史断言,轴心后宗教的一个普遍特征即是它的"救赎论"性质或"救赎论"结构。[1]而"救赎论"说到底是一个宗教伦理问题。《圣经》不仅将"爱主你的神"规定为基督宗教的"最大诫命"或"第一诫命",将"爱人如己"规定为基督宗教的"第二诫命",而且还将"这两条诫命"宣布为"律法和先知一切道理的总纲"。[2]由此也可以看出宗教伦理在基督宗教哲学及其神学中的崇高地位。诚然,那些主非人格神崇拜的宗教并不一定讲"救赎",但这也并不意味着它们不讲伦理。例如,佛教讲解脱,但有谁能说佛教所说的解脱不也是一种宗教伦理和道德修炼?还有,不仅

---

　　[1]　参见约翰·希克:《宗教之解释》,王志成译,四川人民出版社1998年版,第36页。

　　[2]　参见《马太福音》22:37—38。

轴心后宗教讲伦理,而且轴心前的宗教也无不讲伦理。只是相形之下,轴心前的宗教更注重社会伦理罢了。

如果说宗教伦理在宗教哲学和神学中占有极大的权重,那么,同样的说法也完全适用于托马斯的宗教伦理思想。这一点,即使从宗教伦理在其代表作《反异教大全》和《神学大全》中的比重这样一个简单不过的事实也可以清楚不过地管窥出来。《反异教大全》凡4卷463章。其中第1卷"论上帝"含102章,第2卷"论创造"含101章,第3卷"论运筹"含163章,第4卷"论救赎"含97章。这就是说,与基督宗教伦理直接相关的第3和第4两卷计260章,占《反异教大全》整个篇幅的56%左右。《神学大全》凡3集611个问题。其中第1集"上帝论"计119个问题,第2集"伦理学"计303个问题,第3集"教义神学"(含补编)计189个问题。单单第2集就差不多占了《神学大全》的一半篇幅,倘若考虑到第3集的绝大部分内容与基督宗教伦理密切相关,则《神学大全》有关基督宗教伦理学的内容就将占有全著80%的篇幅。① 诚然,离开了托马斯的上帝论和创造论,我们对其宗教伦理思想的理解便很难达到应有的高度,但同样值得注意的是,倘若离开了对其宗教伦理思想的考察和研究,我们不仅对他的整个神哲学体系及其有机性茫然无知,而且即使对他的上帝论和创造论也难有深刻的领悟。因为从某种意义上讲,他的上帝论

---

① 中华道明会与碧岳学社2008年联合出版的《神学大全》(正文)计17册。其中,第1集"论上帝"计3册,第2集"伦理学"计9册,第3集"教义神学"(含补编)计5册。由此也可窥见基督宗教伦理在《神学大全》中的比重。

和创造论不过是他的宗教伦理思想的一个"序言"或理论铺垫而已。

但是，长期以来，无论是国际托马斯学界还是国内托马斯学界，托马斯宗教伦理思想的考察和研究都是一个相对薄弱的领域。这与国内外宗教哲学界和基督宗教神学界研究宗教伦理的情况几乎如出一辙。这不是说国内外学界并未开展过此类研究，而只是说，有关学者在托马斯基督宗教伦理领域投入的精力和产出的成果与其在托马斯整个神哲学体系中的比重极不相称。这样一种状况亟需改变。正是从这样一个角度出发，我们对王涛教授这部阐述托马斯基督宗教伦理思想的著作持特别欢迎的立场。

王涛教授这部研究托马斯·阿奎那伦理学的著作之所以值得特别关注，不仅在于它专题研究了托马斯的伦理学思想，更重要的还在于它的出乎寻常的理论视角、"中道"的阐述方式，兼顾理论与实践的理论视野，极其鲜明的"处境"意识及其注重用原著说话的治学态度。

第一，本著的理论视角非同寻常。诚然，托马斯伦理学的内容极其丰富，有关问题也有大有小。重大问题固然值得考察，即使一些次要问题也同样值得探究。但无论如何，都有一个理论视角或理论高度问题。杜甫诗云"会当凌绝顶，一览众山小"，即是谓此。本著以"从自然走向神恩"为主标题，一下子就将本著对托马斯伦理学的有关论述提升到了"凌绝顶"的高度。托马斯伦理学涉及诸多范畴和概念，但从"自然"与"神恩"、"本性"与"超性"和"理性"与"信仰"的高度予以审视和阐释，无疑能给人以"高屋建瓴"的效果，用杜甫的话说，就是无疑能给人以"一览众山小"的效果。

第二，本著的阐述方式也值得称道。如果说本著第1—3章，一方面旨在依据文本对托马斯伦理学的核心范畴"自然"、"神恩"、"本性"、"超性"、"理性"与"信仰"的基本内涵做出解说，另一方面又旨在在判别"异教德性"与"灌输性德性"的基础上论证"从自然本性走向超性恩典"的合理性和必要性，那么，本著第4—5章则旨在阐释和强调"自然"与"神恩"、"本性"与"超性"和"理性"与"信仰"的"相通"、"联合"和"共融"。作者极其重视其在这一方面所作的努力，将其视为本著的"主要基调"。我们知道，在基督宗教思想史上，从早期教会开始，就一直存在有极端理智主义与极端信仰主义之争。① 而所谓极端理智主义与极端信仰主义之争，说到底是关于"自然"与"神恩"、"本性"与"超性"和"理性"与"信仰"的关系之争。争论双方的"攻乎异端"非但不能化解矛盾和解决争端，反而往往将有关哲学问题和神学问题引入理论误区，既无益于将有关基督宗教哲学和神学问题的研究引向深入，也不利于各相关宗教派别的统一和团结。托马斯的高明之处正在于他毅然舍弃了这样一种"攻乎异端"的有害做

---

① 参见奥尔森：《基督教神学思想史》，吴瑞诚、徐成德译，周学信校订，北京大学出版社2003年版，第76页。奥尔森指出："哲学与基督教神学之间的关系，在整个基督教思想史上一直都是争议的焦点。在这个问题上，亚历山大的克莱门特与迦太基的德尔图良分别代表基督教思想谱系上两个互相对立的极端。尽管后来有许多基督教思想家要协调这两个极端，但是总是有人要支持这一边或那一边。……教会传统强调：克莱门特与德尔图良对于这点的看法势同水火，因此读者们必须知道，他们对于今日现存的基督教思想，确实开创了大异其趣的轨道。"也请参见段德智：《中世纪哲学研究》，人民出版社2014年版，第74—76页。

法,而断然采取了具有中国韵味的"执两用中"立场。① 本著作者对"自然"与"神恩"、"本性"与"超性"和"理性"与"信仰"的"相通"、"联合"和"共融"的阐释和强调不仅大体符合托马斯宗教伦理的理论走向,而且也为其在当今世界的理性应用指明了方向,无疑是一个极其有益的理论尝试。

第三,本著的第三个优点在于它比较充分地兼顾到托马斯伦理学的理论维度和实践维度。全著分上下两编,其中上编的内容,照作者自己的说法,可以归入"元伦理学"分支,着重探讨伦理学的基本范畴及其原理;下编的内容可以纳入"应用伦理学"领域,着重讨论生态伦理学、婚姻与性伦理学、宗教伦理对话和生命伦理学。这样一种布局,不仅有助于托马斯伦理学的微观探讨,而且也有助于阐释托马斯伦理学的当代价值和现实意义。

第四,本著的另一个难得之处是比较充分地考虑到了儒耶文化或中西文化的对比和对话,这在"下篇"表现得尤为充分。例如,在讨论生态伦理一章里,作者专设了"中国文化语境下的生态伦理"一节,在讨论"婚姻与性伦理"一章里,作者专设了"中国的处境"一节,在讨论"伦理学多边对话"一章里,作者更是专设了"儒家与演化生物学"、"爱的秩序作为耶儒会通的切入点"及"耶、儒、演化论三边对话"三节。所有这些内容不仅有助于我们在儒耶或中西文化的比照中更加真切地体悟托马斯的文本,而且也有助于托马斯伦理精神的处境

---

① 孔子曾有"中庸之为德也,其至矣乎"(《论语·雍也》)和"攻乎异端,斯害也已"(《论语·为政》)的说法。

化、世俗化、现代化和本土化，有助于"洋为中用"，使托马斯的伦理精神得以转化为我们精神生活和社会生活中可资借鉴的某种精神资源和现实力量。

第五，作者注重阅读原著，注重用原著说话的治学态度也值得提倡。我这里所说的注重"阅读原著"、注重"用原著说话"并不限于阅读译著、用译著说话。阅读译著、用译著说话固然比主观推论、信口雌黄好，但这还不够，在一些事关基本原理的情况下，作者还应当进一步阅读原著，让原著出来说话。本著作者的可贵之处，并不仅仅在于他认真阅读了台版《神学大全》的汉译本及经典英译本，而且还在于他不惜花费力气进一步阅读了《神学大全》拉丁文原著的一些有关章节，并从中发现了台版《神学大全》汉译本的一些"瑕疵"。我这样说，并不是说他所指出的台版《神学大全》的"瑕疵"全都绝对准确无误，而只是说像他这样一个年轻学者在撰写本著时不仅阅读了台版《神学大全》汉译本及经典英译本，而且还进一步阅读了《神学大全》拉丁文原著的部分章节，这种严谨的治学精神非常难得，值得提倡。

毋庸讳言，王涛教授的这部佳作自身也有美中不足之处。例如，作者从"意"（意志）、"欲"（欲望）和"理"（理性）三个向度及其关系来讨论和阐释托马斯的"自然本性"概念，当是一个不错的选择，但限于篇幅，相关论述却给人以意犹未尽的感觉。再如，无论是托马斯的"生态伦理"还是他的"婚姻伦理"，内容都相当丰富，为篇幅所限，本著的有关介绍和阐释也同样给人以言不尽意之感。当然，在笔者看来，要求作者在这样一部篇幅不大的著作里把所有相关内容都讲得淋漓尽致,未免太过苛刻。正因为如此,笔者希望王涛教授再接再厉,对于本著涉及的有关重大问题展开更为深入也更为系统的探讨,拿出一个个专项成果,如是,则先生于托马斯伦理思想的研究,功莫大焉!

是为序。

于武昌珞珈山南麓
2018 年 11 月 16 日

目　录

上编　原　理

3

自　序

　　本书是我自 2008 年最初接触托马斯·阿奎那思想至今，近十年来围绕其伦理学所撰写的数篇学术论文的合集。

　　阿奎那无疑是中世纪最伟大的思想家，更是西方哲学史上屈指可数的可以被毫无争议地冠以"最伟大"（greatest）字样的哲学家之一。他与古希腊大哲学家亚里士多德在学统传续上一脉相承，构成了支撑西方思想学术殿堂的重要基石和柱梁。作为天主教会的思想家，阿奎那的特色在于他将基督宗教信仰与古代希腊爱智精神（phileo-sophia）会通融合，以奠基于犹太遗产、并经由与希腊思想冲撞交汇的基督信仰，来提升和转化古希腊传统基于理性的哲学智慧，对古典传统和中世纪思潮、东（近东及拜占庭）西（希腊—罗马）方主流思想进行了大全式的总结和综合。随着 12 世纪教师行业公会——大学（universitas）在欧洲的兴起，以及 13 世纪"亚里士多德主义"（Aristotelianism）——包括经由阿拉伯哲学家之手对亚里士多德原典的翻译和注释——回归西方世界并广为传播，中世纪进入了思想学术的黄金时期　经院哲学时期，阿奎那这位身型健硕、少言寡语的"西西里哑牛"（le grand boeuf muet de Sicile），曾被当时的学术大师大阿尔伯特（St. Albert the

Great) 大胆预言将"一鸣惊人且震撼普世"的天才,便当仁不让地成为此一时期企立在思想之巅的学界翘楚。

古代希腊哲学因查士丁尼大帝敕令关闭雅典的柏拉图学园而宣告落幕,其后自教父哲学直至欧洲文艺复兴及新教改革运动,历时 1500 年之久。这段思想史既是基督信仰自我表述的历史,也同为人类理性反躬自省的历史,更是二者互动融合——"信仰寻求理解"(*fides quaerens intellectum*)的历史。希腊理性哲学与中世纪基督教哲学之间并无断层,反而体现出鲜明的内在连贯性。这历时约 1500 年的广义"中世纪哲学"时期往往被误读为理性思维"万马齐喑"的"黑暗时代":教会家长制作风操控和钳制思想自由,令学术生态僵化停滞、死水一潭。而诸如"针尖上可以站立多少个天使"之类的繁琐论辩,予人以中世纪哲学"有文字但无精神"的孱弱印象。"哲学是神学婢女"(*philosophia ancilla theologiae*)的宣称又似将理性智慧压伏于"启示真理"脚下,令其委身于屈从地位,动弹不得。因而,在汉语学术界,无论是过往甚或是当下,即便作为西方哲学史四大历史分期中最漫长的一个,"中世纪哲学"却总是处于被忽略的边缘位置,教授们在大学讲堂上对之往往三缄其口、笑而不谈,而广大学者则为其寥寥数笔、悭于着墨。显然,"中世纪"被深受欧洲启蒙运动思想及其他意识形态灌输的当代人过度扁平化和负面化。事实上,西方"四艺三科"(*Trivium et Quadrivium*)的博雅教育(*artes liberales*)架构、人类思想史最伟大的建制——大学,均由这段历史所孕育和维系。正是"繁琐"经院哲学的理论与实践,才滋养了思辩严谨的"经院辩证法"(scholastic dialectic),并建立起理性自由决断和提问辩难(quaestio)的自由平等学术机制。而阿奎那的几部传世思想经典,特别是本书所频繁参考的《神学大全》,便是全面体现这一"提问辩难"机制成果的"大全"(summa)式巨著。

近些年来,随着大中华学术圈对基督宗教的研究意兴盎然,中世纪研究迎来了难得的发展契机,而中世纪哲学巅峰时期最伟大的思想家阿奎那,自然成了不可忽略的重点研究对象。如何在当今人类社会、尤其是处于由传统走向现代化的重大转型时期的中国,发挥其思想深度和穿透力,是摆在广大学人面前的一项意义深远的学术事业。

本书所包含的章节内容,主要发表于汉语神哲学三大"艺术人文引文索引"(A&HCI)期刊,包括台湾的《哲学与文化》(*Universitas*: *Monthly Review of Philosophy and Culture*)与《汉语基督教学术论评》(*Sino-Christian Studies*: *An International Journal of Bible*, *Theology & Philosophy*),以及香港的《道风:基督教文化评论》(*Logos & Pneuma Chinese Journal of Theology*),这当中两篇论文的英文版经修订后曾在欧洲学术期刊和论文集发表,除此之外还有两个章节的部分内容分别刊发于芬兰和香港的学术刊物。虽然这些论文最初的撰写并没有刻意追随某个长远议程,更多是就心随缘之作,且写作时间跨度较长,但最终却能"无心插柳地"清晰呈现出一个主要的基调,那就是阿奎那思想的轴心精神——"恩典并不毁灭自然,而是使自然更为完善"。人的自然本性,在上帝超性恩典的灌输之下,不但不会被否定和破坏,反而会被之提升和转化,恰是因为二者之间存在相通共融之处,并面向更高层次的合一,这也是本书的主旨所在。本书上编关于意志、欲、德性、良知和爱的五篇论文，正好在某种程度上反映了自然本性与超性恩典之间的张力关系，展示了人由本性趋向超性的"朝圣旅程"。该部分所涉及的内容从伦理学上可以归为"元伦理学"（meta-ethics）分支，探讨伦理学的基本范畴及其原理。而下编则可以纳入到"应用伦理学"（applied ethics）领域，其中的四篇论文分别讨论较为具体适切的伦理议题，如生态（环境）伦理学、性（婚姻）伦理学、伦理学的多边对话以及生命伦理学，将中世纪思想家阿奎那的理论应用于当下处境，以发掘其跨时代、跨文化、跨学科的思想价值。书中所收录的九篇论文，虽有各自的独立主题和论述风格，但其间仍体现出文本间性（inter-textuality），不仅隐隐透出上述的轴心精神，而且具有明确的互参性（cross-reference），正是这一点，令这几篇论文得以结集成书。

　　2008年，是我在香港中文大学天主教研究中心完成访问学者计划后，正式进入该中心担任副研究员的第二年，我开始渐步从攻读博士期间对基督新教爱观念的探讨转入天主教思想学术研究领域。这几年间，我以博士学位论文为底本，先后出版了关于新教神学家保罗·蒂利希爱观的《圣爱与欲爱：保罗·蒂利希的爱观》（*Agape and Eros：Paul Tillich's Christian Theological Idea of Love*）及跨天主教思想的《圣爱与欲爱：灵修传统中的天主教爱观》（*Agape and Eros：Catholic Love in the Tradition of Christian Spirituality*）两部专著。但无奈在出版的欢欣鼓舞中，我却遭遇了学术道路上荆棘丛生的困境，突然由踌躇满志堕入事业谷底。正是在这段唏嘘仿徨的日子，幸而得到恩师赖品超教授的鼎力扶持，获邀一道加入到阿奎那生态伦理课题研究计划当中。次年，研究成果正式出版，自此我便有意将对这位公教会伟大思想家的研究继续下去。当时生活拮据，心绪颓靡，进退维谷，却又得圣神修院神哲学院神学部主任蔡惠民神父襄助，为我在学院设客座讲席，主讲古代希腊哲学和中古欧洲哲学两门课程，这也是我人生第一次拥有了属于自己的一方三尺讲台。回想那段日子，每周有一到两个下午在家提前匆匆吃完简便晚餐后，背上沉重的旧款笔记本电脑，搭乘新界绿色小巴，继而转乘九广东铁，再换乘塞满下班打工仔的港岛过海巴士，跨越新界、九、港，经历近两个小时的魔鬼车程，再步行陡长的斜坡，来到神哲学院给夜间哲学先修课程的学生上课，直到晚上十点多钟才能踏着星光回到家里。微薄的课时津贴虽羞以贴补家用，但这份"学术工"却牢牢地支撑了我对学术的热忱和对未来的盼望。

5

2010 年近年底的一天，蔡神父得知我刚刚又和赖教授合作完成了第二项阿奎那研究课题，即关于阿奎那思想与利他主义、演化论、儒家传统的多边对话论题，便赠送给我了一套台湾碧岳学社出版的中文版十九册本的《神学大全》。这套书更是坚定了我接下来数年集中关注和钻研阿奎那思想的决心。那天我结束授课后趁着夜色，用一个硕大的纸袋将沉甸甸的整套书从港岛南区提回新界沙田时的情景和心情，现在仍记忆犹新。当日我在微博记录如下："喜获人生中最昂贵的一套书，曾凭借此书完成两篇文章，一篇已付梓，期待以此为新起点，握此利器披荆斩棘，唤醒新的学术生命。感谢前辈扶持厚爱，受宠若惊。"今天看到这段文字，慨叹人生如白驹过隙之虞,更多是未自食诺言的些许满足感。

2011 年夏,在蔡神父和时任天主教香港教区主教汤汉枢机的推荐下,我荣获天主教香港教区教友培育基金及神哲学院奖学金资助,远赴意大利罗马格里高利大学(Pontificia Università Gregoriana)深造哲学学位,这个意大利文称为 *licenza*(licentiate)的学位,类似于欧洲中世纪大学颁授给获学位者荣膺教席资格——教授(*Magister Regens*)的"执教许可证"(*licentia docendi*),颇具古风。我由此迎来了人生的重大转机,也一圆青年时代负笈海外、求取真经的凤梦,在这座深具欧洲历史人文底蕴的"永恒之城"展开了哲学的"神奇朝圣之旅"。由于对阿奎那学术已有一定介入,所以选择学位论文主题便自然确定在阿奎那思想领域。在与亚里士多德、阿奎那伦理学国际级研究专家、耶稣会士凯文·弗拉耐里(Kevin L.Flannery,S.J.)教授的建议和指导下,我最终选择了对阿奎那的德性理论、特别是他对非基督徒德性状况的思考作为学位论文研究主题,并顺利完成。在这所由耶稣会创办、拥有近五百年历史、海内外首屈一指的公教会大学,对这位道明会思想家的熟识程度非同凡响,一些我们以前闻所未闻的托马斯哲学概念、理论,在一众教授口中却如基本常识般娓娓道来,令人咋舌不已。两年间,相继闯过意大利语、拉丁文以及近二十门课程,以及最终的笔、口试总考等道道难关,我最终以"cum laude"的优异成绩顺利完成学业。

2013 年返港后,我开始以全职教授的身份在神哲学院多个学部开设多门哲学及神学课程,虽然作为一名游离于"体制外"的高校教师,且并无职称评定等压力,但我没有因此搁

6

置教学任务以外的自主学术研究及出版工作、特别是针对阿奎那思想的研究与写作发表，一方面是其思想的独特魅力始终对我保持着难以抗拒的吸引力，另一方面更重要的是，多年以来一直持守的"虚室生白，身心无倦，勇猛精进"的学术格言还在激励着我去兑现对自己的一贯要求与承诺。从而才有了今天这部小书面世，从时间上也勉强算是"十年磨一剑"——唯剑刃钝拙，尚需勤加磨砺。藉此寄与广大学界前辈同仁交流分享浅陋心得，以求不吝赐教斧正。

出版意向一出，便喜获恩师陕西师范大学尤西林教授首肯，并得到著名经院哲学学者沈清松教授的友情指点。沈教授予以肯定之虞，更是提出颇具建设性的建议，特别是对德性virtue 一词中译法的详尽指教，展现了一位思想大师的谦逊与严谨。我在天主教研究方面一直以来相互扶持的好友、武汉大学哲学学院宗教学系徐弢教授鼎力推动该书的出版，而中国大陆阿奎那研究的重量级人物、武汉大学段德智教授更是在百忙之中向人民出版社极力推荐拙作，并为之代序，段老师的真诚关爱提携，令后学受宠若惊。而正是澳门利氏学社的著名汉学家赵仪文神父（Yves Camus, S.J.）的悉心关怀，才令本书的出版峰回路转。此外，我也对恩师赖品超教授慷慨同意收录我们合撰的两篇论文表示衷心的谢意。

今日得以与诸位同仁共飨此书，幸得河北信德文化研究所张光来神父的错爱，尤其承蒙陆新平主教暨南京教区对出版事宜的慷慨资助，舍则只留得孤芳自赏，这里请容许我向陆主教和张神父一并致以最高的谢意！最后，也要感谢人民出版社法律与国际编辑部主任、编审洪琼先生高质高效的编辑工作。

回顾这十年多以来的求学执教生涯,艰辛重重,苦中有乐。本书中的每一篇论文,除了凝聚着寂寞孤灯下点点辛劳之外,更穿插着段段传奇轶事,正是这一个个故事,方令略显单调孤冷的学术生活平添几道彩色的轮廓线,而这轮廓线在圣诞钟声绕梁之际,终于为灰白填满了浓重的色调。爱子乐天如约来到我们当中,将成为我们一路同行中新的生命坐标。"仁者乐山,智者乐水",亦仁且智者乐天。将此书献给这个全新的小生命,祝愿他人生尽兴,终有所获,做一个有所信靠、正直达观的"乐天派"。

最后,请允许我把无上的谢意致以爱妻洁莲,正是她由妻子向母亲的"华美转身",为我们这个小家庭的同行之旅注入了难以言喻的精彩和勇气。

2019 新岁弄璋于香港黄竹坑

上编　原理

第 一 章

自然本性（上）

——意志哲学中的"意志薄弱/不自制"①

希腊文术语 *akrasia* 意为"软弱无力"，其显白的英文对应词 acrasia 具有鲜明的心理学意涵，即"缺乏自控能力"，用"软弱无力"来描述人在掌控行动方面所存在的心理层面缺陷。由此，托马斯·阿奎那以拉丁文词汇 *incontinentia*，即"不自制"来指称同一意涵。然而，在亚里士多德《尼各马科伦理学》(*Nicomachean Ethics*) 的伦理学考量中，*akrasia* 则用来专门表达人在伦理行为中所表现出来的"软弱无力"，因此通常被专门译为"意志薄弱"(weakness of will)，后者亦展现为亚氏伦理学议程的关键主题之一。作为其所敬爱的"哲学家"的忠实门徒，亦同时是其颇有建树的注释者和创造性的阐发者，阿奎那也发展了亚氏的"意志薄弱"理论，他围绕"不自制"这一伦理现象来阐发意志的软弱，并将其深远内涵纳入到了自己的意志哲学当中。

① 本章节部分内容以《圣多玛斯意志哲学中的"意志薄弱/不自制"问题》为题刊载于《哲学与文化》2016 年第 9 期，第 121—138 页。

第一节 "意志薄弱"问题的经典界说

意志薄弱所展示的"首先是在与行动主体自身的价值和原则相抵触的有意行为当中",其反义词意指"意志力、自制、自我控制"。① 从 a-krasia 一词的构词法上来看,它指的是对"力量"或"机能"(kratos)的否定。在伦理学的语境当中,akrasia 通常被很好地译为短语"意志薄弱"。从而当阿奎那采用拉丁术语 incontinentia 转译 akrasia,②将"意志薄弱"这一概念解释为"不自制",即英文词 incontinence 所表达的意义时,他更多强调的是人的该类行为现象的表象。但正如前述用"意志薄弱"(weakness of will)来传译 akrasia,我们恰恰触及了该现象的深层成因,这一点特别体现在阿奎那的意志哲学里。意志薄弱是特定行动中所体现出来的意志与(道德)知识发生极端分歧的现象,其具体个案与理性强烈地背反,"看上去好像是自愿的,并形成人的选择和行动,从而成为人意志的绝对核心事件或表达"。③

---

① "Akrasia",in *The Cambridge Dictionary of Philosophy*,2nd edition,ed. Robert Audi(Cambridge/New York:Cambridge University Press,1995[1999]),16.

② 但是,另一方面当希腊词 akrasia 转译为拉丁词 incontinentia,其性指涉被放大,尤其体现在奥古斯丁所演绎的意涵当中。See Thomas A. Dombrowsky & Jennifer Gray,"Continence and Incontinence:A Concept Analysis,"*Journal of Theory Construction & Testing* 16,no.2(2012):32.这一译法强化了 akrasia 的道德意义。

③ Daniel Guevara,"The Will as Practical Reason and the Problem of Akrasia,"*The Review of Metaphysics* 62,no.3(2009):525-526.

意志薄弱或不自制指的是与人面向绝对（simpliciter）①之真善的思维及行动根本原则相悖的有意行为。肯特（Bonnie Kent）总结了所有学者都一致认同的两个论及不自制问题的共识性命题，均严格基于亚里士多德的《尼各马科伦理学》："不自制者并非自行选择行为"和"他不相信他的行为是善的"。② 意志薄弱者或不自制者非常清楚地知道他将要作出的行为并非善行，甚至是恶行，但他最终却以此行动，原因是他在某种干扰下，未能将道德原则或道德信念加诸行为之上。我们可以在日常生活中找到这一现象的诸多例证。关于意志薄弱最为著名的描述尤其可见于圣经文本当中："……因为，立志为善由得我，只是行出来由不得我。故此，我所愿意的善，我反不做；我所不愿意的恶，我倒去做。若我去做所不愿意做的，就不是我做的，乃是住在我里头的罪做的。"（罗 7：18-20）。

5

在《普罗泰戈拉》篇中，柏拉图也留意到了类似现象，"大多数人不情愿去做最好的事，即便他们知道这事是什么样的，也有能力这样做"，他反对为该现象作出如下解释：即这些不自制的意志薄弱者"被快乐或痛苦所征服"或"被情欲、快乐、痛苦、爱情、恐惧等等所支配"。相反，他说："……知识是一样好东西，能够支配人，只要能够区分善恶，人就不会被迫以

---

① *Simpliciter* 是阿奎那在《神学大全》中经常使用的拉丁词汇，意指"绝对的、无条件的或严格意义上的"，与之相对的短语 *secundum quid* 则指"如此这般、相对的、有限的、有条件的"。

② Bonnie Kent, "Transitory Vice: Thomas Aquinas on Incontinence," *Journal of the History of Philosophy* 27, no.2 (1989): 199.

知识所指示的以外的方式行事,因为智慧就是他所需要的全部援兵"。① 在柏拉图看来,意志薄弱或不自制这一观念是自相矛盾的,因为不可能存在一个拥有道德知识却不能依此而行道德之举的人。人之所以无法行善举,归根结底是因为他的无知(缺乏道德知识),而不是不自制。根据柏拉图的道德理论,情感(*pathē/passio/affectio*)是无法克服知识的,在人的道德行为中只有一种占据压倒性地位的价值在运作,即知识,而基于知识的所有道德行为都是德行。因此,无知便是唯一的恶习或罪性。对柏拉图而言,一个拥有正确道德知识及判断的明智之士,是不可能行不自制之举的,否则便是自相矛盾。

亚里士多德基于我们的日常经验,反对柏拉图"意志薄弱是自相矛盾的"这一看法。他向这一称作"苏格拉底悖论"的问题提出质疑,他说:

> 问题的困难在于,一个人何以判断正确,却又不能自制呢?人们说,一个有真正知识的人是不会这样的,如果有了真正的知识那就令人奇怪了。正如苏格拉底所说,一个人为他物所掌握,像奴隶般地被牵着走。苏格拉底终生和这种说法做斗争,而认为不存在不自制,因为这种行为不是出于最善事物的判断,而是出于无知。②

亚里士多德认为过错并不总是无知的后果,因为很显然,"一个不能自制的人,除非受到什么影响,否则显然不会是有

---

① Plato, *Protagoras*, 352b-e.
② Aristotle, *Nicomachean Ethics*, VII-2, 1145b21-28.

所知的"，①这样的人在大多数情况下非常明白他将要做的事情是错误的。亚里士多德这样具体地描述这类人：

> 还有那种冲动型的，由于情感的作用而违背了正确的原理，他是受情感所支配，而不按照正确原理行事，但还没有受支配到使他相信，追求这种快乐是应该的程度。他是一个不自制的人，但……不能笼统地说他是个坏人。他保全了最高贵的东西，保全了本原和起点。②

不自制的意志薄弱者处于正当理性的规范与情感的干扰之间的严重冲突当中，他最终所追求的是情感所引导的身体愉悦，而不是正当理性所规导的真善。然而，不自制者却仍保有"思想及行动面向本性之善的首要原则"，也就是"良知"（*synderesis*），后者与我们所熟知的"良心"（*conscientia*）有着密切的关系。③ 对该首要原则的保有，体现在不自制者非习得的固有性情，以及与他的不自制行为相伴而生的自责与忏悔当中。

亚里士多德为"不自制"赋予了负面的含义，将其与邪恶和兽性等量齐观，认为它是人道德实践中的负面性情，应予以避免，而这一点在亚里士多德看来是"一个被公认的原理"。④正如他所说，不自制的人"为情感所驱使，去做明知道的坏

---

① Aristotle, *Nicomachean Ethics*, VII-2, 1145b29-31.

② Aristotle, *Nicomachean Ethics*, VII-8, 1151a20-25.

③ St.Thomas Aquinas, *Summa Theologiae*, I, q.79, a.12.关于 *synderesis* 及其与人的德性的关系，请参见本书第三章。

④ Aristotle, *Nicomachean Ethics*, VII-1, 1145a15-16.

事。有自制力的人服从理性,在他明知欲望是不好的时,就不再追随"。① 亚里士多德与柏拉图的观点大不相同,后者只承认人行为中的单一价值,即知识;而前者则强调,在不自制者的极端情态中有两种价值介入:服从理性的价值和屈从情感快乐的价值。

亚里士多德又进一步用不自制者与自我放纵者(self-in-dulgent)的行为作比较,自我放纵者亦称为不节制者(intem-perate),是拥有四枢德之一的节德(temperantia)的节制者之对立面。与之相较,不自制者并不认为他应当总是追随情感而享受当下的快乐,因为他拥有正确的道德知识,不过最终还是行了过犯。而自我放纵者只是做出他自己的选择并去追求,因为他认为"永远应当追求当前的快乐"。② 在此意义上,亚里士多德坚持认为自我放纵者是在绝对意义上行动的,而不自制者只是"偶尔相悖于"自己的选择。

为什么知识无法在不自制的行为中发挥作用呢? 一方面,这一点归因于普遍知识和特殊知识的误用。不自制者"只取其普遍,而不取其部分",而"行为总是对个别事物的行为"。③ 另一方面则归因于当情感在实质上改变了不自制者的身体状况时,他无法将自身拥有的知识运用在实践当中。亚里士多德描述了处于情感中的不自制者表现为"如一个睡着了的人、一个发狂者和醉汉"。④ 根据亚里士多德对不自制

① Aristotle, *Nicomachean Ethics*, VII-1, 1145b12–14.
② Aristotle, *Nicomachean Ethics*, VII-3, 1146b20–24.
③ Aristotle, *Nicomachean Ethics*, VII-3, 1147a1–4.
④ Aristotle, *Nicomachean Ethics*, VII-3, 1147a10–17.

者行为模式的分析,我们尝试依据三段论式加以表述,后者由双重大前提、一个共同的小前提和两个可能结论构成,范例如下:

大前提:肉好吃(普遍性的/说服性的),但(当下是)斋戒期不应吃

肉(处于特殊条件下的/禁止性的)。

小前提:这是肉。

结论(依正当理性):现在不应吃这 → 不自制者不予采纳

不自制者[未能区分特殊判断和普遍判断,或未能区分习惯性或潜在知识和实际应用知识]在情感诱导下跟随嗜欲而非正当理性而采纳的结论:现在应当吃这。

我们知道,实践理性的三段论与理论理性的三段论存在本质的差异,而这一差异也肯定了不自制者采纳错误选择的可能性。不自制者选取的结论来自于所谓的"欲望三段论"(syllogism of desire),但并非严守推理,因为它不是根据理性逻辑,而是按照情感。实践理性的三段论同样是由大前提、小前提和结论三部分构成的,大前提通常是普遍性的伦理前提,即面向善之目的的道德定律(格言),如前面例子中的"斋戒期不应吃肉";小前提通常是特定的境遇,如"(在斋戒期的当下面对)这是肉(的情境)"。实践理性三段论式与理论理性三段论式最本质的区别在于结论,实践理性三段论的结论是一个行动,而该行动并不必然是逻辑推论所得出的抽象律令,如"现在不应吃它",而往往却可能是类似于"现在应当吃它"

的主体选择。可以说,实践理性三段论的前提与理论理性三段论的前提不同,它不具备强制性和规范性,与结论的关系松散且存在相当距离,其间并无绝对的逻辑必然性或自明性,它不是规定性的(prescriptive),而更多是描述性的(descriptive)。

在上述三段论式的两种可能的结论中,追求身体快乐的嗜欲,即情感,把我们引向与嗜欲更为相容的结论。亚里士多德认为,不自制偶尔与理性相悖,因为不自制者的意见,包括说服性的和禁止性的,均非与正当理性相悖,而与之相悖的是嗜欲。① 单从三段论推理而论,两种结论都是有效和正当的,但说服性的大前提未能关注特殊状况,从而被误用为普遍可行的命题。阿奎那对亚里士多德文本的注释清楚地解释了欲情(appetitus concupiscibilis)有效作用于人的道德行为,并令人陷入不自制的方式:

> 欲情通过在没有理性禁止之下自由地提出并接受嗜欲对象,从而指向该对象,令当下的理性变得羸弱无力。欲情可以如此激烈,它能够撼动灵魂的任何部分,甚至是理性本身,如若理性不做有力抵抗的话。因而,长此以往,人便可以违背理性和普遍性判断,而不自制地行动。②

在亚里士多德看来,不自制虽然是有罪的,但其严重性并不及被有意的恶意所完全操控的行为,例如自我放纵或不节

---

① See Aristotle, *Nicomachean Ethics*, VII-3, 1147a32-b2.

② St. Thomas Aquinas, *Commentary on Aristotle's Nicomachean Ethics*, 1348.

制(intemperantia)。不自制者容易感到悔意,从而是可以纠正的。① 不自制者"即使自愿地做坏事,但仍不能算是个坏人。因为他的选择是好的,只能算半个坏人。他不是不公正(的一个罪犯),他不暗算他人(而行有意的恶行)",亚里士多德接着使用了一个类比,"不自制的人好比一座城邦,他订立了完整和良好的法规,但不能执行。……一个恶人倒像座守法的城邦,不过这些法律是坏的"。② 这里的"恶人"显然是指貌似首尾一贯的自我放纵者或不节制者。我们留意到亚里士多德说不自制者"自愿地做事"和"他的选择是好的",似乎让人颇感困惑。在他看来,"选择"由最初的意图制定,依照行动主体的道德知识,经由智德(实践智慧)的深思熟虑而最终做出。选择意味着理性通过深思熟虑而赞同。在此意义上,不节制的行为是依照选择而做出,与选择相一致。而在不自制的情形下,自愿行为与选择无关。另言之,意志薄弱或不自制的行为根本就不是行动主体的选择,因为它根本就不是深思熟虑的结果。不自制者是不在理性的控制下,而处于情感的操控中行动的,他追随情感根本不是通过"选择"! 该立场将成为阿奎那和亚里士多德之间最主要的分歧所在。

因此,不自制并不是邪恶,因为它与"选择"相违背,不自制者"并不为自己去追求过度的、违反正确原理的肉体快乐找理由"。③ 对于亚里士多德而言,不自制的反面——自制甚

---

① See Aristotle, *Nicomachean Ethics*, VII-8,1150b30—33.

② Aristotle, *Nicomachean Ethics*, VII-10,1152a15—24.括号内容为著者依照英译本译出。

③ Aristotle, *Nicomachean Ethics*, VII-8,1151a5—13.

至不能被视为是一种德性,因为它偏离了中道(*meson*/mean),"对于大多数品质来说,不自制和自制也还是种过度。与绝大多数人的能力相比,自制是坚持得过多,不自制是不足"。①不自制和自制毋宁是不稳定的性情(*dispositio facile mobilis*),而不是像节制和不节制(自我放纵)那样是稳固的性情(*dispositio difficile mobilis*),即习性(*habitus*)。② 因为此一原因,节制被列入枢德行列,而不自制的反面——自制则未被列入。③ 用亚里士多德自己的话来说,更为邪恶的不节制像是持续不断而不可救药的水肿和痨病,而不自制"则有似癫痫病,只是间歇发作"。④ 不自制者并不深信身体快乐,因此他更容易听人劝告而改变想法,但不节制者则不能。⑤

第二节　阿奎那论"不自制"

阿奎那主要在他的《神学大全》、《尼各马科伦理学注释》

---

① Aristotle,*Nicomachean Ethics*,VII-10,1152a26-27.

② 关于阿奎那对习性与性情的区分,See St.Thomas Aquinas,*Summa Theologiae*,I-II,q.49,a.2,ad.3。

③ 阿奎那亦将自制视为"比德性较低的东西",虽然自制是理性机能的完善,其成就体现在理性对情欲的抵制,令其免于泛滥上,即自制是令情欲合于理性的一种习性。但自制缺乏对嗜欲目的之正当性的考量,"……那使理性善于处理道德涵养问题的智性德性,假定对目的之嗜欲是正当的,以使理性对其据以推论的根本或目的有正确的态度,而这正是自制者……所缺的。……故此,如果理性所推动的感官嗜欲不完美,无论理性部分多完美,产生的行动仍不会是完美的。为此,这行动之根本也就不是德性"。St.Thomas Aquinas,*Summa Theologiae*,I-II,q.58,a.3,ad.2.

④ Aristotle,*Nicomachean Ethics*,VII-8,1150b33-35.

⑤ See Aristotle,*Nicomachean Ethics*,VII-8,1151a12-14.

（*Commentary on Nicomachean Ethics*）和《论恶》（*De Malo*）中讨论了"意志薄弱"，也就是"不自制"这一论题。他总结道，不自制是一种"当人对他应当做什么或回避做什么具有正确的评估时，却因欲望之情感的缘故转向其反面"的状况。①

阿奎那相信，不自制者追逐诸如胜利、荣誉、财富等不必要的事物，无法被指责为邪恶，但可以被指为罪人，因为他"争取善，但超出了合适的范畴"。② 在《神学大全》第二集第二部第一百五十六题第二节中，他区分了对"不自制"的三个层次解法，略见下表：③

对"不自制"的解法	欲求的对象	描述	评价	罪否?
"原本而绝对的解法"（*proprie et simpliciter*/properly and simply）	"丑恶的快乐"	背离理性	邪恶	是罪
"原本但不绝对的解法"（*proprie sed non simpliciter*/properly but not simply）	本来是善和可欲的事物	"没有遵守应守的理性方式"	该指责的（censurable）	是罪
"不是原本的而是比喻的解法"（*non proprie sed secundum similitudinem*/not properly but metaphorically）	不能被妄用的德性	"全听由那合乎理性的善良的欲望所引导"	有功劳的（meritorious）	非罪

① See St.Thomas Aquinas, *Commentary on Aristotle's Nicomachean Ethics*, 1294.

② St. Thomas Aquinas, *Commentary on Aristotle's Nicomachean Ethics*, 1359.

③ 台版《神学大全》将 *incontinentia* 译为"溺己或纵欲"，与 *intemperantia* 所指称的"不节制或纵欲"相混淆，如前文所述，"不自制"未必是"纵欲"，后者较前者为严重。此译法不予采纳。

按照阿奎那的观点,不自制被"原本而绝对地"理解为是罪的原因有二:不自制者一方面"背离那合乎理性的事",另一方面则"沉溺在一些丑恶的快乐中"。① 在此意义上,不自制与不节制是等同的。而"原本但不绝对的解法"下的不自制则是传统意义上的"不自制"或曰"意志薄弱",可见于亚里士多德伦理学的经典论述。作为罪,不自制被设定为人本性实在中的本体论之必然。阿奎那坚持认为,不自制是无法单纯通过知识而避免或治愈的。上帝恩典的内在支援和外在的劝告规诫才能协助人反抗欲情,使之减弱。②

不自制行为的罪缘何而来呢? 在亚里士多德看来,正如我们前面所看到的,是由于不自制者未注意到双重知识——具体道德判断中的普遍知识和特殊知识——的区别而误用所导致的,其原委是感官嗜欲所唤起的强烈情感接管暂时被削弱的理性头脑。阿奎那并不认同亚里士多德,他认为,在感官嗜欲中产生的强烈情感,由于实践理性的反制,"不足以构成不自制之足实的原因"。③ 不自制的足实原因,或者更为清楚地说是,不自制行为中的罪的足实原因,并不在情感当中,而是在意志当中,这也是为什么不自制最好被译为或阐释为"意志薄弱"的原因所在。阿奎那将不自制这一论题带入了他的意志哲学当中,在他看来,意志是人行动中理性和情感之间的中介,它承担着双方的互动作用和合力。

阿奎那这样给出了他的解答:"不自制之直接或本然的

---

① St.Thomas Aquinas, *Summa Theologiae*, II–II, q.156, a.2.

② See St.Thomas Aquinas, *Summa Theologiae*, II–II, q.156, a.3, ad.2.

③ St.Thomas Aquinas, *Summa Theologiae*, II–II, q.156, a.1.

原因是来自灵魂方面，因为灵魂没有用理性去反抗情感"。①
他也将不自制称为"软弱"（weakness/infirmitas），"当欲情或
愤情能力受某种情之支配，并妨碍人的正当行动时，便称为由
软弱而来之罪过"。② 在这里，阿奎那追随了亚里士多德对不
自制两种现象的区分，它们也是理性反抗情感的两种失败情
形，即轻举妄动（impetuosity）和软弱。③ 前者是灵魂没有请示
理性，便完全顺从了欲情所导致的"未经驾驭的纵欲"；而后
者则体现出灵魂对理性判断置之不理的软弱性。④ 古代思想
家将"灵魂的软弱"消极地看作是灵魂的疾病，阿奎那则将其
与身体的虚弱做类比。理性宰制情感或激情的方式类比地相
似于掌控身体的机能。因此"当理性的规则不再缓和情感，
而令情感过多或过少时，我们称之为灵魂的软弱"。⑤

15

阿奎那断言，意志作为灵魂的机能，超出了身体的整体能
力之外。我们必须清楚，在实践活动中，愤情（appetitus irasci-
bilis）和欲情是灵魂—身体复合活动，即灵魂和身体所共有的
活动，而意志则只能归为单纯灵魂的活动。⑥ 人的意志可以
在没有身体器官参与的情况下良好地运作；然而，身体器官却
能对意志的运作有某种贡献，因为意志"由感官嗜欲的欲情

---

① St.Thomas Aquinas, *Summa Theologiae*, II–II, q.156, a.1.

② St.Thomas Aquinas, *Summa Theologiae*, I–II, q.77, a.3.

③ 亚里士多德说："有些人进行考虑计议，但由于情感的影响，不能坚
持其考虑计议所得的结果。有些人则由于不去考虑计议，而被情感牵着鼻
子走。"Aristotle, *Nicomachean Ethics*, VII–7, 1150b19–22.

④ See St.Thomas Aquinas, *Summa Theologiae*, II–II, q.156, a.1.

⑤ St.Thomas Aquinas, *De malo*, q.3, a.9.

⑥ See St.Thomas Aquinas, *Summa Theologiae*, I, q.76, a.8, ad.4

所推动"。① 因此,人在没有上帝恩典的助力下,能够行德性之举,但不是无条件的或绝对意义上的(*simpliciter*),而是有条件的或相对意义上的(*secundum quid*),归咎于意志的薄弱,即不自制。阿奎那特别提到了"体质娇弱的"女人生性踌躇不决,原因便是她们"没有坚定的理性判断"而易于顺从欲情。②

意志可以间接地以两种方式被感官嗜欲的激情(*passio*/*passion*)③所吸引或推动:分神而令意志力涣散或受阻;追随感官嗜欲的激情而妨碍理性对意志对象之善的判断。④ 阿奎那指出,普遍知识和特殊知识引导人从事正当的道德行为,"任何一面的缺点都妨碍行为和意志之正当"。⑤ 拥有关于禁行之事的普遍知识的人不知道特定的行为是否不能做,"这足能使意志不随从理性之普遍性知识"。而且,"人此时此地不想他本来所习知的",原因是分神,或由于激情所导致的与普遍知识之方向相反的倾向(由于均属于同一灵魂的嗜欲机能和认知机能此消彼长),或是身体上的变化(限制了理性的运用),即便他拥有正当的普遍及特殊知识。⑥ 但可

---

① St.Thomas Aquinas, *Summa Theologiae*, II–II, q.156, a.1, ad.1.

② See St.Thomas Aquinas, *Summa Theologiae*, II–II, q.156, a.1, ad.1.

③ 也常译为"情",突出被动性、激烈特征,与一般意义上统称的情感有所不同。阿奎那通常将恐惧、愤怒、性欲诸如此类的情感称为激情。St. Thomas Aquinas, *De malo*, q.3, a.9. 对"情"的界说可详见本书第二章。

④ See St.Thomas Aquinas, *Summa Theologiae*, I–II, q.77, a.1.

⑤ St.Thomas Aquinas, *Summa Theologiae*, I–II, q.77, a.2.

⑥ See St.Thomas Aquinas, *Summa Theologiae*, I–II, q.77, a.2; *De malo*, q. 3, a.9.

能的是,"一个人能够习惯性地对一全称肯定命题有正确见地,而现实地对一特称否定命题有错误的想法。因为现实行动不直接与习性相冲突,而是与现实行动相冲突"。[①] 阿奎那认为,特殊知识而非普遍知识在行动中占据首要地位,因为"行为是关于个别事件的"。这也就是为什么"若缺乏对个别事件的考虑",激情的行为便会与普遍知识相反的原因所在。激情能够影响理性对特殊事件的判断。[②]

　　肯特强调,阿奎那与亚里士多德在不自制问题上的首要区别在于,前者主张一切行为都是意志的行为,从而"为意志赋予了地位",而后者则相信不自制源自于灵魂的非理性部分,即激情。[③] 阿奎那的进路突出了人意志本身在道德行为中的缺陷,不自制并不仅仅是激情的产物。有学者也发现了阿奎那对"不自制"问题的思考展示了相对亚里士多德的优越之处,即他对意志居于理(智)性和行动之间的关键地位的认可。

　　一般来说,我们知道阿奎那在对他尊师著作的注释当中通常都是紧随亚里士多德的立场,《尼各马科伦理学注释》也同样不例外。他在这些注释中的主要任务是解开亚里士多德话语的晦涩与玄奥之处。然而,作为一位积极而富创造力的哲学家,阿奎那在他的注释当中不能不铺陈自己的立场,尽管是以一种温和而含蓄的方式进行的。斯泰格曼(Thomas D.

17

---

① St.Thomas Aquinas, *Summa Theologiae*, I-II, q.77, a.2, ad.3.

② See St.Thomas Aquinas, *Summa Theologiae*, I-II, q.77, a.2, ad.1-2.

③ See Bonnie Kent, "Transitory Vice：Thomas Aquinas on Incontinence,"
203.

Stegman)敏锐地指出,阿奎那虽然在注解亚里士多德的著作上于大多数情况下紧密追随其文本,但在《尼各马科伦理学注释》当中的两个措辞上明显偏离了亚里士多德的"意志薄弱"观念。它们是"欲情在没有理性的禁止下通过自由计划及接纳嗜欲对象而倾向于该对象"和"欲情可以如此猛烈,它可以支配灵魂的任何部分,甚至是理性本身,如果理性不做出强有力抵抗的话"。① 斯泰格曼相信,"自由接纳"和"做出强有力抵抗"这两个观念在亚里士多德的文本中并未出现,它们"更为恰当地指称意志的运作"。② 相比亚里士多德,阿奎那的思考中更为明显地强调了意志在"意志薄弱"或"不自制"行为中所扮演的角色。

那么,不自制的主体是如何与他所拥有的道德知识相忤的呢?阿奎那辩护道,主体判断被禁止的行为为善,而不是中止对其为恶的判断。"阿奎那追随亚里士多德的观点,强调不自制者在普遍知识上并不谬误,他并不坚持某种不正当的道德原则;但阿奎那继续主张,不自制者确实在特殊知识上是谬误的,他所做出的特殊判断是:计划执行的行为是善的。"③正如我们上面已经提及的,亚里士多德相信不自制者在不自制行为中并不做出选择。作为某种经由深思熟虑(良善的道德原则)的东西,他的选择贯穿整个行为,总是正当的。但

---

① St. Thomas Aquinas, *Commentary on Aristotle's Nicomachean Ethics*, 1348.

② Thomas D.Stegman, "Saint Thomas Aquinas and the Problem of Akrasia," *The Modern Schoolman* 66, no.2(1989):127.

③ Bonnie Kent, "Transitory Vice:Thomas Aquinas on Incontinence," 205.

是,阿奎那看来并不认同亚里士多德的观点。

赛里南(Risto Saarinen)强调,阿奎那在不自制理论中的真正贡献,不仅是"他以精确的术语理解亚里士多德意志薄弱理论的能力",而且更加予人印象深刻的是"他对如下解释的坚持:把对特殊境遇的忽视看作与人较佳的判断相悖而行的根本原因"。① 赛里南提出了一种所谓的"两步骤"的解释范型,后者由两个实践三段论式构成,以分析阿奎那对不自制行为的解释:一个大前提是说服不自制的主体,另一个大前提则是禁止他。当不自制主体面对一个特殊的境遇时,欲情将小前提置于错误的大前提之下,这便是第一步,该步骤是自愿性的,但并不是如亚里士多德所指出的那样是不自制主体会意地(knowingly)或经由深思熟虑地选择的结果。而在第二步中,不自制主体经由深思熟虑而选择跟随不正当的三段论式,并由此做出不自制的行为。② 经过较为感性地选择行动契机(不选择向着恰当的善配备,而是选择追求可欲的快乐)的第一步之后,在经由深思熟虑的第二步中,意志下定决心执行不自制的行为,做出错误的选择。赛里南总结道,阿奎那的范型与亚里士多德的有所不同,在于它"亦有某些奥古斯丁主义的特征介入,如自愿赞同错误的选择,以及奥古斯丁'两种意志'的内在争斗这一方面"。③

19

---

① Risto Saarinen, *Weakness of Will in Renaissance and Reformation Thought*(New York/Oxford:Oxford University Press,2011),30.

② See Risto Saarinen,*Weakness of Will in Medieval Thought: From Augustine to Buridan* (Leiden/New York:E.J.Brill,1994),125.

③ Risto Saarinen, *Weakness of Will in Renaissance and Reformation Thought*,29.

我们可以进一步考察不自制行为及其对立面"自制"行为中意志的运作。根据阿奎那的观点，不自制者和自制者都具有正当理性，并都打算不去追随不正当的欲望，不受激情的干扰。但主要的区别在于他们在激烈欲望的诱惑下所做出的不同选择，自制者出于理性而选择不跟随欲望，而不自制者却选择相反，尽管理性禁止他这样做。① 在此情况下，"选择"是一个意志问题而非知识问题。不自制的意志薄弱行为非他，乃是意志屈从于他力的后果。阿奎那断言，"选择本身不是理性之行动，而是意志之行动，因为选择是由灵魂趋向所选之善的行动来完成。所以，显然那是嗜欲机能之行动"。② 他相信不自制者也按照他自己的意志进行"选择"，故而也在某种程度上因为该选择而犯罪。

> 甚至在软弱的罪当中也存在选择，但选择不是犯罪的首要来源，因为情感引起犯罪。从而我们不能说这样的人因选择而犯罪（peccare ex lectione），尽管此人在选择时犯了罪（peccare eligens, secundum electionem）。自制者和不自制者都通过意志而做出选择，区别在于他们各自所服从的力量。③

我们注意到，阿奎那通过区别两个术语，即"因选择而犯罪"和"在选择时犯罪"，坚持认为不自制者"选择"他的行为。前一个术语指诸如不节制者所做出的行为，而后一个术语则表示不自制者或意志薄弱者的行为。两个不同的犯罪样式决

---

① See St.Thomas Aquinas, *Summa Theologiae*, II–II, q.155, a.3.

② St.Thomas Aquinas, *Summa Theologiae*, I–II, q.13, a.1.

③ St.Thomas Aquinas, *De malo*, q.3, a.12, ad.11.

定了罪责的程度。

肯特通过英译澄清了两个术语,她强调"因选择而犯罪"(sinning from choice/*peccare ex lectione*)指称罪的第一原则或首要来源。所以"并不是说不自制者因选择而犯罪,因为邪恶的意志并不是他的罪的第一原则,他的罪由激情而起"。不自制之罪的第一原则是"外在的,或至少比主体的意志更为外在"。① 他的意志因其软弱性,与引起罪的猛烈激情相比较,只是扮演了一个被动的角色。② 另一方面,阿奎那说一个行为"因为选择"的意思是"一个与主体道德配备相一致的行为,因而反映该主体对什么是普遍意义上的善的观念"。③ 肯特继续写道,"所以当亚里士多德说不自制的行为没有选择时,阿奎那认为他的意思是不自制者并不配备去进行糟糕的选择"。④ 至于对"在选择时犯罪"*peccare eligens, secundum electionem* 的翻译,肯特认为,翻译为 sinning while choosing 会存在一个危险,因为"犯罪和选择可能会被认为是两个凑巧同时完成的行动"。⑤ 她总结说,"不自制者被说成是在没有(*sine*)或违背(*praeter*)选择的情况下犯罪,而不是伴随着(*cum*)、按照(*secundum*)或来自于(*ex*)选择"。⑥ "因为选择而犯罪"意味着罪在选择本身,因为它从一开始就是一种坏

21

① Bonnie Kent, "Transitory Vice:Thomas Aquinas on Incontinence,"208.
② See Bonnie Kent, "Transitory Vice:Thomas Aquinas on Incontinence," 209.
③ Bonnie Kent, "Transitory Vice:Thomas Aquinas on Incontinence,"220.
④ Bonnie Kent, "Transitory Vice:Thomas Aquinas on Incontinence,"222.
⑤ Bonnie Kent, "Transitory Vice:Thomas Aquinas on Incontinence,"207.
⑥ Bonnie Kent, "Transitory Vice:Thomas Aquinas on Incontinence,"208.

的习性,但"在选择时犯罪"则暗示罪存在于(善但软弱的)意志之外的其他机能当中,后者作用于意志之上,令其做出选择。后一种情况中的罪也可以被视作是意志本身的欠缺——因为意志的软弱之故。因此,肯特指出,不自制居于德性与恶习之间,"不自制者并不视快乐为善之全部。他的道德愿景尚未被败坏",然而,他"还没有获得伴随德性而来的灵魂和谐",因此"屈从于诱惑"。①

我们知道不节制是"因选择"的罪,而不自制是"选择时"的罪。那么哪一个罪更严重,是不自制者的还是不节制者的呢?不自制者知道他现在的行为是错误的,但仍然去做;而不节制者认为他的行为是正确的,因此才去做。看上去前者犯的罪更严重(不正当)一些,因为它更像是有意违反或蓄意犯罪,而不像相对"前后一贯"的后者。但是不自制是自愿的,带有深思熟虑的选择(赛里南的"第二步"),只是在激情强有力地干扰下对善的确信(观点)软弱或摇摆不定。阿奎那本人执意认为不节制者比不自制者的罪更为严重,因为前者"坚持自己所选择的",这一选择因为对善的虚假确信而变得糟糕;而后者则"知道悔改"。② 在阿奎那看来,意志倾向于犯罪,方才体现出罪本身的严重性。他接着说:

> 一个不节制者的意志,是由于他自己所做的选择而倾向于犯罪的(*voluntas inclinatur ad peccandum ex propria electione*);而他的选择则来自他习于行一事而养成的习

---

① Bonnie Kent, "Transitory Vice: Thomas Aquinas on Incontinence,"203.

② St.Thomas Aquinas, *Summa Theologiae*, II–II, q.156, a.3.

性;至于不自制者的意志,是由于某种欲情而倾向于犯罪(*voluntas inclinatur ad peccandum ex aliqua passione*)。因为欲情很快就会过去,而习性却是"不容易改变的性质"(*difficile mobilis*);所以,不自制者在欲情消逝之后,立刻就会忏悔;至于不节制者,却不会有这样的事,反而以自己犯了罪为一件乐事;因为由于习性,犯罪的行动已成为与他本性相合的(*connaturalis*)事。①

一方面,就二者持续的时间而言,不节制者的无知延续得相当长久,形成作为"人的第二本性"的习性,而且是顽固不化的恶习(*vitium*),非常难于去除;而不自制者的无知则因激情而产生,"只在激情发作时存留",稍纵即逝,较容易克服。另一方面,上述两种无知各自在程度上存在差异。不自制者的无知"关乎选择一件个别的事物,即他认为这是目前应该选择的事物",而不节制者的无知则"关乎目的本身,即他判断这是善的,因而他毫无节制地顺从欲望",因此后者比前者的罪过要更大。②

我们知道,根据阿奎那的观点,处于软弱而犯罪的人,知晓"普遍的事,但不知晓特殊的事",因为他以欲情而非理性为原则。③ 这种"无知"的后果便是不正当地将关于善的普遍知识运用于特殊。"……正如醉酒的人说出他们内里并不理解的话,因此一个被情感所征服的人,尽管对外说出'应当避免这样'的话,但内里的判断却是应当这样做。从而人嘴上

23

---

① St.Thomas Aquinas, *Summa Theologiae*, II-II, q.156, a.3.

② See St.Thomas Aquinas, *Summa Theologiae*, II-II, q.156, a.3, ad.1.

③ See St.Thomas Aquinas, *De malo*, q.3, a.9, ad.7.

一套、心中又是另一套。"①不自制者拥有习以为常的知识,但却不具备对该知识在特殊行为中得以正当运用的习以为常的确信;尽管他也拥有对善的正确概念,并把它作为自己行动的目的,但他容易被特殊个案中表面的善或虚假的善所蒙蔽。不自制者的意志并不足够稳定,不足以坚持信念,这也正是其薄弱之处。

第三节 意志与意志哲学

不自制,也即意志薄弱论题,在阿奎那对意志的哲学思考中随处可见。然而,作为中世纪最著名的理智主义思想家,阿奎那在他的伦理学当中倾向于诉诸理性而非意志。他坚持认为理性总是关乎普遍,而激情则更关乎特殊。人的意志处于二者之间,且更接近理性,而较远离激情。②

无论是道德知识的匮乏,也就是无知,还是在道德推理中对双重知识的误用,都不是意志薄弱/不自制的直接原因所在,其真正的原因在于意志本身,无论它在感官嗜欲的激情干扰下变得软弱,还是在决定行为自制与否的确信之下变得坚强。意志弥合了较高的理性与较低的嗜欲或欲望之间的鸿沟,并通过自愿的、经由深思熟虑的选择而将它们整合入道德行为当中。不自制是意志未能坚持特定的确信——引导人追求真正的善的确信,而在特定境遇中不合适的嗜欲诱惑下,体

① St.Thomas Aquinas, *De malo*, q.3, a.9, ad.8.
② See St.Thomas Aquinas, *De malo*, q.3, a.9, ad.13.

现出了意志的软弱,因为主体不能明辨表面的善与真正的善,结果导致屈从于谬误的过犯,尽管主体依旧保有对于真正的善的普遍的道德知识和原则。当不自制问题在意志哲学的范畴内被作为"意的薄弱"来处理时,它便成为对人自由而武断的意志为何会展现为这样一种摇摆不定、绵软无力的方式的考察。

在阿奎那意志哲学的框架中,不自制被理解为人的意志的问题。不自制既非直接因缺乏道德知识而起,亦非在本质上因不可抗拒的激情所生,而是来自于意志本身。意志是与理智并列的单纯灵魂机能,它区别于作为身体—灵魂复合活动的情感。意志具有弹性,足以驱动主体自愿选择折服于愤情与欲情所带来的快乐(感)的诱惑,或者驱策主体心甘情愿地选择以道德知识或原则所塑造的信念去抵制这一诱惑。因此,意志因为它的自由而"在选择时犯罪","意志既是情愿行动之根本——无论是善的行动或恶的行动,而后者即是罪过,意志也就是罪过之根本",从而意志才是罪的主体。① 正如斯泰格曼所说:"意志的自由率先发难——不要这样做,也就是说,不要考虑规则。以此方式,不自制者自由而自愿地不考虑规则,因而引入了恶的状况。于是行为当中自愿的不加考量(voluntary non-consideration)便构成了恶。"②

我们所谓的"自由意志"是在理智和嗜欲间接影响之下自由地选择,永远不能被任何必然性所决定,无论该必然性是

25

------

① See St.Thomas Aquinas, *Summa Theologiae*, I–II, q.74, a.1.

② Thomas D.Stegman, "Saint Thomas Aquinas and the Problem of Akrasia," 126–127.

知识或是激情。然而,这也是意志自身的软弱或局限,或者说是含混性,也就是人的本体论缺欠,后者唯有借助上帝灌输的救恩性恩典助力方可得到彻底的治愈。我们可以坚定地抵制各种过度的激情,以及这些激情所提供的表面的甚或虚假的善,毅然地步向终极的绝对完美之真善,即上帝真福的圣爱。无论知识的拥有还是欲望的满足,都根本无法为我们配备以真正的救恩。

第二章

自然本性(下)

——欲:与拉纳欲观念的比较①

第一节 "欲"之三端

"欲"(*concupiscentia*/concupiscence)②是人的自然本性中最为核心的要素,也是最具魔魅力量的机能之一。从形而上学角度来看,欲是人之存在的根本特征,也正是在此意义上,欲与爱存在相通性。而在日常生存经验当中,欲更体现为人本性中深具负面道德意涵、与作为人之本质的理性相悖逆的驱力,这一点在各大宗教、特别是基督宗教的真理体系中,成为人的罪性之因以及信仰道路上必须要克服的障碍。于是,欲几乎成为了人本性之全部负面含义的代名词,而世界各大主要宗教所宣扬的拯救与解脱,多是针对欲而阐发的。本章节集中探讨中世纪大思想家托马斯·阿奎那与当代天主教著名神学家卡尔·拉纳(Karl Rahner)对欲的理解。

---

① 本章节内容以《欲的概念:从圣多玛斯与拉内的观点看》为题刊载于《神学年刊》2017 年第 38 卷,第 29—69 页。

② 有别于对欲望的惯常统称 desire,详见后文。

在对欲的表述上,教父时期的奥古斯丁可以说是最具代表性的一位,在他的著作中,随处可以看到关于欲的论述。芬兰神学学者尼苏拉(Timo Nisula)在《奥古斯丁与欲之功能》(*Augustine and the Functions of Concupiscence*, 2012)一书中援引及总结著名奥古斯丁研究专家博纳(Gerald Bonner)的观点,将奥古斯丁著作中关于"邪恶欲望"(evil desire)的三个主要拉丁术语 *libido*, *concupiscentia*, *cupiditas* 进行了细致的区分。其中 *libido* 和 *concupiscentia* 在指称性欲上可以通用,而 *libido* 在表达其他类型的淫佚之事(lust)方面则更为流行,有时则由 *cupiditas* 一词来加以补足。在奥古斯丁的名著《上帝之城》(*De civitate Dei*)一书中则有著名的"统治欲"(*libido dominandi*)概念,便使用 *libido* 一词。相较之下,*libido* 是关乎"欲"较为经典的拉丁文表达方式,而 *concupiscentia* 则是基督宗教术语,为具有基督信仰背景的学者所专用,大多时候具有"性"方面的指涉。①

尼苏拉接着指出,博纳教授在多年后为《奥古斯丁辞典》(*Augustine Lexicon*, 1986)编纂的 *concupiscentia* 等辞条中又进一步做出补充与修订,认为奥古斯丁在圣经拉丁文的指引下,既从流行的负面意义,也从正面意义上使用 *concupiscentia* 一词,后者并不局限于性欲指涉,而同时在更广阔的含义上关乎人的罪性行为(sinful behavior)。*cupiditas* 亦指称性欲,但相比严格限定于性指涉的 *libido* 更为多义,特别是在其关联斯

---

① Timo Nisula, *Augustine and the Functions of Concupiscence* (Leiden/Boston: Brill, 2012), 16. See Gerald Bonner, "Libido and Concupiscentia in St. Augustine," *Studia Patristica* VI (1962), 303-314.

多葛学派(Stoicism)的四种激情(欲、恐惧、快乐、悲痛)时,与基督教的爱相对立。① 总结前述,我们简单做一区分,在以奥古斯丁神学著作为典型代表的拉丁语境中,*concupiscentia*(有时以 *concupisco* 的形式)主要为基督宗教术语,多与性欲相关,但亦超出其范畴。*Cupiditas* 主要表达与财色相关联、与真爱相对立的"贪婪"(greed),而 *libido* 作为世俗语境下的典型表达方式,主要与感官享乐,特别是性欲有关。为行文之便,除有特指会加以注明之外,本章节直接将 *concupiscentia* 译为"欲",将 *libido* 译为"力比多",将 *cupiditas* 译为"贪欲"。

有一点需要我们进一步留意的是,欲的这三种拉丁表达形式,都在重要神学家们的思想当中无一例外地与爱形成或为对立或为一体的张力关系:奥古斯丁将 *cupiditas* 定位为与爱德(*caritas*)反向的、耽于肉身的、低级的贪欲;蒂利希(Paul Tillich)则一改弗洛伊德(Sigmund Freud)那里完全基于性而被泛化的行为驱力,将 *libido*(希腊文对应词 *epithymia*)归入人的本性之爱,即与超性恩典的上帝圣爱相互统合的欲爱范畴当中,成为爱的四元互动结构中不可或缺的组成部分;②而

① See Timo Nisula, *Augustine and the Functions of Concupiscence*, 16–17.
② 这里需要留意的是,蒂利希将 *concupiscentia* 定义为 *libido* 的扭曲形式,或曰非本真存在状况下的疏离形式,是"将实在之整体收纳入自我的无尽欲望"。See Paul Tillich, *Systematic Theology*, Vol. II (Chicago: University of Chicago Press, 1957), 52。*concupiscentia* 无厌足地(infinitely)追求享乐;而与之相对的本真或本质状况下的 *libido* 则明确地(definitely)谋求爱之联合,符合爱作为"疏离者走向重新联合的力量"、作为"面向生命之自我实现的驱力"的定义。*concupiscentia* 突出高度自我中心的(egocentric)主体性自我,而 *libido* 则通过爱的联合彰显出关系性的自我——我一你(I-*Thou*)的关系性本体。蒂利希认为弗洛伊德没有对 *libido* 概念做出类似区分,"弗洛伊德没有

在阿奎那的爱观念中，*concupiscentia* 则作为爱的两种动向之一，被整合入爱的概念当中，并在基督信仰的灌输性德性——向上帝之德（*virtutes theologicae*）之一的望德（*spes*）中成为充当其本质的爱的动力。

第二节　阿奎那对欲的界说

阿奎那将欲界定为追求快乐（快感）而富于情的感官嗜欲。我们有必要先逐一厘清这里所涉及的如嗜欲、情等几个核心概念。

阿奎那根据亚里士多德的哲学人类学理论，将嗜欲（*appetitus*）归为灵魂的五类机能之一。① 嗜欲是灵魂追求所欲之

看到，他对人性的描述只是在人的生存困境中，而非在人的本质上适用。力比多的无穷尽性是人疏离状态的标志，它与人本质的善或被创造的善相牴牾。在人同自身以及世界的本质关系中，力比多并不是 concupiscence，它不是将万有收纳入人特定存在当中的无限欲望，而是与其他爱的特质——欲爱、友爱和圣爱相联合的一种爱的元素。爱并不排斥欲望，它将力比多纳入自身当中。但与爱相联合的力比多不是无限的，它如所有的爱一样，指向一个明确的主体，与其一道欲求同爱的载体相联合"。Paul Tillich, *Systematic Theology*, Vol. II, 54.

① 根据对象来分，灵魂机能包括只对（与灵魂相结合的）身体起作用的生理机能（*potentia vegetativa*）与其他四类也对外在（于灵魂的）物起作用的机能。这四类机能是：外在物自然宜于与灵魂接触，双方相似性关系在灵魂中的两类：针对所有可感形体物的感官机能（*potentia sensitiva*）和针对普遍的物的理性机能（*potentia intellectiva*）；灵魂本身倾向并趋向于外在物的两类：空间运动机能（*potentia motiva secunda loca*）和嗜欲机能（*potentia appetitiva*）。在空间运动机能中，灵魂以外在物为活动和运动的终点，以获取其所愿望和欲求之物，而在嗜欲机能中，外在物先在灵魂意向中，灵魂以之为目的。St. Thomas Aquinas, *Summa Theologiae*, I, q. 78, a. 1.

"善"的一种自然倾向,来自于人的本性,但又因为人的高级机能——如认知能力等,而超出反映本性之倾向的自然嗜欲(*appetitus naturalis*)的高度,①如爱也是一种嗜欲。② 高级的嗜欲可引导人超越自然嗜欲的倾向与需求,如常见的(为宗教信仰的)独身生活(放弃性事)及禁食(放弃饮食)、(为某种精神诉求的)绝食(放弃饮食)甚或自我牺牲(放弃自我保全)。

因此,作为被可欲的受感知物所推动的一种被动机能,③嗜欲分为自然/感官嗜欲(*appetitus naturalis/sensitivus*)或肉情(*sensualitas*),④以及理性嗜欲(*appetitus rationalis/intellectivus*)或意志(*voluntas*)两种,前者属于灵魂—身体复合的实践活动,而后者则归为纯粹灵魂的实践活动。在阿奎那的体系中,感官嗜欲又可区分为欲情(*appetitus concupiscibilis*)与愤情(*appetitus irascibilis*)两类。阿奎那对欲情的定义是"灵魂用其中一种机能,单纯地倾向于适合于其感官的东西,逃避有害的东西"。⑤ "欲情"这一"欲求式的嗜欲",便是我们本章节将要重点分析的概念 *concupiscentia* 的属名,突出后者作为灵魂嗜欲机能之一——感官嗜欲之本质。而欲情所针对的是"合于本性并使感官起快感的善之性质或理",⑥与身体的官

---

① See St.Thomas Aquinas, *Summa Theologiae*, I, q.80, a.1.

② See St.Thomas Aquinas, *Summa Theologiae*, I-II, q.26, a.1.

③ See St.Thomas Aquinas, *Summa Theologiae*, I, q.80, a.2.

④ 在台版《神学大全》中,*sensualitas* 被译为"肉情"或"肉欲",尤其是后者,令"欲"的词汇表更加复杂化。这里,阿奎那也明显将自然嗜欲与感官嗜欲合并为一项。

⑤ St.Thomas Aquinas, *Summa Theologiae*, I, q.81, a.2.

⑥ St.Thomas Aquinas, *Summa Theologiae*, I, q.82, a.5.

能直接相关,而与纯为灵魂机能的理性嗜欲——意志有所区别。

在《神学大全》第一集第八十二题的第五节中,有人提出意志作为高级嗜欲,亦应如感官嗜欲一样区分为愤情和欲情,他指出欲情能力(*concupiscibilis*)来自欲求(*concupiscere*),但是有的欲求不能属于感官嗜欲,而只能属于理性嗜欲或意志,比如对智慧的欲求。① 这里涉及到了对欲的区分与定位问题,即是否存在一种理性的、高级的欲(情)的问题。阿奎那做出了如下回应,他说:

> ……欲(*concupiscentia*)……有两种意义。有时是指激起灵魂某种骚动(*concitatio*)的情(*passio*),这是一般的意义;按这意义,则只属于感官嗜欲。另一种意义,是指不带有情或灵魂骚动的单纯情感(*affectio*),如此则是意志活动。按这意义,也可用于天使和上帝。但按这种意义,它……不分属于不同的机能,而只属于一个机能,即所谓的意志。②

可以看出,阿奎那对欲做出了双重区分:一般意义上"令灵魂骚动的情"(身体—灵魂复合活动)的感官嗜欲,和纯然意义上不带有"情"之因素(纯灵魂活动)的理性嗜欲。这里需要解释另一个与欲存在密切关联的概念——"情"。

情(*passio*)③,或称感受(*pati*/passive),即"有所收受"或

---

①　See St. Thomas Aquinas, *Summa Theologiae*, I, q.82, a.5.

②　St. Thomas Aquinas, *Summa Theologiae*, I, q.82, a.5, ad.1.

③　台版《神学大全》又出现将 *passio* 译为"情欲"的情况,"欲"系列又多了一个成员!

"有受又有失的感受",强调感受主体的被动性(passivity),①
因此我们日常习惯称为"激情",强调其难以被理性所控制的
激烈特征。相对而言,上一段引文中阿奎那提到的情感
(affectio/affection)则泛指意识的感受,虽亦强调被动性,但更
多突出情感的平和,与情形成鲜明比照。情主要处于灵魂的
嗜欲(而非知觉)部分,受到物之"善"吸引所致,"含有承受者
被拉向主动者之意义",由于灵魂因着嗜欲而"对外物本身有
一种倾向",②其被动性在于"我们用外在行动是为获取外在
的东西",③即需有嗜欲对象作为行动的前提条件。情又主要
在感官嗜欲而非理性嗜欲部分,会带来身体的变化。④ 阿奎
那指出,在欲情部分的情上,从善的方面可分为爱、愿望或欲
(concupiscentia)、快乐或喜乐,而从恶的方面则对应恶或憎
恶、厌弃或逃避、伤痛或哀愁凡六种:⑤

33

　　在嗜欲的动态中,善有吸引力,而恶有排斥力。所
以,善先在嗜欲机能上,产生一种向善的倾向或适合性或
自然符合性,这属于爱之情(amor)。在恶方面与爱相对
的,是恶或憎恶(odium)。第二,若善是尚未得到的,便
推动嗜欲追求所爱之善,这便是愿望(desiderium)或是欲
(concupiscentia)。在恶方面与此相对的是厌弃(abomina-

　①　See St.Thomas Aquinas,*Summa Theologiae*,I-II,q.22,a.1.
　②　St.Thomas Aquinas,*Summa Theologiae*,I-II,q.22,a.2.
　③　St.Thomas Aquinas,*Summa Theologiae*,I-II,q.22,a.2,ad.2.
　④　See St.Thomas Aquinas,*Summa Theologiae*,I-II,q.22,a.3.
　⑤　而对应在愤情方面,则有三组五种:盼望(spes)和失望(desperatio)、
畏惧(timor)与勇猛(audacia)、忿怒(ira)。灵魂的情共计11种。

tio)或是逃避(*fuga*)。第三,得到了善之后,使嗜欲定止于所得之善,这属于快乐(*delectatio*)或喜乐(*gaudium*)。在恶方面与之相对的是伤痛(*dolor*)或哀愁(*tristitia*)。①从而欲是区别于其他诸情的个别之情——它推动嗜欲追求尚未得到的所爱之善,"由爱而生,走向快乐","可令感官快乐者……若不在跟前而将嗜欲拉向自己时,即产生欲"。②

在阿奎那看来,涉"情"无非两类:欲情和愤情,又统称"肉情",细分皆可归于三点:"肉身之欲"、"眼目之欲"和"人生之骄奢"。阿奎那将欲分为自然的与不自然的两类,"自然的"指适合人的动物性本性的欲,如饮食,称为符合自然(本性)的欲(*concupiscentia naturalis*),从内涵上与我们前面提到的自然嗜欲相类;"不符合自然(本性)的欲"(*concupiscentia non naturalis*)则是指被感知为适合或善并以之为乐的欲,习惯称为"贪欲"(*cupiditas*)。"自然的"为人兽所共有且必要,"不自然的"则为人所特有,附加于符合自然的欲之上。③ 阿奎那又补充指出,符合自然的欲或为保存个体(通过饮食),或为保存种群(通过性事),对此类事宜的过度嗜好,则称为"肉身之欲"(*concupiscentia carnis*)。此外,还有一种欲叫做"灵魂之欲"(*concupiscentia animalis*),它所追求的不是保有某物或获得肉体感官的快乐,而是在理解、想象和感知上获得愉悦,例如钱财、服饰等,这种被称作"眼目之欲"(*concupiscentia oculorum*),或者指好奇心,或指对由外呈现在眼前之物的欲,

---

① St.Thomas Aquinas, *Summa Theologiae*, I–II, q.23, a.4.

② St.Thomas Aquinas, *Summa Theologiae*, I–II, q.30, a.2.

③ See St.Thomas Aquinas, *Summa Theologiae*, I–II, q.30, a.3.

即贪心或贪欲(*cupiditas*)。符合自然的欲或肉身之欲,与灵魂之欲或眼目之欲是欲(*concupiscentia*)在欲情(*appetitus concupiscibilis*)中的两种表现,连同属于愤情之表现的"对优越的不正当嗜欲"——"人生之骄奢"(pride of life/*superbia vitae*)或曰骄傲,一起构成了情的三种基本表现方式,情也是罪的原因。① 关于骄傲作为人之首罪,容后再叙。

阿奎那认同亚里士多德对欲的定义——"欲是对快乐的追求",②定义欲为"对可令人快乐者之嗜欲(*appetitus delectabilis*)",③他强调欲是因感官之善所获得的快乐,属于灵魂—肉体复合活动,位于感官嗜欲部分,有别于因可理解之善(理性之善)所获得的快乐,后者只属于纯灵魂活动。④ 而之所以对智慧或其他精神性之善存在所谓的"欲",要么是因为与感官之欲存在相似性,要么就是因为灵魂高级部分的嗜欲强度剧烈,从而漫溢至低级嗜欲,而令后者追随高级部分追求精神性之善,结果导致肉体服从于精神的支配,⑤以此方式实现感官嗜欲与理性嗜欲的相通。综上所述,阿奎那对欲的定义可以总结为:在感官嗜欲之欲情当中推动嗜欲(也包括理性嗜欲)追求所爱之善及伴随而来的快乐(快感)的一种情。接下来我们再来简单看看阿奎那对前文"欲之三端"其他二者的表述。

35

---

① See St.Thomas Aquinas, *Summa Theologiae*, I–II, q.77, a.5.

② Aristotle, *Rhet.*, I–11, 1370a17.

③ St.Thomas Aquinas, *Summa Theologiae*, I–II, q.30, a.1.

④ See St.Thomas Aquinas, *Summa Theologiae*, I–II, q.30, a.1.

⑤ See St.Thomas Aquinas, *Summa Theologiae*, I–II, q.30, a.1, ad.1.

　　首先,阿奎那在《神学大全》中也有使用我们在英文中常用的表达"欲望"的 desire,对应拉丁文为 *desiderium*,台译本译为"愿望"。阿奎那特别指出愿望与欲 concupiscentia 的区别,他说:"严格地讲,'愿望'不只属于下级嗜欲,也属于高级嗜欲。'愿望'不像'欲'那样,含有'贪欲'(*cupere*)的意味,它只是单纯地指向所愿望之物的动态"。① 所以 desire 可以说是对欲的一种泛指或统称。另外,这里提到的动词 *cupere* 所对应的名词则正是 *cupido* 或 *cupiditas*。就奥古斯丁对贪欲 *cupiditas* 的定义"贪欲是对无常之物的爱"(*Nihil aliud est cupiditas nisi amor rerum transeuntium*)似把欲与爱等量齐观,② 阿奎那就此回应道,"欲(*concupiscentia*)本身不是爱,而是爱之效果。……奥古斯丁在那里讲的是广义之欲望,即泛指嗜欲对未来之善的动态。所以爱及盼望(望德)皆包括在内"。③ 在此意义上,阿奎那自己也往往将欲与爱、特别是其中的欲望之爱(*amor concupiscentiae*)以及具有欲望之爱特征的向上帝之德——望德,予以正面的关联。通过前述我们知道超出"符合自然(本性)的欲"之外的"不符合自然(本性)的欲"被阿奎那强调"习惯上多"(*solet magis*)称为贪欲 *cupiditas*。④ 而有趣的是,他列举亚里士多德的观点,强调相比"非理性的"符合自然的欲,这种习惯上多被称为贪欲的"不

---

① St.Thomas Aquinas,*Summa Theologiae*,I–II,q.30,a.1,ad.2.

② See St.Augustine,*De diversis quaestionibus octoginta tribus*,q.33.

③ St.Thomas Aquinas,*Summa Theologiae*,I–II,q.30,a.2,ad.2.

④ 从而台版《神学大全》将 concupiscentia 译为"贪欲"、"贪情",突出欲(贪婪)的负面内涵。

符合自然的欲"，反而是"带理性的"，因为它体现了人与动物的种差，为人所专有。人是理性地贪婪!① 而也正是因为理性能展向无限，因而这种随从理性的贪欲才是无限的，"理性可以说有某种无限能力，因为它能无限地思索一个东西，例如:数目之增加，或直线之延长。所以，某种无限能适于理性。因为理性所知觉之普遍性，也是一种无限，因为其中含有无限的个体"，②阿奎那说，"所有欲望钱财的人，能不限定数量，而欲望能富到什么程度，便富到什么程度。……以钱财为目的者，其对钱财之欲望是无限的。……对其他东西之欲望，也是同理"。③ 正如我们后文会看到的，理性范畴内的理性嗜欲——意志同理，往往要比符合本性的自然嗜欲更为进取和执着，从而更具道德风险。

除了一般性的习惯表达之外，*cupiditas* 一词亦有其明确专指。在《神学大全》第二集第一部第八十四题第一节中，阿奎那专门讨论了贪婪或贪心 *cupiditas*(covetousness)，他回归使徒保罗的本意，突出了 *cupiditas* 与钱财的直接关联，是对钱财的不正当贪求，并在此意义上成为一切罪过之根源。尽管对 *cupiditas* 的理解存在多种意义，比如认为它指称对一切现世之物或可朽之利益或善的不正当贪求，④因为上述利益或善均可凭借钱财获取，故而 *cupiditas* 所特指的对钱财的贪婪

①　See St.Thomas Aquinas, *Summa Theologiae*, I–II, q.30, a.3 & ad.2–3.
②　St.Thomas Aquinas, *Summa Theologiae*, I–II, q.30, a.4, ad.2.
③　St.Thomas Aquinas, *Summa Theologiae*, I–II, q.30, a.4.
④　See St.Thomas Aquinas, *Summa Theologiae*, I–II, q.84, a.1.

才是根本。① 显然,相对前述的奥古斯丁,阿奎那在 *cupiditas* 与钱财的意涵关联上更为坚决彻底。

我们再来看看阿奎那对力比多 *libido* 的界定。在其文本中,*libido* 往往专指性欲,英译本常用 lust 译出。② 阿奎那强调"力比多指称实际发生的过度之欲(*concupiscentia*)",因而"在性交合中实际发生的力比多则是惯常之欲(*concupiscentia*)的明证"。③ *libido* 一词有着十分鲜明的性内涵,从而台版《神学大全》将 *libido* 译为"淫欲"是十分准确的。

第三节 拉纳论欲的神学含义

当代著名的天主教神学家卡尔·拉纳对于欲 *concupiscentia* 也有特别的关注。在《欲的神学概念》("Zum theologischen Begriff der Konkupiszenz")一文中,拉纳集中讨论了他从神学角度对欲的理解。他指出欲的问题是天主教教理神学中最为棘手的难题之一,主要原因是存在两种难以和解的对立立场:一种视欲为罪(sin),是重压于人、从深层驱使人干犯道德罪过的力量;另一种立场则认为欲被直接赋予人的本性,从而当然是"无害的"、甚至几乎是必要的;而摆脱欲的控制,即便对于基督宗教意义上"未堕落的人"(指人类原祖亚当)而言,亦

---

① See St.Thomas Aquinas, *Summa Theologiae*, I–II, q.84, a.1, ad.2.

② See St.Thomas Aquinas, *Summa Theologiae*, I, q.98, a.2, ad.3; St. Thomas Aquinas, *De malo*, q.4, a.6, ad.16-18.英译本的 lust 有时译自拉丁本的 *luxuria*。

③ St.Thomas Aquinas, *De malo*, q.4, a.6, ad.16.

无法强求,它乃是一种超出人本性的(preter-natural)上帝恩赐。①

拉纳首先列举了对欲的三种理解。从最广义角度来讲,欲指意动力(*Strebevermögen*/conative potency)②及其相关行动;从较为狭义的专有含义来看,欲指感官愿望(*Begehren*/sensitive desire);而在最狭义及最严格的神学含义上,欲指感官嗜欲(*Begehrungsvermögen*/sensitive appetite)及其行动,它"努力追求感官对象,与道德秩序的法则相悖,不依赖于更高的、精神(灵性)的意动力,从而抵制人意志的精神自由决断",因而此一意义上的欲也被称为邪恶的、失序的、叛逆的欲、恶的倾向。③ 上帝超性恩典赋予原祖亚当的正直德性(integrity),④

39

---

① See Karl Rahner,"The Theological Concept of Concupiscentia,"in *Theological Investigations*, Vol. I, trans. Cornelius Ernst, O. P. (London: Darton, Longman & Todd,1965),347–348.

② 根据《韦氏大辞典》(*Merriam-Webster Dictionary*)的释义,conation 一词的含义是"有意行为的倾向(作为一种本能、驱动力、意愿或渴求)"(an inclination(as an instinct,a drive,a wish,or a craving)to act purposefully),在此意义上,与"意志"(volition)同义。但根据拉纳的理论,conation 强调"非意志选择"的自发行动,从而与"意志"相对,我们暂译为"意动"。

③ See Karl Rahner,"The Theological Concept of Concupiscentia,"350.

④ 即德性上的"完美"、"完善"。阿奎那在《神学大全》第一集第三十九题第八节中讨论美(*pulchritudo*)与圣子的相似之处时,谈及"美"的三个条件:完整或完美(*integritas sive perfectio*)、相称的比例或和合、光彩,此处的 integrity(*integritas*)是"完美"的同义词,"完整或完美与圣子所特有者,有相似之处,因为圣子在自己内有圣父的真正而完美的本性"。St. Thomas Aquinas, *Summa Theologiae*,I,q.39,a.8.从伦理学角度来看,德性的完整便是一种道德的完美、完善,在阿奎那的伦理学里,完善德性离不开超性维度。我们依照日常表述习惯,将 integrity 译为"正直(德性)"。

便自然成为一般理解上摆脱"恶欲"的德性。① 前述阿奎那的定义显然与第三种理解较为贴近。

拉纳认为,不应将神学教理上的欲与克修—道德意义上的欲——道德所禁止的"感官嗜欲"倾向直接关联。他把"嗜欲"归为意动力的自发性(spontaneity),以此为基础,意动的行动或预示、或抵制意志的自由决断。拉纳强调,意动力的自发性完全先于对欲的道德限定——常为"恶的倾向",在某些特定场合,这种自发的意动力甚至可以导向具有正面道德价值的善,以对抗人不良的自由决断以及道德上不正当的善。他接着说,"以神学意义下的欲来理解,这一自发性必须被界定为嗜欲所固有的属性,相应地,摆脱欲则必须被理解为对嗜欲自发性的全面掌控"。②

可以看出,拉纳神学意义下的欲更多突出"自发性",而并非阿奎那所强调的"感官性"。"自发性意动"更大程度上与阿奎那的"自然嗜欲"有类同所指。阿奎那认为,自然嗜欲是任何东西"随本性的形式而来的(对某对象的)倾向",该倾向"以本性的方式存在于自然物当中"。③ 包括人在内的一切自然物的"灵魂的每一机能,都是一种形式或本性,并有某种

---

① See Karl Rahner,"The Theological Concept of Concupiscentia,"350.

② Karl Rahner,"The Theological Concept of Concupiscentia,"351.拉纳认为,唯有这样解释正直德性,才有可能避免如下站不住脚的心理学观点:"只有当嗜欲追求道德上非法之物事时,正直德性方可发挥作用"。而这样的观点会将正直德性变成上帝对人精神(灵性)生命的一系列时断时续的偶然干预,我们知道,上帝的干预应当是持续更新的。Karl Rahner,"The Theological Concept of Concupiscentia,"351-352.

③ St.Thomas Aquinas,*Summa Theologiae*,I,q.87,a.4.

自然倾向。因而各以自然嗜欲欲求其相关对象"。① 因此,自然嗜欲被视为人所有灵魂机能运作的前提和基础。从特指意义上来看,阿奎那指出,自然嗜欲是植物和无生命的形体物"只借着自己的本然习性(*habitudo naturalis*),没有什么认知而趋向于善"的倾向。② 根据亚里士多德以及阿奎那的灵魂观,人作为拥有高级灵魂的存在者,涵盖所有较低级灵魂的机能,如植物及无生命形体物的"生魂"(*anima nutritiva*)等,因此人本性中亦存在自然嗜欲,该自然嗜欲与感官嗜欲(属动物性灵魂"觉魂"*anima sensitiva* 层面)一道,与专属人的理性嗜欲(属"理性灵魂"*anima intellectiva* 层面)联合构成人的嗜欲机能

结构。而阿奎那有时也直接将以人本性为基础的自然嗜欲直接与理性嗜欲相对而论,在讨论"为目的的行动"时,他说,"这个决定(为某一确定目的),在有理性者,是来自'理性嗜欲',称为意志;别的则来自于自然倾向,称为'自然嗜欲'"。③ 这里的"自然嗜欲"则是广义的、泛称的,将感官嗜欲并入其中,因为一方面人的自然嗜欲有别于植物和无生命的形体物,有时需藉由感官知觉来完成,而另一方面,人的感官嗜欲(又称"动物性嗜欲"*appetitus animalis*)虽需凭借感官知觉,但俨然为本性之自然倾向的延伸与确认,与自然嗜欲间并无发生任何牴牾。因此,自然嗜欲与感官嗜欲存在逻辑一致性与相通性。④ 正是

---

① St.Thomas Aquinas,*Summa Theologiae*,I,q.80,a.1,ad.3.

② St.Thomas Aquinas,*Summa Theologiae*,I,q.59,a.1.

③ St.Thomas Aquinas,*Summa Theologiae*,I-II,q.1,a.2.

④ See St.Thomas Aquinas,*Summa Theologiae*,I-II,q.29,a.1;I-II,q.30,a.3,ad.1;I-II,q.41,a.3.

由于(生魂的)自然嗜欲不受理性(及理性嗜欲)命令,所以是一种"自发性"行动。① 而对于自然嗜欲的来源,阿奎那认为是上帝对人本性的赋予,与意志相别而言,他说,"意志是被同一主体中的理智的理解而推动;而自然嗜欲的推动则是独立理智(separate Intellect)之理解的成果,所谓独立理智便是自然的创造者"。② 从伦理学意义上来看,相较人追随自身本性的自然嗜欲,往往通过感官和理智所趋向的"善",似乎反而承担较少的道德风险,他说:

> 意志是一种理性嗜欲。嗜欲则只求善,理由是因为嗜欲无非是对某物之倾向。东西只倾向那与自己相似的及合适的。既然所有的东西,只要是物及实体就是善,故倾向必定指向善。……不过要知道,凡倾向皆追随某种形式,自然嗜欲追随的是自然物本身的形式:感官嗜欲以及理性嗜欲——即意志,所追随的是所意识到之形式。就如自然嗜欲所追求的是物中所有之善,同样动物或人的嗜欲所追求的是意识到的善。为使意志倾向某物,不必是真实的善,只须被意识为善。③

相对自然嗜欲,感官嗜欲和意志均属较高级的嗜欲形式,但本体论上的级别并不代表道德成果的高下。本性仍反映着上帝的创造之善,正如同自由意志仍存在选择向恶的风险性。阿奎那这一观点,也暗示了后文拉纳所提到的意志自由决断的道德风险,以及欲对该风险的缓冲作用。

---

① See St.Thomas Aquinas, *Summa Theologiae*, I-II, q.17, a.8.

② St.Thomas Aquinas, *Summa Theologiae*, I-II, q.40, a.3.

③ St.Thomas Aquinas, *Summa Theologiae*, I-II, q.8, a.1.

因此,阿奎那的自然嗜欲从内涵上可归为拉纳意义上的"自发性意动力"范畴,与理性嗜欲——意志及其自由决断形成二元张力。而拉纳意义上的"(理性)自由决断"(*dictamen rationis*/free decision),可以等同于阿奎那意义上"情愿的"(*voluntarius*/*hekousios*)、有认知活动参与的"经过考虑的愿望"(*desiderium consiliabile*)——理性嗜欲或称自由意志(*liberum arbitrium*),其根本特征就是自由的而非必然的"选择"(*electio*)。①

我们再回到拉纳。他认为,虽然传统形而上学的灵魂观(人类学)将人的机能区分为感官嗜欲和精神嗜欲(spiritual appetite,即阿奎那意义上属纯灵魂机能的理性嗜欲),同时往往把欲理解为纯粹的感官机能,如阿奎那。然而,这两种机能的对象均被给予同一个统一主体,所以,人从来都不是纯粹因为感官嗜欲而追求感官之善,也同样从来不会以纯精神的方式来把握精神价值,任何对象都是被人以感官—精神的复合方式所把握与追求。拉纳说,"人的每一个认知及意动活动,恰是由于人的本性缘故,都必然是感官—精神活动或精神—感官活动",从而既有先于自由决断的感官性自发行为,也就必然存在先于自由决断的精神性自发行为。② 我们注意到,在阿奎那那里,并未特别强调符合自然本性的"精神性的"自然嗜欲,自然嗜欲虽为上帝对人本性之赋予,理应包含"精神性的",如人向善(包括超性之善)的自然倾向,但阿奎那显然

① 关于阿奎那对意志的讨论,See St.Thomas Aquinas,*Summa Theologiae*,I,q.82-83;I-II,q.8-11,13。

② See Karl Rahner,"The Theological Concept of Concupiscentia,"353.

43

迁就其灵魂观,认为自然嗜欲作为生魂的专有机能而有专门所指,同时"精神性的"嗜欲则亦需专指理性灵魂范畴的独有机能——意志。

因此拉纳强调,神学意义上的欲先于人的自由意志决断,而呈现为一种非意志的(involuntary)精神性的意动活动(当然同时也包含感官性意动),它或预示、或抵制人的自由决断。① 总结而论,欲的突出特征是"行动的自发性"和"与自由决断的持久相左"。②

从而,欲不是纯感官性的,并非如阿奎那所说的作为情而位于感官嗜欲部分。作为人悖逆上帝的罪,欲并不是因为在本体论意义上实体的低下地位从而引致道德风险,也并非依据人类学本体论对灵魂所做出的区分——灵魂的低级部分(感官/罪性?)对高级部分(理性/神圣性?)的反叛与拖累,如果这样理解的话,那么同样拥有如觉魂(sensitive soul)这样"较低"本体论层次的人类原祖亚当堕落前的道德"纯真状态"(innocence)又何以"纯真"? 拉纳质问道:

> 如果神学意义上的欲被专门理解为人"感官"部分的一种质素,且除以此方式怂人向恶之外别无他用,那么该质素只会直接地、专意地与道德秩序本身相悖,即与人之整体的内在目的相反。这样一种质素,以消极的方式对抗人之整体的内在取向(即使个别部分也必须服从该整体性),它从一开始便把一种内在矛盾引入到人的本体

① Karl Rahner, "The Theological Concept of Concupiscentia," 353.
② Karl Rahner, "The Theological Concept of Concupiscentia," 354.

论分层结构当中:人较为低级的本体论层次仅具有负累和阻碍的特性,它纯粹是与道德秩序背道而驰的累赘。①拉纳进而认为,与其说欲是人内在高低本体组成部分间的牴牾关系,不如说它从本质上体现了人相对于自身的分裂。②这便是拉纳从当代存在主义生存论而非传统人类学角度所提出的人的本性与位格的分裂。

我们先回到前述拉纳对欲的内涵的三种理解。最为广义的欲,等同于我们日常泛指的欲望或愿望(desire),是对善与价值所采取的回应态度,在拉纳看来,既包括任何有意的(bewusste/witting)自由意志决断选择,又包括人对善与价值的非意志(involuntary)——即来自于自然活力(natural dynamism)——自然嗜欲的反应。③ 较为狭义的第二种对欲的理解突出广义的欲的后一方面含义——人的自然嗜欲对具体的善与价值的自发反应,该意义下的欲是一种感官—精神复合行为,而且"这一彻头彻尾的感官性—精神性意动行为先于人的自由决断,并成为其必要的前提"。④ 拉纳指出,人的自由意志的"自由"是有限的自由,其有限性在于意志对对象所选择的取态,并非总是来自于自身,并非由主体自由发出,而是始于被占有对象的出现,主体的意志相对对象而言是被动的。因此,在意志做出自由决断之前,有自然嗜欲通过意动力的自发性(主要是精神自发性!)作为必然的前提基础,率先

45

---

① Karl Rahner,"The Theological Concept of Concupiscentia,"357.

② See Karl Rahner,"The Theological Concept of Concupiscentia,"354.

③ Karl Rahner,"The Theological Concept of Concupiscentia,"358-359.

④ Karl Rahner,"The Theological Concept of Concupiscentia,"359.

引导人倾向对象的善与价值。所以,拉纳说:"……神学意义上的'摆脱欲(的自由)'不可能是一种摆脱任何真正先于自由决断的嗜欲自发行为的自由"。①

第三种对欲的理解,"就其先于并抵制人的自由决断而言,指人的自发愿望(spontaneous desire)"。② 拉纳认为自由决断并不是"纯精神性"的行为,它必然伴随有感官的过程并从而对人的感官领域有所影响。因此,"自由决断的本质特征是位格的、自由的,与嗜欲的自发行为相反,后者因其非自由的特征,本质上是前道德的(pre-moral)"。③ 拉纳的"意动的自发性"虽有别于阿奎那的"自然嗜欲",具有精神性因素,但二者同样不拥有超越性,无法直接指向超性之善,而需交由自由决断做进一步实现。自由决断,在拉纳看来,将人或隐或显地置于上帝和绝对的善面前,以做出决断;相反,非意志的自发行动则总是指向有限的善——"邻近的、个别的善",后者直接面对人的认知及嗜欲机能,并最终引起自发行动。拉纳接着指出,人正是通过自由决断将自身配备为一个整体,这个"整体"从伦理学意义上讲,体现了正直德性——对欲的克服,而从形而上学方面来说,则展示了本性与位格的良性互动。他说:

> ……道德自由从始至终与其说是关乎客观呈现的个别价值对象的决断,不如说是关乎自由运作的主体自身的决断。因为在后者当中,……道德自由主体与其说是因着他对呈现在他心智上的有限的善而做出决断,倒不

---

① Karl Rahner,"The Theological Concept of Concupiscentia,"359-360.

② Karl Rahner,"The Theological Concept of Concupiscentia,"360.

③ Karl Rahner,"The Theological Concept of Concupiscentia,"360.

如说是因着他与上帝绝对实在的价值之间的关系而做出决断。因为人只能在凭借他对无限之善的动态取向,而在有限的善面前保持自由,每一个自由决断都是人关于他在上帝面前的处境所做出的一种配备(disposition),不只是根据对这一行动的法律的或道德的阐释,而且也建立在其形上结构基础之上。自由决断以此方式趋向于将人配备为一个整体。①

拉纳所理解的欲,展示了发生在人内部相对自身的分裂,即本性(*Natur*,即"现成状态"*Vorhandenheit*②)与位格(*Person*,

---

① Karl Rahner,"The Theological Concept of Concupiscentia,"361.

② 这里拉纳强调"本性"内涵为"客观呈现"(objective presence),等同于德文术语 *Vorhandenheit*,后者指"现成状态"(或译为"现成性"、"现成在手状态"presence-at-hand),类似于中文语境中惯常使用的"自然状态"一词。拉纳这样界定,他说:"这里的'本性'与'位格'当然要置于现代形而上学及存在哲学的语境当中来理解。人就其以决断来自由配备自身来说是一个'位格',他在做出自身的自由决断的行动中拥有自己明确的实在。使用'本性'一词指的是,一切在人当中必须先于这种自我配备而给予的东西,作为这一配备的对象和可能性的条件"。See Karl Rahner, "The Theological Concept of Concupiscentia," 362, footnote 2.英译本将之译为 nature,也是强调与拥有存在潜能的"位格"(生存、能在)相对的已然存在之呈现。我们看到,在《欲的神学概念》一文的后半部分,拉纳也特别指出此一 nature(*Vorhandenheit*)与彼一 nature(与超性 supernatural 相对的)之间的区别。就 *Vorhandenheit* 与海德格尔(Martin Heidegger)《存在与时间》(*Sein und Zeit*)中常使用的同一术语的关系,感谢香港中文大学哲学系王庆节教授的提示,他认为拉纳对该词的使用是基于日常意义,并无海德格尔哲学的内涵,二者不存在直接的内在关联。我们仍选择将之译为"(自然)本性",而且拉纳作为"客观现成状态的呈现"的"本性",在基督信仰的语境之下,与同"超性"相对的"本性"(人基于其本质的特性)实无本质区别,因为基督信仰中的人之应然而未然(将成为)——拉纳意义上的"位格",便是上帝超性恩典在人自然本性基础上所引起的提升和转化,这一点尤其体现在主张"恩典完善自然"的阿奎那的思想中。

即存在状态 *Existenz*）的分裂。"本性"是"人之所是"以一种现成实体的方式被动呈现在人面前，而"位格"则是人希望通过其自由决断主动"想要成为其所是"的人（位格）之整体，二者之间的张力是人被动的当下所是和人主动设定自己成为什么并渴望把自己理解成什么之间的张力。有限主体发自本性"赤裸裸的自然活力"的自发行动，指向一个有意去把握的对象，它先于自由意志行动，成为后者的形而上学必要前提。①本性与位格的二元区分体现在人的具体经验中，最为鲜明的便是感官部分对精神部分的牺牲，也体现了质料与形式的原始区分。但拉纳强调位格从未完全被其本性所吞并，反而通过自由决断成全后者，②他说：

> 因而，自由决断所指向的目的都在人（的本性）当中，所以非意志的行动同样应当是作为位格的人对希望自己所是的启示与表达；从而，自由决断应当把握（comprehend）、改变（transfigure）并渗透（transfuse）自发行动，以至其自身的实在也不再是纯本性的，而也成为位格的。③

必须要特别指出的是，在拉纳的意义上，本性/位格的区分超出了感官/精神的区分，在于后者止于人灵魂内部的水平向度区分，而前者则凸显出了垂直向度——人（因本性所限所追求的有限之善）与上帝无限之善的张力，尽管感官/精神区分是人本性/位格区分最突出的表现形式。依前述，我们也

---

① Karl Rahner, "The Theological Concept of Concupiscentia," 365.
② Karl Rahner, "The Theological Concept of Concupiscentia," 362.
③ Karl Rahner, "The Theological Concept of Concupiscentia," 365.

托马斯·阿奎那 伦理学研究

From Nature to Grace: An Ethical Study of St. Thomas Aquinas

清楚得知,感官因素与精神因素在人的实践活动中往往呈现复合状态。

拉纳由此指出,欲正是本性与位格的二元性在人身上的特有形式,既体现为人在对抗来自于本性的、对不合道德的"善"所产生的自发愿望时,做出良好决断的自由,又体现为人在对抗面向道德良善的自然倾向时,做出自由但糟糕的决断。"无论良好的还是糟糕的道德决断都遭遇到了来自于本性牢不可破的抵抗。神学意义上的欲表现为就像人在撒谎时脸红——'肉体'拒绝服从'精神'追求善的愿望一样。"①而本性与位格的绝对一致,或者说经历挣扎的愿望(suffered desire)和自由如意的愿望(free-willed desire)的绝对一致,拉纳认为,只能在无限存在者的绝对自由中找到。② 有限者——人则注定要活在本性与位格的二元张力——欲的挣扎和快意的无休止的交替循环当中。所谓人的"位格掌控本性"绝不是说本性臣服于位格的控制之下导致不会发生任何自发行动,而是说位格决断完整地、安全妥善地参照本性而得以实现,在本性中没有任何牺牲位格自由决断的行动出现。一旦位格对本性的掌控成为习性,嗜欲的自发行动都可以说是位格的行动,而不是"欲"的行动,也同样没必要认为该行动来自于自由决断的"命令"。③ 拉纳的这一观点承认,所谓"克服了欲"的拥有正直德性的有限者,虽然从本体论上讲,其本性与位格不可能实现一致,之间仍存在二元性的落差,但从伦

49

① Karl Rahner, "The Theological Concept of Concupiscentia," 365-366.

② Karl Rahner, "The Theological Concept of Concupiscentia," 366.

③ Karl Rahner, "The Theological Concept of Concupiscentia," 367.

理上来说则不存在激烈的对立冲突,因而是平安或平和的(peaceful),①且能为位格决断带来深度。拉纳说:

> 在这里,位格并不废止(表面上与位格决断相左的)自发的本性行动。……它(位格)进入到位格取态的内在动力当中,完全以一种新的方式掌控该行动,以此方式,自发的本性行动最终不再抵抗位格,它不再是未消解的本性之残余,而是在实现位格决断的深度和掌控力过程中变成了一个内在要素。②

所以,重要的不是如何通过禁绝的方式来消除欲,而是如何以处理好本性与位格关系的方式来"舒缓"或"平衡"欲的内在张力,平稳推动实然现成之所是(本性)面向未然甚或应然之所是(位格),让当下有限的善("邻近之善"或被意识为的"善")服从于无限的、终极的善,成为一种健康而富有道德成果的"节欲"——平和泰然地面向真善。

从而,拉纳给出了在神学意义上欲的本质:

> 在自我决定(self-determination)的过程中,位格承受着本性的抵制,后者优先于自由,而且从未能完全实现人的全部所是,也未能完全表达他在位格核心中对自己的全部领悟。具体事实表明,人内里总是存在众多非位格

---

① 根据阿奎那的观点,平安(*pax*/peace)就是对人内心中两种牴牾的合一或整合(*unio*),一种是感官嗜欲与理性嗜欲之间的冲突,另一种是同一嗜欲力因趋向不同的欲求对象而彼此间产生的抵触。平安不仅是不同的嗜欲或欲求之人之间嗜欲或欲求彼此相同或合一,也是"同一个嗜欲或欲求之人身上,各种嗜欲的合一"。St. Thomas Aquinas, *Summa Theologiae*, II-II, q. 29, a.1.

② Karl Rahner, "The Theological Concept of Concupiscentia," 368.

的、无法通透的、晦暗不明的因素，影响他做出生存决断，他只是默默承受而不是自由行动。正是这种位格/本性的二元性，就其源于质料/精神的二元性，而并非来自人的有限性、又非来自本质/存在的二元性，亦非来自诸多机能的区分而言，我们称为神学意义上的欲。①

拉纳进一步强调，欲与感官/精神的二元关系之所以不能等同，因为（先于自由行动的）自发行动并没有给予欲任何东西，欲也不会在任何情况下都必然拥有令自由意志强行消除自发行动的能力，同时欲也不会在任何情况下都必然将自发行动导向与自由决断相反的违背道德的行动。在欲的支配之下，人无法通过自由决断弥合"其现成所是"——本性，与"其将所成为"——位格之间的二元性，甚至可以说绝对无法想象有任何一种有限的精神能够克服这一二元性，在伦理上"人永远无法从整体上要么被善、要么被恶所吞没"。② 欲令人摇摆于善恶之间，但并非只会引人趋恶。由此，拉纳专门指出了欲的正面意涵。

拉纳认为从严格意义上来讲，神学意义上的欲并无道德限定，因此，我们不能说"邪恶的"（evil）或"无法无天的"（disorderly）欲。③ 虽然以克修—道德的角度，甚至就前述神学概念下的欲在作为本性对（面向善的）位格决断的抵制来看，为欲加贴"恶的"负面道德标签似并无不妥。但这不过是

①　Karl Rahner, "The Theological Concept of Concupiscentia," 369.

②　Karl Rahner, "The Theological Concept of Concupiscentia," 369.

③　See Karl Rahner, "The Theological Concept of Concupiscentia," 369-370.

拉纳所界定的神学意义上的欲其中一方面的内涵,除此之外还包含一层重要的积极含义:本性对"糟糕的道德决断"的抵制,这一抵制令道德决断不那么具有绝对性。用天主教会关于可宽恕的"小罪"(*peccatum veniale*)与致死的"死罪"(*peccatum mortale*)的说法,本性对糟糕的自由决断的抵制,防止其达致足以干犯死罪的强度和位格中心主义,可以被视作是导向善的。拉纳这样说:

> ……(神学意义上的)欲先于自由决断,它能独自产生一种正式的道德质素,而且在此神学意义上,它具有二价性(bivalent),既能呈现出趋善的倾向,又能展示出趋恶的倾向。就此而言,欲即便是从其完整的神学意义上来看,也不能被视为具有道德上恶的特征,更不消说是罪了。①

在拉纳眼中,欲无论是对向善的自由决断还是朝恶的自由决断而言,都呈现为一个重要的"缓冲要素"(retarding factor),它来自于人的形上本性——质料性本质,因而从纯粹本性的意义上来说,没有人是无欲的,更可以断定,即便无欲也不能归功于人的一己之力。② 作为道德决断的缓冲要素的欲,即可以抵制我们求善,同样道理也可以阻滞我们选择行恶,关于这一点我们在结论中再结合当代思潮做进一步探讨。

那么什么样的人才是克服了欲的纠缠的所谓"(具有)正直(德性)"的人呢?拉纳是这样描述的,与其说他摆脱了

---

① Karl Rahner,"The Theological Concept of Concupiscentia,"370.

② Karl Rahner,"The Theological Concept of Concupiscentia,"371.

（freedom from）欲，倒不如说他拥有通过抵制错误的道德决断而将欲导向善的自由（freedom for）。拉纳说：

> 一个具有正直德性之天赋的人依旧是"感官性的"，就其缺乏激越的生命力（intense vitality）而言，他既在新柏拉图主义意义上，也在基督教意义上，不那么具有精神性。毋宁说，他真正自由的是通过位格决断以如此一种独立自主的方式配备自身，以至于在他的存在领域不再有任何一种被动的惰性（passive sluggishness）来抵制这一独立自主的自我决定。①

在《圣经》当中，人类原祖亚当便被认为处于拥有正直德性的"纯真"状态，拉纳以讨论其欲的状况来深化对欲的探讨。他指出，上帝赋予亚当正直德性，并不是让他消除向恶的危险和冲动，避免犯罪，"作为人类领袖而决定服务或背叛上帝"，而是为了帮助他在向善的位格决断中完全实现其存在。凭借上帝所赋予的正直德性，亚当有机会通过自由决断以完全实现其位格存在的方式，克服本性与位格的二元性，从而潜藏着做出错误道德决断的重大风险——成为"神"，而在此意义上，伊甸园里的亚当要比现时的我们处于更加危险的道德境地，欲的本质"防止人的位格决断因为与该决断相反的迟钝本性的缘故，而赢得对他本性彻头彻尾、一锤定音的掌控"，②它不但是对向善、也是对向恶的自由意志的缓冲。由此，欲的神学意义便完全呈现出来：人永远无法完整地拥有泰

---

① Karl Rahner,"The Theological Concept of Concupiscentia,"372.
② Karl Rahner,"The Theological Concept of Concupiscentia,"372.

然自若的(*gesammelt*/collected)、由衷的(*innig*/heartfelt)整全生命之心性(inwardness),这就是人的有限性及凡间性(terrestriality),即其感官性及精神性的本质。也正是人的本性与位格的内在分离,既成为他堕落的危机,也成全了他的救恩,因为该分离也防止他沦为彻底的恶。①

从而,拉纳指出,亚当在伊甸园中的"纯真"状态是一种"不动心"(*apatheia*)的状态,与此不同,完美的基督徒——圣人所拥有的配备自我的自由,是将自己全部的存在和生命的整体完全折服于上帝的至善,而亚当则会将自己的本性自由朝向善或者恶两个不同的向度配备。② 正因为此,人类背叛上帝的首罪并不是源于本性与位格的二元性的欲,而恰恰是因为将本性与位格等同而导致人类最初悖逆上帝。

第四节　欲观念的比较与反思

从整体上而言,阿奎那将欲 *concupiscentia* 定位在感官嗜欲部分,类似于拉纳所列举的三种理解的最后一种。相形之下,阿奎那的定义较多体现出自亚里士多德以来的传统哲学人类学特色,注重灵魂的层级结构及其共时性的互动关系;而拉纳对欲的神学理解则更为突出地呈现出当代存在主义形而上学的意味,展示出自我实现的历时性生存动态。

与拉纳相似,阿奎那也并不否认欲在包括人类原祖亚当

---

① See Karl Rahner, "The Theological Concept of Concupiscentia," 374.
② See Karl Rahner, "The Theological Concept of Concupiscentia," 374.

在内的人本性当中的存在。例如，在《神学大全》第一集第九十八题第二节当中，为回应下述观点："在男女肉体结合时，由于强烈的快感（*delectatio*），人变得像禽兽一样；故此，人戒绝这种快乐的禁欲受到推崇。……是因了罪恶人才被比为禽兽。所以在犯罪以前，没有男女的肉体结合"，阿奎那这样说：

> 禽兽没有理性。所以人在肉体结合时变为禽兽，是因了理性不能控制肉体结合之快感及强烈的欲（*concupiscentia*）。但是在纯真状态，没有理性不能控制的这类现象；但不是像某些人说的，那时感官性的快感小（其实天性愈纯，身体也愈敏感，所以快感也愈大）；而是因为欲的能力在理性的规范下，不那样无约束地倾注于这种快乐。理性之作用，并不是为减少感官上的快感，而在于使欲的能力不漫无节制地贯注于快感；所谓漫无节制地，即是超过理性的限度。正如饮食有节的人，在饮食时所得的快感并不减于贪吃的人，只是他的欲不那样关注于这种快感。……奥古斯丁所说的，也就是这个意思，他并不否认在纯真状态有大量快感，只说没有淫欲（*libido*）之焦烧及心情的不安。所以在纯真状态，禁欲不是可尊重的；它现在之所以受到尊重，不是因了不生育的关系，而是因为它防止无节制的淫欲。那时生育则不带淫欲。①

欲作为一种基于人有限的质料本性的感官嗜欲，处于纯真状态下的亚当亦有之，但欲的伦理负面效应并不在于其本

---

① St.Thomas Aquinas, *Summa Theologiae*, I, q.98, a.2, ad.3.

身所带来的感官性——身体快感的大小,而在于经由理性干预后对感官快感的关注程度的大小如何。

拉纳强调欲是感官—精神复合活动,是先于自由意志决断的非意志的自发意动,这一意动同样包括感官的和精神的,并同样与人的自由意志决断发生牴牾。阿奎那虽然没有明确突出欲先于意志的精神自发性,但我们从他对爱的双重区分中的欲望之爱(*amor concupiscentiae*)与向上帝之德的望德的相通性中,同样可以看到他对欲的精神性——甚至是至高精神性的认可,[①]尽管这一认可更多具有类比的性质。在阿奎那对欲的讨论中,虽未出现拉纳将人内部本性与位格(自由意志)二元性作为欲的定位,而代之以传统的感(官)性与理性(精神性)的区分,欲主要定位于前者,但同样存在体现感(官)性的感官嗜欲与被归为理性范畴的"理性嗜欲"——意志之间的张力。在阿奎那看来,属于纯灵魂实践活动的意志也受到感官嗜欲的推动,后者是以嗜欲对象和感受者(嗜欲主体)之间的合适关系,从对象方面推动意志的。[②] 其中尤其对于那种容易受情(包括欲情与愤情)所控制的人,若随情所动,则感官嗜欲便会居于意志上风。[③] 作为理性嗜欲的意志

---

① 关于阿奎那对欲望之爱与望德关系的讨论,请参看:王涛:《圣托马斯与蒂利希爱观之比较研究:圣爱—欲爱和友爱的视角》,《道风:基督教文化评论》2015 年第 43 期,第 134—136 页;Anthony Wang Tao, "A Comparative Study of St. Thomas Aquinas's and Paul Tillich's Ideas of Love: Integration with the Chinese Confucian Idea of Love," in *Paul Tillich and Asian Religions*, ed. Ka-fu Keith Chan & Yau-nang William Ng(Berlin: de Gruyter, 2017) ,150-152. 另请参看本书第五章。

② See St. Thomas Aquinas, *Summa Theologiae*, I-II, q.9, a.2.

③ See St. Thomas Aquinas, *Summa Theologiae*, I-II, q.9, a.2, ad.1.

是以"王道"（*principatu regali seu politico*）而非"霸道"（*principatu despotico*）在理性部分推动情（包括欲情与愤情）的，"如自由人之受国家元首治理，但可以反对元首"，因此情可以向与意志相反的方向推动，从而令意志有时不免为情所动。①但随后阿奎那话锋一转，指出意志也并不必然受到感官嗜欲的推动，当人的情牵制理性时，如强烈的愤怒（愤情）或欲（*concupiscentia*，欲情）导致人疯狂时，会变得"像禽兽一样"，而"随从情之激动"，此时"理性不起作用，所以意志亦无行动"，有时理性并未被情所占据，而"在某方面仍有自由判断能力"，这时意志也有一些作用，阿奎那总结说，"理性有多少自由，意志行动亦多少不必然受情之支使"。② 因此，阿奎那认为，意志不一定随从欲，可以不愿意或不同意欲。③ 这时的意志便展示出了拉纳所强调的"自由决断"。

57

阿奎那也做出了意志行动的区分，他说：

　　既然在人内有两种本性，即理性与感官本性。有时人全心一致，即或者感官部分绝对服从理性，例如：有德之人；或者理性全被情欲控制，如：疯狂的人。但有时理性虽为情所蔽，仍留有一些自由。所以，人或者能够完全制服情，或至少可不随情；在这种情况下，人灵性（精神）的不同部分有不同的性向（*dispositio*），在理性看是一样，按情看是另一样。④

---

① See St.Thomas Aquinas, *Summa Theologiae*, I–II, q.9, a.2, ad.3.

② St.Thomas Aquinas, *Summa Theologiae*, I–II, q.10, a.3.

③ See St.Thomas Aquinas, *Summa Theologiae*, I–II, q.10, a.3, ad.1.

④ St.Thomas Aquinas, *Summa Theologiae*, I–II, q.10, a.3, ad.2.

根据阿奎那的看法,人存在完全克服情的情况,因为理性可以拥有压制情的自由。阿奎那接着说:"意志不只受由理性所知之普遍性的善所推动,也受由感官所知之善推动。是以,虽无感官嗜欲之情,亦能动向某个个别性的善。许多事我们愿意并且去做,不是由于情,而是由于选择(*electio*);这在理性反对情的事上最为明显。"[1]意志做出的这种"选择",就是我们所说的自由意志(*liberum arbitrium*),其"自由"显然在于它依照理性(精神)完全脱离了感官性这一低级的嗜欲。但阿奎那也认同"自然的必然性"(*necessitas naturalis*)与意志不相冲突,因为本性为最先有者,是一切之基础和根本,本性与意志都依附于最后目的——幸福,而唯有违背本性和意愿的"强迫性的必然"(*necessitas coactionis*),方与意志有绝对冲突。[2] 不过,由于阿奎那将受欲(感官嗜欲)影响的意志归入理性范畴,于是在人的本性(灵魂)当中实现了感官性与理性的明确勘界,欲对意志的正面影响主要体现为"感官所知之善",从而仍是通过为理性机能提供认知资料而造成,而欲本身对意志的影响则来自于感官之情,却总是需要意志克服的负面阻碍力量。拉纳从存在主义意义上所做出的本性(人的现成状态之"所是")与位格(人通过自由意志决断而成为之"能是")的区分,却将欲视为运作于其间的间性力量(interity),欲既不是对感官性的痴迷,亦不是对意志决断的执着,它作为选择善或恶的缓冲力量,充当联结本性与位格之间的纽带,它

---

① St.Thomas Aquinas, *Summa Theologiae*, I–II, q.10, a.3, ad.3.

② See St.Thomas Aquinas, *Summa Theologiae*, I, q.82, a.1.

既包括人基于本性的自发性行动,也包括人通过意志自由决断所做出的超出本性的行动,认可前者是后者的前提条件,也支持后者有超越前者的超性面向,以自我保全这一自然法(*lex naturalis*)的首要指令①为基础与出发点,以自我实现为穷尽存在之潜能的终极目标。承认任何行动都同时兼有感官性与精神性,都有人的整个本性及位格(一般意义上的)的全面参与。

显然,拉纳对于人的本性对意志的影响更为进取,感官性因素对意志的影响始终存在,人不但不存在完全没有感官之情因素介入的纯精神或纯理性嗜欲行动,也没有不以"邻近之善"而驱策的自发行动作为意志展开进一步决断的前提条件。相比之下,虽然阿奎那对于人性内在结构的分析较为工整,也多赋予欲以负面的道德评估,但他也同样并未将"肉体的欲"视作人类之首罪,他指出,原祖亚当在人类无原罪的纯真状态中,违背上帝所赋予的原初正直德性的首个不正当嗜欲,不可能混杂与肉体相关联的感官嗜欲,而只能是过分追求精神方面的益处,在此追求上超出上帝规范而干犯罪过,这一首罪只能是骄傲。阿奎那说:

> 所以,哪里可能有追求不正当目的的第一个嗜欲,那里就有人类的第一个罪。不过,人类当时是在纯洁无罪的境界,绝无肉体反抗精神的行动。为此,人类嗜欲第一个不正当的行动,不可能是因为它去追求某一感官善处,即肉体的欲(*carnis concupiscentia*),逾越理性的秩序,而去追求它。所以,人类嗜欲的第一个不正当的行动,只能

---

① See St.Thomas Aquinas, *Summa Theologiae*, I-II, q.94, a.2.

是因为它不正当地追求某一属于精神方面的善处。可是，假如它追求时，按照上帝的规则所预定的尺度或范围，它就不是不正当地追求了。为此，他的第一个罪，只能是因为他追求某一属于精神方面的善处，超出他应有的尺度或范围；而这属于骄傲。由此可见，人类第一个罪是骄傲（superbia）。①

阿奎那对骄傲的界定是"一个人自愿向往那'超出'（supra）自己以上者"。②

根据拉纳对欲的神学定义，人类背叛上帝的首罪也不是欲——本性与位格的二元性，而是企图克服该二元性，成为完全穷尽自身存在的无限者，如果成功，其结果又十分有趣，反而是欲的消弭。那么"克服"二元性的唯一手段，就是最大程度地发挥位格的自由决断，也就是通常我们所说的"滥用自由意志"，尝试"成为上帝"——同样是骄傲。在此问题上，拉纳与阿奎那殊途同归。

同样地，我们也可以在基督新教思想家保罗·蒂利希（Paul Tillich）的神学体系中找到佐证。欲（concupiscence）与不信（unbelief）、骄傲（hubris）③一同被蒂利希视为人与其存

---

① St.Thomas Aquinas, *Summa Theologiae*, II-II, q.163, a.1.

② St.Thomas Aquinas, *Summa Theologiae*, II-II, q.162, a.1.

③ 蒂利希特别指出不应将 hubris 一词等同于与惯常表达"骄傲"的 pride，在他看来，pride 指一种道德质素，其反面是谦卑（humility），而 hubris 所指并非一种特定的道德质素，它指的是人的普遍属性，甚至可以出现在谦卑的行为当中。因此，尽管可以扩大 pride 的内涵，以涵盖 hubris，但后者更好的同义词是"自我提升"（self-elevation），蒂利希显然是从形而上学意义上来讨论"骄傲"的。Paul Tillich, *Systematic Theology*, Vol.II, 50.

在根基、与其他存在、与自身相疏离的三个基本表征,而疏离(estrangement)在蒂利希看来,正是对基督信仰的核心概念之一——原罪(sin)在信仰上做出的重新解释。① 蒂利希把欲定义为"将整个实在纳入人自身的无尽愿望(desire)",并指出欲指称人与其自身及与其世界的关系的一切方面,但其无所不包的内涵则往往被化约为特定的内涵,即对性快感的追求。② 欲的症候包括对知识、性、权力等的无尽追逐。③

而在蒂利希的爱观念中,弗洛伊德的经典概念"力比多"(libido)被区分为"作为欲的力比多"(扭曲的力比多)和"作为爱的力比多"两种,前者是疏离状态下无尽的因而也是不明确的(indefinite)的渴求与追逐,而后者则处于复合状态下明确的(definite)因而也是有节度的爱的联合。④ 依照蒂利希的观点,欲是人处于意义含混的非本真存在之下的消极力量,无法与爱实现联合,而正常的力比多则是意义明确的本真生命实现爱的联合的根本驱力,需上帝圣灵的恩典临现而得以圆成。正常的力比多也构成了蒂利希"爱的四元互动结构"中不可或缺的重要一元。⑤

骄傲被蒂利希界定为人不承认自己身为"处于现实的有限性与潜在的无限性之间"的必死者(mortal),而视自己为自我和世界的中心,将自己自我提升(self-elevation)入神圣领

61

---

① See Paul Tillich, *Systematic Theology*, Vol.II, 44-55.

② Paul Tillich, *Systematic Theology*, Vol.II, 52.

③ Paul Tillich, *Systematic Theology*, Vol.II, 53.

④ Paul Tillich, *Systematic Theology*, Vol.II, 54.

⑤ 关于蒂利希"爱的四元互动结构",请参见王涛:《圣爱与欲爱:保罗·蒂利希的爱观》,宗教文化出版社 2009 年版。

域,自命为"不死者"(immortal)的"精神原罪"(spiritual sin)。① 在蒂利希看来,骄傲不是众多罪的形式之一,而是罪的总体形式,人正是因为不承认自身有限性的骄傲,导致背离神圣中心的不信,以及以自我为中心、追求无穷尽富足的欲。②

拉纳将正直德性视为对欲的克服,揭示了作为人本性与位格二元紧张关系的欲避恶趋善的可能性,即在整体人生的目的——位格的全面实现中超越"邻近个别之善"而面向绝对之善——上帝,也克服了自亚里士多德以来的"德性伦理学"(virtue ethics)传统所面对的缺乏整体人生目的的不足。

当代伦理学家麦金太尔(Alasdair MacIntyre)在《追寻德性:道德理论研究》(After Virtue:A Study in Moral Theory)一书中,也曾批判亚里士多德的德性伦理学传统"以德性概念为动力的人类生活之缺陷",他提到,如果没有一种至上的整体人生的目的(telos)概念,会导致个别德性的概念片面而残缺不全,无法超越实践的有限利益(邻近个别之善),导致毁灭性的专断侵犯道德生活,德性的处境也无法获得适当地澄清。③ 麦金太尔认为,正是正直这一德性揭示了人生的整体性(wholeness of a human life),他说:

> 至少有一种为传统所承认的德性,除了参照人生的整体性之外不可能得到任何说明——这就是正直或坚贞

---

① See Paul Tillich, *Systematic Theology*, Vol.II, 49-51.

② See Paul Tillich, *Systematic Theology*, Vol.II, 50-52.

③ See Alasdair MacIntyre, *After Virtue:A Study in Moral Theory* (Notre Dame:Notre Dame University Press, 2007), 202-203.

的德性(integrity or constancy)。祈克果(Søren Aabye Kierkegaard)说过,"心灵的纯洁在于向往一个东西"。只有当整体人生的观念有效时,整体人生拥有单一目标这一观念才是有效的。[1]

而就麦金太尔所批评的德性伦理学传统的这一弱点,与亚里士多德哲学一脉相承的阿奎那,也已借助基督信仰真理的终极性——上帝的共同之善(*bonum commune*)加以补足,他这样写道:

> 一个人的意志愿意一个个别的善,若不以共同之善当这个别之善的目的,则这人的意志不是正直的(*recta*)。因为各部分之自然嗜欲也是以整体的共同之善当目的,是由目的取得愿意那属于目的者之形式理由。所以,一个人为能正当地愿意一个个别的善,需以这个别善当质料愿意,而以上帝的共同之善当形式。故此,人的意志在所欲者方面,有责任与上帝的意志在形式上一致,因为人有责任愿意上帝的及共同的善;但不是在质料上一致。[2]

拉纳对欲本身正面伦理价值的肯定,是阿奎那对欲的思考中并未涉及的一个要点。拉纳认为,欲作为内在缓冲要素,可以防止人以绝对性、位格中心主义的态度做出伦理上谬误的自由意志决断。由于欲居于本性与位格的间性地位,在完善成全本性并自由发展位格的意义上,既承担着抵制理性掌控机制,从而迁就本性较低的需求而趋恶的道德风险,却又可

① Alasdair MacIntyre,*After Virtue:A Study in Moral Theory* (Notre Dame:Notre Dame University Press,2007),203.

② St.Thomas Aquinas,*Summa Theologiae*,I–II,q.19,a.10.

63

以同样减缓如下风险:自由意志滥用(或被利用)其"自由",从而僭越本性界阈,乃至剥夺本性的自发性主张,放弃以本性为前提和基础地"领受恩典",专断地做出更具道德风险的决断。换句话说,如果没有发自本性与位格张力的欲——符合自然本性而非超出本性限度的欲,便可能直接落入强势世俗意识形态或错误宗教真理宣称所主张的伦理绝对主义专制的陷阱中去,所谓"存'天理',灭人欲","狠斗私(私欲)字一闪念"。大凡专制主义的意识形态,往往对宣扬禁欲的重要性乐此不疲,此举即是否定本性自发性,进而破坏本性与位格的二元张力,从而以其强势的意志(通常陈义甚高,脱离甚至违反本性)僭越符合本性的、基于本性的位格自由决断。

同理,某些邪恶宗教信仰("邪教",世俗拜物教也可归入其中)常宣扬以纵欲的方式获得拯救或解脱的自由,也是试图以本性独大的宣称来消解本性/位格的二元性。作为自我通过自由意志决断实现自身(从本性"现成状态"到位格"实现")的内在张力,欲既扮演着自我实现过程中因耽于本性自然嗜欲而阻碍位格进取的力量,又能以本性为根基从而不脱离本性要求,抵御违反本性的虚假意识形态藉由意志自由接管主体做出错误的伦理选择。当代思想家以赛亚·伯林(Isaiah Berlin)所提出的两种自由区分以及对更符合人本性的消极自由的推崇,也颇有此意味。

在伯林看来,消极自由(negative freedom)强调免于被他人干预的自由(freedom from),而积极自由(positive freedom)则突出"令自我成为自身的主宰,主动追求规定的生活方式的自由(freedom to)",其中消极自由更为真实和人性化。而积极自由中的超然且优先于"经验性自我"的"超越性自我"往往会被超位格实体所僭越而消解"经验性自我",形成一种新的专制,导致伦理谬误甚或人道灾难。伯林说:

> ……如果我们尝试回答的问题不是"我可以自由做什么或成为什么?",而是"我被谁所统治?"或"谁来决定我将成为什么或做什么、我将不成为什么或做什么?",那么何为"积极"自由便真相大白了。……这便是"积极"自由的概念:不是免于……的自由,而是去……的自由——引导人走向规定的生活方式的自由。"消极"自由的拥护者们有时认为它只不过是野蛮暴政的貌似华丽的伪装而已。①

伯林坚决承认个体的意志自由,每个人都有符合自身之善与价值的追求,一种承认这一点的多元主义取态,更符合人的本性与基于本性的健康位格潜能发展,以消极自由为基础的多元主义取态更为可靠,柏林写道:

> 多元主义,连同它所必需的"消极"自由做标准,在我看来,比起那些在规模庞大、法纪严明的威权结构中探寻由阶级、或人民、或整个人类"积极的"自我主宰的理想的人们的目标来说,是一种更为真实和更加人性化的理想。它更为真实,因为它确实至少承认这样的事实:人的目的众多,并非都可以相提并论,而且彼此间持久对抗。②

① Isaiah Berlin,"Two Concepts of Liberty,"in Isaiah Berlin,*Four Essays in Liberty*(London/New York:Oxford University Press,1969),130–131.

② Isaiah Berlin,"Two Concepts of Liberty,"in Isaiah Berlin,*Four Essays in Liberty*(London/New York:Oxford University Press,1969),171.

而这种"多元"显然应该建基于个体欲的自发性,在此处境中,欲的存在对人起到了良好的正面作用。对待欲,不能放纵,令更高层次的自我实现——无论是道德人格(位格)的圆满还是形上位格潜能的实在化——蜕变为低层级、基本的自我保全(饮食男女)与现成有限之"善"的"存在感"(酒色财气);摆脱欲的束缚,也绝不是脱离本性的禁欲、绝欲,从而将被压抑、被扭曲而无法排遣的力比多任意交由其他违反本性的意志所利用。现成所是与通过自由决断而成为的可能所是,借助欲的张力,方能令人成为一个拥有正直德性、面向正确目的的良性位格整体。以包括拉纳思想在内的当代思潮对于自然人性的高扬,对利用人自由决断对抗或扭曲本性的专制力量的抑制,明显比阿奎那时代更为突出和积极。但若从"(超性)恩典使自然(本性)更为完善"的意义上来讲,拉纳与阿奎那的立场仍不失异曲同工之妙。

第 三 章

从自然本性走向超性恩典

——异教的罗马有无德性:"异教德性"理论①

第一节　德性与德性伦理学

德性(*aretē*/*virtus*/virtue/excellence)②,亦译作"美德",是

---

① 本章节部分内容以《反思异教德性:圣多玛斯·阿奎那德性理论研究》为题刊载于《汉语基督教学术论评》2015 年第 19 期,第 105—140 页;英文修订版:Anthony Wang Tao, "St. Thomas Aquinas's Theory of Pagan Virtues: A Pilgrimage towards the Infused Cardinal Virtues," *Jaarboek* 2014-2015 *Thomas Instituut te Utrecht Jaargang* 34, Tilburg (Netherlands): Thomas Instituut te Utrecht(Universiteit van Tilburg),27-65.

② 著者与台湾士林哲学学者、多伦多大学讲座教授沈清松教授通信中,得沈教授对 virtue 一词译法的建议,特引述于此,聊表谢意之虞,冀引发后续深化思考。沈教授建议采用"德行"的译法,他写道:"虽说在中国哲学传统中有'德性'一语,但若在亚里士多德与阿奎那的传统来说,则应译为'德行',因为是将本有的良好能力发挥到卓越地步的行为习惯,是后天努力可达至者,宜称为'德行'。若要说是德之性,则必须说明是因长久的良好行为习惯形成的第二本性,但仍不宜视为本质之性,否则就无须后天努力而仍常在。若说有此'潜能',亦叫称为性,须知亚里士多德将'潜能'与'实现'用于物性理论。至于中国哲学里,论语仍称'德行',而'德性'一词则是来自《中庸》所谓'故君子尊德性而道问学',其中的'德性'是来自天命的性('天命之为性')。朱熹进一步依照他的'性即理'说,注为'德性者,吾所受

伦理学的核心范畴之一,日常语言中夸赞人"道德高尚"便常说"有德(性)"(相反则是"没德性")。"德性",连同"明智/实践智慧"(*phronēsis*)、"善福"(*eudaimonia*)一道是所谓"德性伦理学"的三个古典核心概念。

英国哲学家布劳德(Charlie Dunbar Broad)在《伦理学的五种理论类型》(*Five Types of Ethical Theory*,1930)一书中对规范伦理学(normative ethics)的基本进路做出了义务论伦理学(deontological ethics)和目的论伦理学(teleological ethics)的经典二元区分,①而当代英国托马斯主义分析哲学家安斯康姆(Gertrude Elizabeth Margaret Anscombe)则在《现代道德哲学》("Modern Moral Philosophy")中加以拓展,她主张规范伦理学应包含三种基本进路:强调义务的义务(道义)论伦理学(deontological ethics)、注重伦理果效的目的论或后果论伦理学(teleological/consequentialist ethics),以及突出道德上"善"("好")和人格品质优秀高贵(*ēthikē aretē* /excellence of character)的德性伦理学(virtue ethics)。② 德性伦理学曾是

于天之正理'。朱熹本人以仁、义、礼、智、信,是人受之于天之正理而有之性。这是有关形上学意义的人的本质的论述。至于亚里士多德和阿奎那伦理学所论者,是人经由后天的努力养成的良好习惯,将良好能力发挥到卓越的地步,宜称为'德行'。至于信、望、爱三项神学德行,或可称为德性,有待讨论"。本书为受众阅读习惯考量,最终还是决定使用"德性"来传译 virtue,着重其形而上内涵,而用"德行"来指称阿奎那也认同的与 virtue 一体两面的 virtuous act,突出其实践意义。

① See Charlie Dunbar Broad,*Five Types of Ethical Theory* (London/New York:Harcourt,1930).

② See G.E.M.Anscombe,"Modern Moral Philosophy,"*Philosophy* 33,no.124(1958):1–19.

以亚里士多德为代表的古典伦理学的主流,在启蒙运动之后被忽视,而当代又重获如安斯康姆和麦金太尔(Alasdair C. MacIntyre)等英美伦理学者的推崇与发展。德性伦理学反对义务论伦理学和后果论伦理学对抽象道德原则的过度依赖,以及过于理性主义、形式主义的倾向,它关切伦理处境和行为主体本身,重视理性之外的其他因素(如情感等)以及与其他人生领域的关联,即强调道德经验作为伦理判准的核心地位。

德性也是亚里士多德和托马斯·阿奎那两位大哲学家伦理学体系的关键观念。不过,由于基督信仰的介入,阿奎那的德性观念或多或少体现出区别于亚里士多德的复杂性,在某种程度上,这一点不仅将阿奎那标识为亚里士多德的忠实信徒,更把他展示为对于后者具建树性的阐释者甚或评点家。尽管因"领受了洗礼的亚里士多德"的称号而广为人知,但阿奎那的德性理论尤其是在所谓的神圣灌输性德性方面,则在实质上并非亚里士多德式的。① 从而当阿奎那构建自己的德性理论时,亚里士多德的四枢德(*virtutes cardinales*),包括:智德(*prudentia*)、勇德(*fortitudo*)、节德(*temperantia*)、义德(*justitia*)连同三种体现基督教特质的向上帝之德:信德(*fides*)、望德(*spes*)、爱德(*caritas*)一道,构成了质询人生之真正圆满及终极目的的主干。而且,向上帝之德对枢德的补充和整合,其凭借基督恩典对人之自然德性的治愈,通常也被视

① Jeffrey Hause, "Aquinas on the Function of Moral Virtue", *American Catholic Quarterly* 81, no.1(2007):1.

69

为是阿奎那主要的神哲学贡献之一。该"矫正"功能也被看作是在处理德性论题上,神学进路相对于哲学进路的优位性。

但从另一方面,可以归入枢德范畴的"智性及道德(涵养性)德性"(*virtutes intellectuales et morales*)与"向上帝之德"(*virtutes theologicae*)之间的差异,在阿奎那的理论当中十分显著。我们知道,这一差异并非阿奎那的率先发明,"智性及道德德性"被称为"异教德性"(*virtutes gentilibus*/pagan virtues),①是与人的自然本性相称,而与神圣助力无关,即并无基督圣化恩典灌输的德性。有名言道"异教罗马的全部德性不过是辉煌的恶习",没有爱德,便无德性!基于这样的极端理解,上述差异既否定了人可藉自然本性之能力行善举而成为有德者,亦彻底分离了自然本性之善福与超性之恩福(*beatitudo*)。我们知道,对于奥古斯丁主义传统而言,诸如"有德的异教徒"这样的概念是自相矛盾的。一切可以称得上是德性的完善性(excellence/perfection)都应当藉由爱德所圆成,并指向来世的终极幸福而非当下的尘世生命及其表面上的幸福。

近些年来,关于亚里士多德与阿奎那道德德性理论的重叠部分,即异教德性,或比较礼貌的叫法——非基督教德性,

---

① "异教徒"指所有非基督徒,但并不特指敌基督者(anti-Christ)。异教徒可以是无神论者或信奉其他宗教者。此处我们并不苟同卡尔·拉纳(Karl Rahner)将所有人都视为潜在的或"匿名的基督徒"(anonymous Christian)的信仰包容主义观点(religious inclusivism)。相反,我们意图突出基督宗教作为多元宗教愿景中合法的灵性委身之一这一事实。

在英语学界引发了热烈的讨论。① 其争议性尤其集中于学者们尝试在"阿奎那是否认为异教徒能够获得真正的德性"问题上摆明立场，②另言之，也就是根据阿奎那的德性理论，异教徒是否能够行真正意义上的善举的问题。阿奎那作为对亚里士多德和奥古斯丁学术遗产的综合者，其命题"异教徒能够拥有真正的但不完善的德性（*vera virtus, sed imperfecta*）"得到了广泛的学术关注。

本章节旨在从哲学角度考察阿奎那对于异教德性理论的论述。首先我们将探讨异教德性在阿奎那德性理论体系中的定位；其次，通过对德性的定义及对其本体论基础——不受原罪影响的"良知"（*synderesis*）的定位，我们尝试为异教德性提供合法性，这样的话，异教德性的真实性有望获得部分支持；接下来，我们将重点解释阿奎那在何种意义上认为"异教德性是真正的但不完善的德性"，继而讨论异教德性的最高形式，并揭示其面向神圣的内在向度；最后，异教的习得性德性与神圣灌输性德性之间的互动关系将获得进一步的审视，以证明异教德性能够为由灌输性德性所引发的转化提供良好的预备。

① 诺伯尔（Angela McKay Knobel）强调，应第一时间对"异教德性"和"基督教德性"两个术语做出澄清。她建议使用二者的通行用法，即"异教德性指能够在没有经常性恩典的情况下拥有的德性，而基督徒德性则指称无法脱离经常性恩典向拥有的德性"。See Angela McKay Knobel, "Aquinas and the Pagan Virtues," *International Philosophical Quarterly* 51, no.3 (2011/Sep.): 339, footnote 1.

② See Angela McKay Knobel, "Aquinas and the Pagan Virtues," 339.

第二节 阿奎那对德性的分类

阿奎那在《神学大全》中展示出了枢德与向上帝之德之间的二元张力。在《神学大全》的第二集第二部中,他用两个独立章节来探讨德性:论向上帝之德(亦称为"神学德性")和枢德(亦称为"达德"或"主德")。而在第二集第一部中,他则对德性问题进行了总体上的讨论。

要清楚阿奎那对德性的分类,我们应从自柏拉图通过亚里士多德和奥古斯丁以来的哲学伦理学传统中的枢德开始。"枢"(cardinal)一词源自拉丁词汇 cardo,意为"枢轴",即令门户开关转动的装置。因此智、勇、节、义四种德性被看作是道德生活所仰仗的枢轴,"因为我们通过这道大门而进入生命,它们是此世的原则"。① 我们留意到亚里士多德在《尼各马科伦理学》中列举了超出四枢德之外的其他德性,但四枢德涵括了人类理性能力范围所及的所有次一级德性及准德性,并充当其根基,因此有时被泛称为"智性及道德德性"。

阿奎那指出,人性德性之全理被称为枢德,这类德性"不只使人有行善之能力,也使人善用这能力",而且"需要有正当嗜欲",相较之下,不按德性之全理的德性只是赋予人行善的能力,却并未用该能力推动善举。② 所以,作为需要有正当嗜欲的全理之主要德性,枢德是所有其他德性的根基。当阿

---

① St. Thomas Aquinas, " De virtutibus cardinalibus, " a. 1, in St. Thomas Aquinas, *Quaestiones disputatae de virtutibus*.

② See St. Thomas Aquinas, *Summa Theologiae*, I–II, q.61, a.1.

奎那主张"我们在讲德性的时候,若不加分说,乃是指的人性的德性"时,①肯特(Bonnie Kent)就其将枢德视同大范围涵摄"次级德性"的德性之全理,认为他"已经相当远离亚里士多德,因后者并未将这四种德性作为一组而提升至他所讨论的其他德性之上"。②

进而言之,枢德不仅关涉人自然(本性)能力界阈内的尘世生活,也同样拥有面向至上的超性领域的向度,也就是对来世的关切。阿奎那的枢德也延续了教会传统的理解。根据哲罗姆(St.Jerome)的观点,枢德是"人可以借以在此世的有限生命状态下活得好,尔后走向永生"的一种德性。③ 我们可以发现,枢德虽定位于有限的尘世生命,却具有彼世的指向。因而枢德不应与社会及政治性德性(*virtutes politicae*)相混同,它在能够引导人朝向超性目的上有别于社会及政治性德性,可以成为后者的子集。④ 这便是为什么指称恩典之超性力量转化习得性枢德所得的"灌输性枢德"这一术语,可以合理地描述基督徒德性的原因。

阿奎那的德性理论有别于亚里士多德的德性理论最为瞩目的贡献是他"向上帝之德"的主张。"向上帝之德是超乎人的。……不能说是人性的德性,而是'超人性的'(*superhu-*

73

---

① St.Thomas Aquinas, *Summa Theologiae*, I–II, q.61, a.1.

② Bonnie Kent, "Disposition and Moral Fallibility: The Unaristotelian Aquinas," *History of Philosophy Quarterly* 29, no.2(2012):154.

③ See St.Augustine, *De Trinitate*, 14.9.12.

④ See William C.Mattison III, "Thomas's Categorizations of Virtue: Historical Background and Contemporary Significance," *The Thomist* 74, no.2(2010): 222, footnote 100.

manae)，或神性的。"①它是人由于分有上帝的神圣恩典而拥有的高于人性德性的德性。② 向上帝之德的对象是万物之最后目的——上帝，它超乎人类理性的认知能力，但由智性及道德德性所构成的枢德则可以为人的理性所理解。③ 阿奎那用人可能享有的双重幸福来界说上述的两个德性序列。在他看来，人藉由自然原则便可获得与人的本性相称的善福，也就是说人可凭自力而获享幸福。而神圣之恩福超乎人的自然能力之外，只能在上帝恩典的助力下，也即通过对神性的参与而享有。后一种幸福是至高而终极的目的，单凭人的自然原则无法触及，唯需某些附加原则方可引导人通向这种超性幸福，这类原则被称为"向上帝之德"。它们的对象或目标是上帝本身，在我们身外通过上帝而灌输于我们内心，只能通过圣经的启示而无法被人的理性所知晓。④ 显而易见，这类德性无法通过重复性的熏习并依循实践理性或智德（prudentia）而养成习得，而是通过领受上帝白白给予的恩典，以参与神性的信仰委身的方式获得。

　　藉此我们引出阿奎那理论体系中的另外两组对德性的分类：自然德性/超性德性，与习得性德性（virtutes infusas）/灌输性德性（virtutes acquisitas）。前一组的区分顾名思义，关乎自然人（本）性的德性即自然德性，而关乎超性力量的则为超性德性。习得性德性和灌输性德性均为经院哲学术语，从总体

① St.Thomas Aquinas, *Summa Theologiae*, I–II, q.61, a.1, ad.2.

② See St.Thomas Aquinas, *Summa Theologiae*, I–II, q.58, a.3, ad.3.

③ See St.Thomas Aquinas, *Summa Theologiae*, I–II, q.62, a.2.

④ See St.Thomas Aquinas, *Summa Theologiae*, I–II, q.62, a.1.

上而言,二者分别被视为自然习得养成的"自然德性"和上帝恩典灌输入道德主体本性当中的"超性德性"的对等物。从表面上看,二者出现在人的本性当中,但习得的本性一般来说配备给每个人作为其本质,而被灌输的本性则通过主体明确的信仰皈依而由上帝超性的恩赐所塑造。阿奎那指出,习得性德性因熏习而获,即通过重复性的行动,它们借助于理性而引人向善。而灌输性德性则绝非因人的行动而生,相反,它们通过另一种标准引人向善,也就是上帝恩典的神圣法律(则)。①

在阿奎那的德性理论中,自然德性/超性德性和习得性德性/灌输性德性可以被合并,而枢德与向上帝之德则不能严整地移植到上述二元性之上。看似枢德可以既是习得性的又是灌输性的,阿奎那这样指出:"向上帝之德足以使我们开始指向超性的目的,即直接指向上帝。但是灵魂在别的与上帝有关的事上,也需要别的灌输性的德性之辅助"。② 所谓的"灌输性的枢德"(*virtutes cardinales infusas*/infused cardinal virtues)是存在的,它们亦服务于人的超性目的。③ 用阿奎那自己的话来讲,"灌输的道德德性与习得的道德德性属不同类别,前者是为使人易于成为'与圣徒同国,上帝家里的人';

75

---

① See St.Thomas Aquinas, *Summa Theologiae*, I–II, q.63, a.2.

② St.Thomas Aquinas, *Summa Theologiae*, I–II, q.63, a.3, ad.2.

③ See William C.Mattison III, "Thomas's Categorizations of Virtue: Historical Background and Contemporary Significance," 224ff.阿奎那关于习得性枢德和灌输性枢德之间差异的著名范例叽见于《神学大全》第二集第一部第六十三题第四节,他列举了人在习得性熏习影响之下节制饮食与人在宗教圣律之下守斋之间的形式区别,并总结道:习得性枢德和灌输性枢德的差异在类别上。See St.Thomas Aquinas, *Summa Theologiae*, I–II, q.63, a.4.

后者是为使人善于处理人间的事物"。① 马蒂森（William C. Mattison III）总结了阿奎那整个德性体系中对德性的三种分类方式,每种都是由一组二元性所构成:据德性的对象分为枢德/向上帝之德;据德性的终极目的分为自然德性或社会及政治性德性/超性德性;据德性的起因分为习得性德性/灌输性德性。② 关于以上所提及的将自然德性/超性德性和习得性德性/灌输性德性合并为一,马蒂森认为,阿奎那在他的整个德性理论体系中展示出了通过综合其先辈学者们的成果而对各种德性做出的三重区分:即习得性（自然）枢德、灌输性（超性）向上帝之德和灌输性（超性）枢德。③ 另有观点也支持这一分类,认为灌输性德性不只是信德、望德、爱德这类向上帝之德,"也是智德这一灌输性的智性德性,以及神圣灌输性的道德德性:节德、勇德和义德"。④ 这一观点提出了习得性德性与灌输性德性之间的互动关系问题,我们将在后面加以讨论。

如果我们所探讨的主题"异教德性"被合法化,那么它们只能被定位于第一类,即习得性（自然）枢德,同时指向第三类:灌输性（超性）枢德,成为通向更高德性与相称之幸福的预备。那么是否存在所谓的"异教德性",或者说:异教徒

① St.Thomas Aquinas, *Summa Theologiae*, I–II, q.63, a.4.

② See William C.Mattison III, "Thomas's Categorizations of Virtue: Historical Background and Contemporary Significance," 189–235; William C.Mattison III, "Can Christians Possess the Acquired Cardinal Virtues?" *Theological Studies* 72, no.3(2011):558–585.

③ See William C.Mattison III, "Thomas's Categorizations of Virtue: Historical Background and Contemporary Significance," 228.

④ Jeffrey Hause, "Aquinas on the Function of Moral Virtue," 2.

第三节　无恩典灌输的异教德性

一、作为好习性的德性：人的第二本性

从字面上看,我们归入自然习得性德性的"异教德性",指人类理性在没有基督恩典灌输之外在助力下,单凭本性的能力所获得的德性。因此,如果异教德性这一概念可以成立,我们便可以宣称人能够单凭己力而拥有德性并行善举,即可以不需要任何来自于我们本性之外的助力或干预。这一解答可见于阿奎那对德性的定义当中。

"德性"首先是亚里士多德伦理学的基本术语。在希腊文中,对应"德性"的 *aretē* 意指具有男性属性的"美善"与"卓越"。① 对于亚里士多德而言,德性可以在实践理性或智德(*phronēsis*/prudence)的正确规导下、在道德行为的过与不及之中道(*meson*/mean)上得以实现。亚里士多德伦理学从而被标榜为德性伦理学。他构建了道德德性的体系,即人所熟知的"伦理学"(*ēthikē*),其构词源自 *ethos*,后者的英文对应词为 habit(习性)。②

---

① See Henry George Liddell and Robert Scott, *A Greek-English Lexicon* (Oxford:Clarendon Press/New York:Oxford University Press, 1996), 237-238, ἀρετή.这就是为什么亚里士多德《尼各马科伦理学》的某些英译本,诸如罗斯的译本[Aristotle, *The Works of Aristotle*, trans.David Ross(Oxford:Clarendon Press, 1952)]当中, *aretē* 被译为 excellence 而非通行的 virtue。在此意义上,"德性"体现了其"完善"的含义。

② See Aristotle, *Nicomachean Ethics*, II-1, 1103a15-19.

在此应当强调更为贴切表达"习性"的希腊词汇 *hexis*。*hexis* 通常译为"心灵的习性"（*habits of mind*）或"性格"（*character*）。在亚里士多德的文本中，*hexis* 有三层基本含义：一是一种特定的状态或倾向（性情）；二是潜在和实在或行动之间的一种形而上学中间基础；三是拥有某物。表达第一种含义的话，译为"精神状态"比较好，而如果涉及第三种含义，则可译为我们通常所用的"习性"。两种译法都缺少了原词的完整意涵，"状态"太过宽泛，"习性"则过于具体；而"倾向（性情）"（*disposition*）亦有不足。肯特提请我们对上述第二种含义多加留意，这一更具形而上学特色的 *hexis* 指主动因力量而非被动的自然能力。① 她说，"相比之下，*hexis* 或 *habitus* 是行动主体倾向于特定类型行动和情感反应的持续性特征，而非行动和反应本身"。②

在此意义上，阿奎那称习性为"人的第二本性"。如果事物重复性地倾向于或被配备朝向一个确定的方向，那么它们的倾向或配备便会得到确定和强化。"以此方式，它们获得朝向它的倾向，类似于一种趋向单一方向的自然形式。正因为如此，我们称习性为'第二本性'。"③习性是发出行动与被行动所作用的机能，"这些能力在某种附加物的帮助下完成

---

① See Bonnie Kent, "Disposition and Moral Fallibility: The Unaristotelian Aquinas," 144-145.

② Bonnie Kent, "Habits and Virtues(Ia IIae, qq. 49 - 70)," in Stephen Pope ed. *The Ethics of Aquinas*(Washington, DC: Georgetown University Press, 2002), 116.

③ St. Thomas Aquinas, "De virtutibus in communi," a. 9, in St. Thomas Aquinas, *Quaestiones disputatae de virtutibus*.

78

行动;但它们并非以被动经验的方式,而是作为形式存留在其所有者当中"。① 阿奎那指出,一旦德性的习性业已形成,符合习性的行动在进行中便伴有内在的愉悦,因为"习性作为一种本性而存在,它在本性上与事物相一致而令人愉悦"。②可以说,习性成为了本性。良好的习性塑造了德性,而低劣的习性则形成恶习。

亚里士多德相信,德性作为习性从我们内里生发,既非通过人的本性,亦非借助与人本性相悖者,"而是自然地接受了它们,通过习性而达到完满"。③ 阿奎那在这一点上认同亚里士多德,他认为道德德性通过理性而居于我们内心当中,"我们的确拥有习得它们(道德德性)的自然禀赋,因为嗜欲力量自然而然地惯于遵循理性。但我们通过运用这些德性而达到完善,原因是当我们依照理性重复性地行动时,便有一个变体通过理性机能而印刻在嗜欲之上。这一印记非他,便是道德德性"。④ 德性并不像本性所赋予的那些事物先于行动,如力量先于运作。除非我们依照德性而积极行动,否则我们便不拥有先在的德性,行动中的习性塑造德性。我们通过符合本性并走向完善和卓越的意向性熏习或重复性行动,而习得道德德性。

阿奎那对拉丁词汇 *habitus* 的释义很好地展示了我们本

⁷⁹

---

① St. Thomas Aquinas, "De virtutibus in communi," a. 1, in St. Thomas Aquinas, *Quaestiones disputatae de virtutibus*.

② St. Thomas Aquinas, *Commentary on Aristotle's Nicomachean Ethics*, 265.

③ Aristotle, *Nicomachean Ethics*, II-1, 1103a23-25.

④ St. Thomas Aquinas, *Commentary on Aristotle's Nicomachean Ethics*, 249.

性中并不直接包含德性这一事实。在《神学大全》第二集第一部中，阿奎那从习性的概念开始他对德性的整体论述。Habitus 是阿奎那在他的文本中经常使用的拉丁术语，作为 habere（"具有"或"拥有"）或 se habet（事物对自身或对其他事物的配备方式或关系）的派生词，它与我们日常使用的英文词汇 habit 有着实质性的差异。如果 habitus 意指具有或拥有，则德性是人本性的品质或能力。阿奎那选择采用后一种涵义，即作为习性的德性是一种"对自身或对别的东西之配备方式"（dispositio）。① 德性是对完善的配备，它适合于向善的本性而进行配备。② 所以，德性是机能的具体完善，是有序限定于行动的习性。③ 阿奎那随后借用亚里士多德对德性的定义来界定道德德性：人的德性"是那使人的行为成为善行，并使人自己成为善人者"。④ 在此意义上，道德德性既包含所谓人的第二本性的品质，即恒久性的良好习性，与遵循该习性所做出的德行。

习性作为人的根本本性而潜在存在，它表现为对种群和个体的本性中所预先配备的德性的适合性、倾向性或接纳性。⑤ 然而，它无法通过人的自然能力令自身完善，相反，它

① See St.Thomas Aquinas, *Summa Theologiae*, I–II, q.49, a.1.

② See St.Thomas Aquinas, *Summa Theologiae*, I–II, q.49, a.2.

③ See St.Thomas Aquinas, *Summa Theologiae*, I–II, q.55, a.1.

④ St.Thomas Aquinas, *Summa Theologiae*, II–II, q.58, a.3.用亚里士多德自己的话来说，"人的德性就是种使人成为善良，并获得其优秀成果的品质"。Aristotle, *Nicomachean Ethics*, II–6, 1106a21–23.

⑤ See St.Thomas Aquinas, "De virtutibus in communi," a.8, in St.Thomas Aquinas, *Quaestiones disputatae de virtutibus*.

可以通过在不可或缺的理性省察下行完整的善举而在现实当中被转化,而缺失理性的省察,人经常会陷入罪责。①

德性的获得有赖于与人本性相称而作为人的第二本性的熏习,并在理性省察下令人具有完善德性的行动中彰显出来。在人的自然生命中,德性持续活跃,虽并非由人的本性本身而获得,但人的本性却拥有获得德性的合适性与倾向性,并具有陶冶德性的自然驱力。因此,不具有基督信仰所赋予的超性灵性向度的异教徒,甚或根本没有宗教信仰的不信者,就本体论而言,都拥有通往德性的潜质。

二、不受原罪侵染的德性:作为本体论根基的"良知"

尽管人的本性是被造之善,但原罪破坏了原初之善,以至于德性败坏而沦为恶习。启示智慧为传统哲学提供了新的本体论,令问题趋于复杂化。举例而论,麦金太尔认为,败坏的理性和不受规训的自然倾向令传统的亚里士多德德性无法完善人性,从而"自然德性本身只能在恩典所赐的爱德灌输的情况下得到完善"。② 显而易见,该立场将异教徒丧失德性而无法行善举归咎于原罪的破坏力,这会令"异教德性"的存在更加生疑。

诺伯尔在诠释阿奎那的异教德性理论时总结出了两种基本倾向。负面的一种倾向坚持认为异教徒的局限性令其无法

① See St.Thomas Aquinas, "De virtutibus in communi," a.8, in St.Thomas Aquinas, *Quaestiones disputatae de virtutibus*.

② Alasdair MacIntyre, *Whose Justice? Which Rationality?* (Notre Dame: University of Notre Dame Press, 1988), 181–182.

拥有面向超性恩福的"向上帝之德",同时让他不能完全依照所习得的自然德性行动。而正面的一种倾向则强调,尽管原罪有碍于异教徒习得德性的能力,但它无法阻止他养成通过习得性智德(acquired prudence)而关联起来的真正德性。[1]我们赞同后者并主张,在阿奎那看来,即便一个业已犯死罪(*peccatum mortale*)的人,也能行善举。阿奎那承认异教徒可藉本性之良善而行善举,他说:

> 死罪取消圣化恩典,可是并不完全破坏本性之善。所以,由于不信是一个死罪。不信者固然没有恩典,不过他们还有一些此世之善。为此,不信者当然不能做那些来自恩典的善的工作,即有功劳的工作;可是,他们还能够在某一个范围之内,做那些本性之善已足以去做的善的工作。所以,他们并非在每一件所做的事上都犯罪;不过,几时他们是出于自己的不信去做一件事,他们就犯罪。因为,正如一个有信德的人,在一个不是为了信德而做的行为上,能够犯罪——无论它是小罪,甚或是死罪;同样,一个不信者,在一个不是为了不信而做的行为上,也可以有善的行为。[2]

在本章节中,我们将"恩典"明确定义为上帝救恩的圣化恩典(sanctifying grace)。严格界定为"救恩性的"恩典(saving grace)加添于本性之上,原因是所有德性,无论是否外在于救恩性恩典界阈,都将会被归于无所不包的创造性恩典

---

① See Angela McKay Knobel, "Aquinas and the Pagan Virtues," 341.

② St.Thomas Aquinas, *Summa Theologiae*, II–II, q.10, a.4

（creating grace）范畴当中，而我们所考察的论题将会由此遭到彻底遮蔽。① 按照阿奎那的说法，异教徒的"善举"不一定是有功劳的（meritorious），但它们依旧是有德性的（virtuous）。没有圣化恩典助力的异教徒之所以能够行善举，因为他也具有能够获得完善的人之本性并能为此而努力，如阿奎那对德性作为"将人的一切能力配备趋向自身及其行动之完善的好习性"这一定义中所展示的那样。在此意义上，这些善举可以被称为自我实现，因为它们满全了行动主体的本性。这里阿奎那承认死罪无法摧毁或阻碍人的德性趋向，后者是他——对本性之完善的适合性或倾向性的人之"第二本性"。

实际的死罪不一定会妨碍异教徒习得德性的道路，那么在本体上预先决定了人类天然缺陷的原罪又如何呢？阿奎那从三方面分析了人类本性的善。第一个方面是人本性的构成性原则和特性，即灵魂的诸种机能。本性作为上帝创造之善根基的这一层善，既未被原罪所摧毁，亦未被其所削弱。第二方面的善是人对德性的自然适合性和趋向性。阿奎那指出，该方面的善已因原罪而减少。被我们人类的原祖亚当的罪彻底消灭的是第三方面的本性之善，也就是原始正义的恩赐，"在第一个人身上的这个恩惠是给予整个人类本性的"，阿奎那接着说，"人性行动在人身上产生对同样之行动的倾向。一个东西若倾向于两个对立的方向之一，必然减少其对反面

---

① 在德性分类这一论题上区分出创造性恩典和救恩性恩典，可参看圣维克多的休伊（Hugh of St. Victor）的观点。See William C. Mattison III, "Thomas's Categorizations of Virtue: Historical Background and Contemporary Significance," 194–195.

的倾向。既然罪过与德性相反,只要人犯罪,便减少本性之善,即其对德性的倾向"。①

原罪只是在有限的意义上减少而非在完全的意义上毁灭了人向德性的倾向,这一立场在阿奎那这里十分明确。诺伯尔也留意到另外两个值得探讨的要点,它们尤其充当了支持异教徒能够习得真正德性的理由。她这样说:

> 首先,当阿奎那确确实实声称原罪显著地阻碍了人行善举的能力时,他也坚持认为原罪原封不动地保留了命令人趋向本性之善的"原则"。其次,当身处原罪状态的人无法避免犯罪时,阿奎那也小心强调这些个体可以"在大多数、主要是那些最违反正当理性的个案中"避免犯罪。②

在原罪的破坏之下仍能保持原状的原则就是前述的人本性之善的第一方面,即它的构成性原则。该原则是思想及行动面向本性之善的首要原则——良知(*synderesis*)。

英文词 conscience 在希腊文中对应 *synderesis*,而在拉丁文中则对应 *conscientia*,这两个词在含义上有着内在的差异。在诸如意大利文、法文等某些欧洲语言中,指称"良心"的词汇通常拥有双重内涵。意大利文词 *coscienza*、法文词 *conscience* 除过"良心"之外都还有"意识"之意。良知 *synderesis* 既表达道德判断,亦指非道德的意识觉悟。因而,在 *synderesis* 一词中,包含着道德领域和智性领域的双重指涉。③ 哲罗姆在他

---

① St.Thomas Aquinas, *Summa Theologiae*, I–II, q.85, a.1.

② Angela McKay Knobel, "Aquinas and the Pagan Virtues," 342.

③ 因而我们建议将 *synderesis* 译为"良知",而 conscience/*conscientia* 则对应"良心"。

的《以西结书注释》(*Commentary on Ezekiel*) 中提出了自己对灵魂的人类学建构, 将良知 *synderesis* 定义为灵魂四大机能 (良知、理性、愤情、欲情) 中的主导机能, 它是"即便在被逐出伊甸园的该隐心里也不会熄灭的良心火花。……它与其他三种元素有所不同, 当它们犯错的时候, 它会做出纠正"。① 良知 *synderesis* 是通过正当理性对善恶进行道德判断的总体原则。

阿奎那强调, 良知不是一种机能, 而是一种总是促人向善的自然习性。② 它是"第一或基本原理之习性"③和"自然法的普遍原则", ④"关乎行为的永恒准则", ⑤是"德性行动的前奏"。⑥ 他写道:

85

> 所以, 就如我们自然就具有思辨性事物的原理, 我们也自然便具有实践性事物的原理。我们自然秉有的思辨性事物的第一或基本原理, 不属于一个特别的机能, 而属于一个特别的习性, 称为"原理之悟性"(*intellectus principiorum*)。……因而我们自然秉有的实践性事物的原理, 也不属于一个特别机能, 而属于一个特别的自然习性, 即我们所谓的"良知"。故此说良知激人向善, 并戒人作恶, 因为我们是靠其第一或基本原理从事寻求, 并判

---

① St.Jerome, *Commentarium in Ezechielem*, I-1.
② See St.Thomas Aquinas, *Summa Theologiae*, I, q.79, a.12.
③ St.Thomas Aquinas, *Summa Theologiae*, I, q.79, a.13, ad.3.
④ St.Thomas Aquinas, *Quaestiones disputatae de veritate*, q.16, a.1.
⑤ St.Thomas Aquinas, *Quaestiones disputatae de veritate*, q.16, a.1, ad.9.
⑥ St.Thomas Aquinas, *Quaestiones disputatae de veritate*, q.16, a.2, ad.5.

断所寻找到的,可见良知不是机能,而是一种自然习性。①

作为自然秉有的实践性原理,良知配备人的行为向善,并保有人自然本性之善。② 所以,它必定持久不变,以凭借其始终如一的善恶判准而充当所有向完善配备的德性之根基。它也在本体论上确保了异教德性的合法性。

　　在其全部的行动中,自然本性意欲善并保有通过自然本性行动而造就的事物。所以自然的所有作品中的原则总是恒久不变,并保有正当的秩序。……因此,如若人的行动有正直的可能性,那么必存在拥有坚定不移的正直性的某种恒久原则,人的所有行动都照此而得检审,以至于该恒久原则可以抵制恶而认同一切善。这一原则便是良知,其任务是劝诫我们反对恶而趋向善。因而,我们赞同在它当中没有谬误。③

　　另一方面,良知及其与良心(conscientia)的关系在中世纪曾一度是一个持久的学术论题。作为思想与行动首要原则的自然习性知识,良知规定良心在特定的道德境遇下通过人的实践理性——智德而运作。良心指依照良知原则的行动,从字面上看,conscientia 源自 cum alio scientia (with other knowledge),即将知识运用于个别情况。④ 良心是"一种实在化,是

---

①　St.Thomas Aquinas, *Summa Theologiae*, I, q.79, a.12.

②　希腊文词 synderesis 字面意义即为"保存"。See Joseph De Finance S.J., *An Ethical Inquiry* (Rome:Gregorian & Biblical Press,2011),436.

③　St.Thomas Aquinas, *Quaestiones disputatae de veritate*, q.16, a.2.

④　See St.Thomas Aquinas, *Summa Theologiae*, I, q.79, a.13.

对由良知所知晓的义务性首要原则的应用"。① 关于良知的实在化,阿奎那相信,尽管良知是自然本性所配备的潜质,也是行善避恶(即德行)的恒久性总体原则,但它仍含混而不完全。作为自明性的总体原则,良知可能因为具体境遇中的运用问题而无法导向善。"我们因此需要某些东西令我们能够详尽说明并具体化良知最初所设定的不确定的善。"②这应当是人的智德的使命。如上所述,诺伯尔强调根据阿奎那的观点,在大多数情形下,正当的理性能够引导人规避原罪,她借此为异教德性辩护。因此,一位异教徒,在没有超性力量由外及内的灌输或干预下,仍然可以行善举,原因是他拥有良知,后者一方面作为首要原则配备他走向德性,另一方面,人的习得性智德令他能够依照该原则正当行动。但是,我们必须注意,人凭借与生俱来的机能所获的德性,其不完善性也由此而得以暴露。

87

即便原罪不能彻底阻止异教徒依照正当理性行动,但"异教徒无法始终如一地依照正当理性行动,那些失误将妨碍其获得完善的习得性德性"。③ 异教德性是真正的德性,因为它们处于无谬误而恒久的思想和行动首要原则的规范之下,由习得性智德所联结,但它们在某种意义上也是不完善的。

①　Norman Kretzmann et al. , ed. , *The Cambridge History of Later Medieval Philosophy : From the Rediscovery of Aristotle to the Disintegration of Scholasticism 1100-1600*(New York : Cambridge University Press, 1982) , 700.

②　St. Thomas Aquinas, *Disputed Questions on the Virtues*, ed. E. M. Atkins & Thomas Williams and trans. E. M. Atkins (Cambridge/New York : Cambridge University Press, 2005) , xix.

③　Angela McKay Knobel, "Aquinas and the Pagan Virtues, "343.

第四节　异教德性对灌输性德性

一、真正但不完善的德性

积极参与关于异教德性持续论争的诺伯尔认为,该论题的复杂性症结在于论争参与者们所持根本立场的含混性,她说:

> 该论争因以下事实而复杂化:讨论的参与者们意图辩护或驳斥的立场往往不甚清晰。那些为异教德性之可能性辩护的学者们时而令自己的观点合理化,仿佛他们的反对者们相信阿奎那根本不认同异教徒能够拥有任何德性。而另一方面,那些对异教德性持较为保守观点的学者们,则时而令自己的观点合理化,好像他们的反对者们认为阿奎那的立场是异教徒可以拥有完善的习得性道德德性。[①]

双方都对阿奎那关于异教德性的理论抱持理所当然的态度,并将其推至极端。所以,在我们尝试深入参与该场论争,并冀望对所涉论题展开进一步反思而有建设性贡献之先,应首先对阿奎那自身的立场加以考量和明确化。此外,如若对异教徒有无德性这一问题的解答是肯定的话,我们亦应进一步解答另一个问题:异教徒在何种程度上是有德性的?

阿奎那指出,异教德性就其超出人本性之善的最终的完

---

① Angela McKay Knobel, "Aquinas and the Pagan Virtues," 339.

美之善而言,是"真正的但不完善的"。① 该论断成为阿奎那关于异教德性的核心立场的关键命题,而多数学者也正是由此发展自己的论点的。正如诺伯尔所指出,尽管多数参与论争的学者赞同阿奎那的观点,认为异教徒可以拥有"真正的但不完善的"德性,但"应当如何进一步描述这种德性则尚存争议"。② 在基督教的观点看来,说一种德性是绝对的真德性,意味着它必须受到规范而面向超性的恩福。异教德性(在本质上)是真正的德性,但它们(在程度上)是不完善的德性,原因是它们只是被规范而面向自然的善福,而不是超性的恩福。如果我们承认,异教德性是真正的但不完善的德性的话,我们就不得不清楚阿奎那是在何种意义上阐述这一立场的。

89

二、作为真正德性的异教德性

正如我们在前文所展示的那样,根据阿奎那对德性的定义,以及他对作为思想和行动之首要根本德性的良知的阐释,在异教徒无须超性恩典的灌输便能获得与他自身本性相称的本性之善的意义上,他可以习得真正的德性。

然而,诺伯尔总结了对于"真正但不完善"的异教德性的两种理解。一方面,持久处于罪之下的行为令行动主体无法依其自然德性行动,以至于"他将永远无法拥有甚至是被规范而面向其本性之善的德性";另一方面,缺乏超性向度的德

① St.Thomas Aquinas, *Summa Theologiae*, II-II, q.23, a.7.

② Angela McKay Knobel, "Aquinas and the Pagan Virtues," 340.

性"将更似性情(disposition)而非德性",或曰它们将不能彼此相关联而结为一个休戚与共的整体。① 后一方面将是我们随后考察异教德性的不完善部分中的内容。对于前一方面,我们已经在上文提及,人的罪将会阻碍习得性智德在良知应用于具体境遇中的运作,结论是:德性是不完善的。在此意义上,我们是否可以声称异教德性在本质上是不真实的,或者说只是在程度上不完善呢?异教德性自身的真实性将会以此方式得以展现。

在《神学大全》第二集第二部中,②阿奎那提出了三重智德:虚假的智德、真正的智德和既真正又完善的智德。有智德之士拥有实践智慧,他能将必须要做的事情向着善的目的配备妥当,因此"那为了一个不良的目的,而善于处理一切适合于此目的之事者,便有虚假的智德"。这一目的可以好像是善,但实际则并非真善,因为"它以肉体的享受当作最后的目的"。第二种智德即真的智德以适当的方法达致善的目的,但它却因为两个理由而不完善。首先,"它所当作目的的善或利益,不是全部人生的一般善或利益,而只是其一个个别事务的善或利益",这也就是我们所说的邻近的善或个别的善,例如成为一个有智德的"学生"(而非一个有智德的"人"!)。③其次,即使整个人生的最终目的业已建立,智德也无法下达向

① See Angela McKay Knobel, "Aquinas and the Pagan Virtues," 340.

② See St. Thomas Aquinas, *Summa Theologiae*, II-II, q.47, a.13.

③ 阿奎那认为,即便道德德性依其本性类于科学与艺术,与终极的善无关,而关乎人生的个别的善,但它们仍可造就属人的善,或者换句话说,令人成为有德性的。See St. Thomas Aquinas, *Summa Theologiae*, II-II, q.23, a.7, ad.3.

善的有效指令。① 在这两种情况下，尽管人自然生命的完善在内容和方式上的实现，有时被人天然的本体论缺陷——从神学上说即在人类智德中产生负面作用的原罪——所遮蔽，但面向本性之善和生命之完善的与生俱来的倾向，即由熏习所滋养的德性却在本质上恒持为真，差异在于程度而非本质。完善的第三种智德通过战胜人类的罪而克服了人习得性智德的不完善，它必然需要超越来自于人的任何资源之上的灌输性恩典。

> 第三种智德是又真正又完善的智德，因为关乎全部生活的良好目的，它周密地审度，正确地判断，且能有效地命令。只有这样的智德才是所谓单纯或绝对的智德，这种智德不是罪人所能有的。至于那第一种智德，则只是罪人的智德；而那种不完善的智德，则为善恶两种人所共有，尤其是那种由于是为一个个别的目的，而为不完善的智德。因为那种由于没有做到智德的主要行动，而为不完善的智德，也只为恶人所有。②

这里我们注意到，阿奎那区分规范德性面向的双重善：由爱德所规范而享有上帝的终极而普遍的主要的善，以及邻近的善或个别的善，后者亦可一分为二，"一种是真正的善，因为从它本身方面来看，可以把它导向那主要的善，亦即最后目的；另一种只是外表的，不是真正的善，因为它引人远离最后

---

① See St.Thomas Aquinas, *Summa Theologiae*, II-II, q.47, a.13.

② St.Thomas Aquinas, *Summa Theologiae*, II-II, q.47, a.13.

目的"。① 阿奎那在此使用了一个重要的字眼"*simpliciter*",意指"绝对的、无条件的或严格意义上的",他认为没有爱德的异教德性无法成为"绝对的"真德性。② 在此意义上,异教德性所面向的邻近的善或个别的善可以是虚假的,从而令其所对应的德性也变得虚假不实。然而,"(如果)这个别之善为一真正的善,例如:维护国家,或其他类似的东西;那么,它固然是一个真正的德性;可是除非它与那最后而完美之善有关,否则它只是一个不完善的德性"。③ 因此,即便异教德性因没有爱德的灌输,从而并非绝对的真德性,但无碍其本身已是真德性。阿奎那也依据它们与人本性的关系界定了人之善的这两个层面:即"与我们的本性相对应者"和"超出我们自身本性能力之外者"。④ 对于第一个层面而言,异教德性很好地满全了人的自然目的。阿奎那承认,"习得性德性并不在绝对意义上构成最大的善,但却在人之善的等级上构成了最大的善。灌输性德性在绝对的意义上构成了最大的善,因为它们规定我们面向最高的善,即上帝"。⑤ 由于缺乏爱德,异教徒作为有罪的不信者,会跟从我们前述的虚假智德而从事恶行。与此同时,他也会行善举,并可接受劝谕而面向与其自身本性相称的善。异教德性从种类上说是真正的德性,但并非绝对

① St. Thomas Aquinas, *Summa Theologiae*, II–II, q.23, a.7.

② See St. Thomas Aquinas, *Summa Theologiae*, II–II, q.23, a.7.

③ St. Thomas Aquinas, *Summa Theologiae*, II–II, q.23, a.7.

④ St. Thomas Aquinas, "De virtutibus in communi," a. 10, in St. Thomas Aquinas, *Quaestiones disputatae de virtutibus*.

⑤ St. Thomas Aquinas, "De virtutibus in communi," a. 9, ad. 7, in St. Thomas Aquinas, *Quaestiones disputatae de virtutibus*.

之真德性。①

基督信仰通过赋予崭新的生命原则而将尘世的暂时性拉伸至来世的永恒性，将人类的自然生命提升到了超性的高度，并应许了至高无上的真（恩）福直观，压倒了人类自然生命所追求的善福，从而对与之相称的德性应作严加考量。阿奎那解释了灌输性德性对于人之完善的必要性：

> 那么恰当地说，由于使人整全的首要之物，即理性灵魂，超出了质料性身体的能力，因此人能够获得的整全的最后状态，即永生的恩福，应当超出人之本性整体的能力。现在，每个事物都通过其所为被规范而导向其目的，而有贡献于该目的的事物应当以某种方式与该目的相对应。因此，我们当中必然存在某种整全性超出了我们本性原则的能力，它规令我们走向超性的目的。只有上帝在人的自然行动原则之上灌输给人以特定的超性原则时，情况才会如此。……我们需要的不仅仅是自然原则，而且需要德性的配备，以求人以其本性的方式得以整全。……于是同样的，上帝灌输于我们当中的也不只是刚刚提及的超性原则，也有具体的灌输性德性，通过该德性，我们可以因行任何导向永生鹄的之举而得以整全。②

看来两个均在不同程度上为真的序列在阿奎那的德性理论中发挥作用。正是人理性所指导的自然智德，将人引向现

93

---

① See St.Thomas Aquinas, *Summa Theologiae*, II-II, q.23, a.7, ad.1.

② St.Thomas Aquinas, "De virtutibus in communi," a.10, in St. Thomas Aquinas, *Quaestiones disputatae de virtutibus*.

世生命的幸福和与本性相称的完善,而上帝超性爱德所引领的超性智德则指向最高的彼岸恩福。两个序列按各自原则而运作,低一级的并不必然被高一级的所否定或取代。肯特指出,与奥古斯丁主义相左,阿奎那认可异教德性,是因为他并不认为所有道德德性都必须与一个终极的超性目的相关联,他坚持本性与超性的双重目的,与两种幸福和两种相关德性相呼应:

> 我们能够通过我们自身的努力而习得的自然德性,引导我们走向一个与人本性相称的目的:这种幸福虽然并不完美,但我们可以通过我们自身的自然(本性)资源而在现世中获得。相较之下,信、望、爱的超性德性则将我们引向我们的终极目的。由于我们的终极目的是来自于来世中享见上帝的绝对完美的幸福,所以它超出了人本性依赖自身所能获者的限度,只能藉上帝的恩典而享有。①

肯特认为,"唯有那些拥有'正确'神学委身的人方可拥有真正的道德德性,而其他人不可"这一立场犯了道德偏狭主义的错误。② 她批评了其中最为显赫的代表人物——麦金太尔,后者强调,根据阿奎那的德性理论,唯一真正的德性是被上帝之爱所激发的,并导向独一超性目的——来世的幸福——的德性。③ 因此,对于麦金太尔而言,"托马斯主义是

---

① Bonnie Kent,"Moral Provincialism,"*Religious Studies* 30(1994):281.

② See Bonnie Kent,"Moral Provincialism,"*Religious Studies* 30(1994):269.

③ See Bonnie Kent,"Moral Provincialism,"*Religious Studies* 30(1994):271.

深沉的奥古斯丁主义和浅薄的亚里士多德主义"。① 肯特认为,与道德偏狭主义相对,"道德大同主义"(moral cosmopolitanism)信奉人从总体而言拥有德性之共同能力。② 影响阿奎那本人的思想传统,诸如斯多葛主义(Stoicism),亦可归入大同主义范畴。③ 肯特强调,将所有真正的善都归于宗教信仰是不必要的,"至少有某些真正的善是所有人都可能依照德性而为自身的缘故或自然的目的所寻求的,与超性目的并无干系"。④ 所以,人类能够凭借自身的自然资源习得真正的道德德性,而毋需仰仗基督宗教所宣扬的上帝超性恩典,这一点具有合理的可能性。缺失爱德并不意味着缺乏位格之善或真正的德性,而不过是等同于缺乏信仰而已。如阿奎那所言:

> 道德德性针对不超出人之自然能力范围内之目的,使人活动向善;就此而言,可以用人的行动获致。这些修得的德性能够没有爱德,像许多外教人那样。但是,针对最后超性之目的而使人活动向善,此是真正完善的德性,道德德性不能以人的行动获致,而是上帝灌输的。这种道德德性不能没有爱德。⑤

然而,与真正而完善的德性相比,异教德性无法作为人本性的

---

① Bonnie Kent, "Moral Provincialism," *Religious Studies* 30(1994):276.

② 另一种可能性是,基督教包容主义可以凭借其潜在的排他主义议程(exclusivism)——"每个人都是匿名的基督徒"宣扬自己是道德大同主义。

③ See Bonnie Kent, "Moral Provincialism," 276.

④ Bonnie Kent, "Moral Provincialism," 272.

⑤ St.Thomas Aquinas, *Summa Theologiae*, I–II, q.65, a.2.

完善而成为无条件的,即绝对的(*simpliciter*)真德性,而只能是有条件的(*secundum quid*),也就是不整全和不完善的。

三、作为不完善德性的异教德性

异教德性可以是真正的德性,因为它们是在无外力协助下借助自身理性的努力所实现的人之本性的完善,也就是说与人的自然资源相称。从而异教德性和由上帝圣化恩典所灌输的德性在本质上都是真正的德性,尽管在程度上存在差异。正如我们所知,相对其对手——完善的灌输性德性而言,异教德性是不完善的德性。

阿奎那解释道,与人本性相称的异教德性的不完善,无法引导人走向自身的"完善性",所以,完善的灌输性德性对于道德主体自身及其行动的充分完善是必要的。

> 无论是智性或道德德性,我们都是自然便有一种倾向端倪。然而人并非自然就有完善状态的德性。因为自然本性是固定于一的;而这些德性的成就不是按一种行动方式,而是按不同的行动方式,即是按各种情况及德性的适用范围。由此可见,我们按本性便具有德性之倾向与端倪,但没有完善的德性;不过,向上帝之德例外,这些德性全部是外来的。①

从而,与我们上面所展示的智德的三个层面相呼应,阿奎那列举了德性的三个层面。第一层是全然不完善的(*omnino imperfectae*)一系列德性,它们的存在并无实践理性支撑。这一

---

① St.Thomas Aquinas,*Summa Theologiae*,I–II,q.63,a.1.

组德性更为恰当地应当称作"倾向(性情)"而非"德性",它们在没有智德的审慎下,可以甚至以一种有害的方式而遭到误用。"这样的倾向,在缺乏实践智慧的情况下,并不具有完善德性的特征。"①这组德性也被称为假冒的或虚假的德性(*falsa similitudo virtutis*),后者导向的是与人生终极目的不相称的虚假的善。②

阿奎那接着把第二层的德性界定为"有条件的或不完全的完善德性"(*aliqualiter perfectae*),后者"包含获得了正当理性,但无法通过爱德达到上帝本身的德性"。该层次的德性是本章节的讨论主题——合法化了的异教德性。他认为这些德性"从一方面,即与人之善的关系来说,是完善的,但并非绝对无条件的完善,原因是它们不具备第一标准,即我们的终极目的",它们"缺少德性的真正特征,正如没有实践智慧的道德倾向缺少德性的真正特征一样"。③ 我们必须留意阿奎那的表述"缺少德性的真正特征",这里"真正的"一词表达的是上述的"绝对无条件地真正的"(*vera simpliciter*)。这些德性也被称为"相对的德性"(*virtus secundum quid*),它们"使人在某方面指向最后目的"(*respectu finis ultimi in aliquo gene-re*)。④拉丁文短语"*secundum quid*"几乎与"*simpliciter*"有着相反的所指:"如此这般、相对的、有限的、有条件的"。第二层

① St. Thomas Aquinas, "De virtutibus cardinalibus," a. 2, in St. Thomas Aquinas, *Quaestiones disputatae de virtutibus*.

② See St. Thomas Aquinas, *Summa Theologiae*, II-II, q.23, a.7.

③ St. Thomas Aquinas, "De virtutibus cardinalibus," a. 2, in St. Thomas Aquinas, *Quaestiones disputatae de virtutibus*.

④ St. Thomas Aquinas, *Summa Theologiae*, I-II, q.65, a.2.

次的德性便是我们所熟知的"真正的但不完善的德性"(*vera virtus sed imperfecta*),它们在没有爱德的助力下仍可引导行动走向特定的真正之善。① 然而,该组德性可以完善化,"因为它们保持了受爱德规范引导的开放性"。②

最后一个层次是绝对完善的(*simpliciter perfectae*)德性,它们与爱德相联合,"令人的行动具有无条件的善,因为它让我们获得我们的终极目的(绝对目的)"。③ 这些德性正是我们的分类中所谓的灌输性超性(枢)德性。该层次在阿奎那的《神学大全》中被归于"无条件之真德性"(*virtus vera simpliciter*)名目之下。④

山利(Brian J.Shanley,O.P.)发现了阿奎那《神学大全》从第二集第一部第六十五题第二节到第二集第二部第二十三题第七节的理论调整,即从绝对德性(*virtus simpliciter*)/相对德性(*virtus secundum quid*)的二元性到绝对真德性(*virtus vera simpliciter*)/真正但不完善的德性(*vera virtus sed imperfect*)/虚假德性(*falsa similitudo virtutis*)三元性的转变。这一德性区分的转变,似乎凸显了阿奎那有意对异教德性作为区别于根本不是德性的"虚假德性"的"真正但不完善的德性"加以合法化。在此意义上,山利相信,这正是阿奎那有别于奥古斯丁之处,"奥古斯丁只能看到完善德性与虚假德性的二

① See St.Thomas Aquinas, *Summa Theologiae*, II–II, q.23, a.7.

② Brian J.Shanley, O.P., "Aquinas on Pagan Virtue," *The Thomist* 63, no. 4(1999):563.

③ St. Thomas Aquinas, "De virtutibus cardinalibus," a. 2, in St. Thomas Aquinas, *Quaestiones disputatae de virtutibus*.

④ See St.Thomas Aquinas, *Summa Theologiae*, II–II, q.23, a.7.

元性,而阿奎那却在这里识别出了第三种德性——真正但不完善的德性"。① 阿奎那通过辨识两种缺乏爱德的行为重新证明了异教德性的合法性,一种行为总是恶的,如奥古斯丁指责有罪的不信者那样。他接着说,另一种缺乏爱德者的行为:

> ……并不是由于他缺乏爱德而完成的,而是由于他有某一种别的上帝的神恩而完成的,不管这神恩是信德,或是望德,或是某一种未被罪恶完全消除的他所有的本性之善。……这样,一个没有爱德的行为,从其种类方面来看,可能是善的,但不是纯全善的,因为它缺少对最后目的应有的关联。②

99

于是我们需要转向另外一个重要论题:异教德性在何种程度上是不完善的? 我们意图通过阿奎那自己的论证和近年来对阿奎那异教德性理论的研究成果来考察该问题。当中有两种解释来阐明异教德性的不完善:其一,异教德性是不稳定的性情(*dispositio*)而非稳定的德性;其二,异教德性无法关联所有德性以良好的共同运作。对于前一方面,我们已经讨论过,人的罪将会阻碍习得性智德在良知应用于具体伦理处境中的运作,令德性呈现出其不完善性。

诺伯尔指出,诸如马利坦(Jacques Maritain)和拉格朗日(Reginald Garrigou-Lagrange)等一些新经院哲学家认为,这些宣称为真正的、异教徒可以习得的德性"不稳定,更似性

---

① Brian J.Shanley,O.P.,"Aquinas on Pagan Virtue,"563.

② St.Thomas Aquinas,*Summa Theologiae*,II-II,q.23,a.7,ad.1.

情而非德性",而且这些德性彼此之间尚未良好关联,当一种德性体现出来的同时,其他某些德性却并未体现,原因是智德的不在场。① 因而异教德性只不过是不稳定的性情,而不是相互良好关联的、以"习性"(habitus)的特征示人的德性统一体。

首先,我们不得不关注"德性"定义中的"习性"与"性情"之间的差异。② 在早期的著作中,阿奎那本人将这两个概念间的差别最小化,他甚至断言二者并无明确具体的差异。③但在更为成熟的《神学大全》中,他则确实在习性和性情之间做出了鲜明的区分,主要是追随亚里士多德原本的方法,"更多是紧随着亚氏的意图"(magis consonum intentioni Aristotelis)。一方面,性情被视为是习性的属,被包含在习性的定义当中。他指出,性情是一个通名,它"常含有某具有部分者之次序。……或按空间,或按潜能,或按类属",它包含"那在准备中,具有适宜性,但尚不完备者","是指完备的配合,即所谓的习性"。④ 作为通名,性情可以用来指称各种习性,在此意义上,习性便是性情。

另一方面,性情也可以充当一个与"习性"并列的专名,

① See Angela McKay Knobel, "Aquinas and the Pagan Virtues," 344-345.

② 对于 disposition(dispositio)一词,可译为"性情"、"倾向"、"配合(配备、配置)"等,"倾向"太过泛指,而"配合(配备、配置)"作为台版《神学大全》所采用的译法,却在文句内稍显突兀,"性情"则体现出"情"的不稳定性。

③ See Angela McKay Knobel, "Aquinas and the Pagan Virtues," 346, footnote 27.

④ St.Thomas Aquinas, Summa Theologiae, I-II, q.49, a.1, ad.3.

二者均作为同一属下两个不同的种。阿奎那强调了性情与习性相区分的这种情况。性情是我们潜在的自然本能向其可能的实现的配备方式，而习性则是在理性支配下的性情。① 此外，"性情"作为特指名词用来指称不完善的习性，后者易于丧失作为德性的特征。我们知道，在讨论德性三个层次中全然不完善的德性时，阿奎那明确区分了德性与性情，德性是以善的方式配备，即面向善与完善，而性情则能在缺乏智德时以有害的方式遭到误用。

> 某些人甚至从在他们出生时所拥有的性情而展开的行动上便具有具体德性的特征。……这类性情并不是在每个人身上都能看得到；毋宁是有些人拥有某一种性情，而其他人则拥有另外一种。这些性情不具备德性的特征，因为没人能够误用一种德性。……虽然人可以误用这种性情，甚至是以一种有害的方式，如果他在没有经过理性审慎之下使用它的话。……这就是为什么在缺乏实践智慧的情况下，这类性情并不具备完善德性的特征的原因所在。②

在同一属下作为与性情不同的种，习性指不易丧失的完善者。在此意义上，习性是成熟而完善的性情。阿奎那相信，亚里士多德对"习性"一词希腊文习语式的用法，视习性为一种易于改变的品质偶然变得难于改变的成果。当然，性情则

101

---

① See St.Thomas Aquinas, *Summa Theologiae*, I–II, q.50, a.3.

② St.Thomas Aquinas, "De virtutibus cardinalibus", a. 2, in St. Thomas Aquinas, *Quaestiones disputatae de virtutibus*.

沿相反路向。① 从词源学来看，习性（*habitus*）指具有或拥有的东西，而性情（*dispositio*）指被配备的东西，"配备"没有"拥有"那么的稳定和固有。阿奎那认为，"紧随着亚氏的意图"，两个概念是同一类型品质的两种不同的种，彼此的区分基于各自的成因。习性源自于"不变的原因"（*causae immobiles*），即学问与德性；而性情则来自可变的原因（*causae transmutabiles*），即人的身体构造。习性难以变更，从而包含了特定的持久性，而性情则因其本性而并非如此。② 习性可以被视为是易变的（*facile mobilis*）不完善的性情之坚定不移的（*difficile mobilis*）从而是完善的版本。在此意义上，性情不能变成习性。③

如我们已经探讨的那样，人的习得性智德在某种程度上被原罪所削弱，从而不完善地配备主体及其行动趋向其完善。如若以有害的方式使用性情，它可能会导向恶，这样则与德性无关，这便是我们所说的虚假的智德。关于真正但不完善的智德，配备道德主体走向邻近的善或个别的善而非生命最终之善的德性，无疑可以称为德性，但这种德性并不稳定，因为它们不得不随着林林总总的个别的善的置换而游移不定。就其不完善性的第二个源头而言，即便德性很好地指向生命的

---

① 亚里士多德用 *hexis* 一词来指称德性或技艺，而采用 *diathesis* 来指称如"热"或者"有病"这样的状态或状况。这两个希腊词汇分别对应拉丁术语 *habitus* 和 *dipositio*。See Vivian Boland O.P., "Aquinas and Simplicius on Dispositions: A Question in Fundamental Moral Theory," *New Blackfriars* 82, Iss. 968（2001）:468.

② See St. Thomas Aquinas, *Summa Theologiae*, I–II, q.49, a.2, ad.3.

③ See St. Thomas Aquinas, *Summa Theologiae*, I–II, q.49, a.2, ad.3.

恒久性最终目的,不完善的智德也无法总是有效地命令主体走向该目的,经由良好配备而面向该目的的德性必定时不时是摇摆不定而易变的。我们没有理由在阿奎那所强调的该词的负面含义下称这些德性为"性情",但它们是不完善意义下的德性,因为既缺乏不可改变而意义明确的目的因,也缺少爱德从外赋予人的动力因。

阿奎那列数了三个理由来解释为何我们需要好习性——德性,我们需要它们:

一、以使我们能够在行动中保持一致,因为事情只是取决于我们易于改变的方面,除非它们获得某种性情的重视而被给予稳定性。

二、以使我们能够欣然地以恰当的方式处事,因为除非我们的理性能力因着我们性情的缘故而在某种程度上倾向于一事,否则我们无论何时必须做某事时,我们将不得不先从考量要做什么开始。

三、以使我们可以以运用恰当的方式完成事情为乐。这一情况当然会因为我们的性情而发生;由于这一努力与本性有着同样的方式,它令行动成为我们自己的,仿佛对我们来说是自然而然的,也就是说,从而是令人愉悦的。的确,我们在事物中享受快乐,因为它们对我们而言是适当的。①

我们完全明白,一致性、乐意和愉悦在不完善的习得性智德的

---

① St. Thomas Aquinas, "De virtutibus cardinalibus," a. 1, in St. Thomas Aquinas, *Quaestiones disputatae de virtutibus*.

运作下,通过我们自身的努力,在对邻近的善的追求中不总是能够获得。在托马斯主义的阐释传统当中,异教习性作为不完善者通常被描述为"处于性情的状态当中"(in statu dispositionis)。即便这些阐释者们都承认阿奎那的主张,即异教徒拥有真正但不完善的德性,他们也并不尽然相信异教徒能够拥有真正的好习性。异教徒的德性充其量不过是"似性情"或"似习性"而已。①

而且,异教德性的不完善也体现为:所有的德性——无论是智性的还是道德涵养性的——都没有很好地通过习得性智德而彼此相关联,相反,它们有时各自独立行事,无法形成走向最终目的的强有力的德性统一体。② 首先,作为智性德性的智德应当与涵盖所有次一级德性(sub-virtue)的其他枢德相关联,如不是这样的话,人的行动中缺失了实践智慧的运作,便没有配备事物走向善与完善的所谓"德性"可言。"道德德性既然是选择性的习性,须使选择正确。为使选择正确,不只要有指向正当目的之倾向——这是直接属于道德德性的事;也要人正确地选择导致目的者,这是靠机智,其作用在于

---

① See Angela McKay Knobel, "Aquinas and the Pagan Virtues," 348.

② 诺伯尔在该论题上持不同观点。她认为一旦人为着具体的目的施行了智德的行为,他将必然会施行导向同样目的的道德德性的行为,无论该德性真实与否。因此,"'联结'并不是只被那些导向超性恩福的德性所拥有的某种神秘所有物,而是人行为本身的一种特征"。See Angela McKay Knobel, "Aquinas and the Pagan Virtues," 354.诺伯尔对超性恩典进行了解神话化,认为它作为治愈人道德行为中所存在的含混性的一种外在力量,不过是人的本性以把"分离的德性"联结为坚实的绝对德性的方式派生而出的。在她看来,诸种德性必然彼此联结,以服务于人行为的连贯性。基于日常经验,我们并不认同这一观点。

考虑、指导和命令有关导致目的者的事。"①那么就道德德性的不完善而言,它们之间的关联又如何呢? 阿奎那说:

> ……完善的德性相互关联,而不完善的德性则并不一定相互关联。要体现这一点,我们要知道,由于德性令人及其行为是善的,那么完善的德性则令人及其行为是完全的善。不完善的德性尽管令人及其行为是善的,但并非无条件的善,而是在某些方面为善。当人的行为符合主宰人行为的标准之一时,它们中的善便是无条件的:这些标准严格符合人的本性,它是正当的理性;但另外一个标准则是第一尺度,它超越于我们之上,可以说,它就是上帝。正是通过实践智慧,我们获得了正当的理性,因为它正是行为中的正当理性。……然而正是通过爱德,我们才能达到上帝。②

阿奎那相信,不完善的德性只不过是"我们内里行某种善举的倾向,无论这种倾向是以本性还是以熏习的方式在我们当中",因为这些德性彼此并不相关联。阿奎那利用"慷慨的行为并不一定同时是纯洁的行为"这一现象阐明了该观点。然而,他接着说,"完善的道德德性,是使人善于行善之习惯",因此德性彼此应当相互有关联。③ 这里我们再次看到了易变的"倾向(性情)"和稳定的"习性"这样的措辞,一种德性如果与其他德性相分离则无法成为完善的德性——即稳定恒久

---

① St.Thomas Aquinas,*Summa Theologiae*,I–II,q.65,a.1.

② See St.Thomas Aquinas,"De virtutibus cardinalibus,"a.2,in St.Thomas Aquinas,*Quaestiones disputatae de virtutibus*.

③ See St.Thomas Aquinas,*Summa Theologiae*,I–II,q.65,a.1.

的好习性。

　　阿奎那回应了"人能有某一道德德性而没有别的,因为人能操使某一德性之行动,而不操使别的德性之行动"这一反驳立场,他提到一些道德德性完善了人的一般情况,也就是"关于每人在生活中都要遇到的事",他指出,如果人想在各方面都练习行善举,那么他便同时习得了一切道德德性的习性。① 这里的"完善了人的一般情况的道德德性"指的是我们前面所提到的"涵盖人之全部能力范围"的"人之德性的完善理念",后者关注人的生命整体,甚至潜在地指向更为至上和超越的人生,从而成为所有其他德性的根基。它们便是智性及道德涵养性的枢德:智、勇、节、义。正如阿奎那在《论枢德》(*De virtutibus cardinalibus*)中所指出的,"如果我们把四枢德看作是暗含着德性的具体普遍判准,那么它们是彼此相联的,因为这些判准的单独其中之一不足以支撑任何德行:所有德性都应出现"。②

　　德性之间关联的断裂作为不完善的异教德性的明证,被视为是异教德性特征的性情或"处于性情的状态当中"的习性的进一步体现。德性之间良好的关联,展现了人在完善的智德命令之下全然坚定地面向真正的终极目的的身心平衡、在适当的规范下的、全面的自然品质。这种精神状态只是绝对完善德性所能获得的,不完善的德性令行动主体及其行为仅是在某些方面而非无条件为善,即"相对的"(*secundum*

---

① St. Thomas Aquinas, *Summa Theologiae*, I–II, q.65, a.1, ad.1.
② St. Thomas Aquinas, "De virtutibus cardinalibus," a.2, in St. Thomas Aquinas, *Quaestiones disputatae de virtutibus*.

quid)善。然而,存在两种机能可以引导人的所有德性面向无条件的善,一种是通过严格与人的本性相符的智德而获得的正当理性,另一种则是超越于我们之上的第一尺度——上帝。前者是不完善的,正如我们先前所讨论的那样。阿奎那认为,后者的爱德灌输到我们里面,它能够引导我们走向无条件的善,"那么如果我们视德性为绝对完善的,它们便因为爱德而是相关联的,原因是没有爱德便没有这种德性,如果你拥有爱德,你便拥有一切德性"。① 任何拥有爱德的人也应当拥有其他德性,因为灌输性的爱德能够指挥所有德性共同相互关联,以铸就坚实的德性统一体的方式面向终极目的,这个统一体便是我们将会在下文讨论的灌输性枢德。

在奥斯本(Thomas M.Osborne Jr.)看来,异教德性之间关联断裂的另外一种情形归咎于它们与超性灌输发生分离的这一自身内在的不完善性。他展示了德行与德性之间在行动主体上的错位,另言之,正如奥斯本所说,"一位失序的主体可以具有一种行善举的习性或性情;但是,这一习性或性情并不能令该主体为善",原因是"他不完善的真德性将会发生断裂,不会归向其适当的最终目的,也就是上帝"。② 这一观点认为,尽管异教徒能够在没有爱德或作为终极目的的上帝所予以的协助下行善举,但这些行动算不上是有功劳的(merito-rious)。奥斯本指出,阿奎那承认异教徒能够拥有真正的德

---

① St. Thomas Aquinas, "De virtutibus cardinalibus," a. 2, in St. Thomas Aquinas, *Quaestiones disputatae de virtutibus*.

② Thomas M. Osborne Jr., "The Augustinianism of Thomas Aquinas's Moral Theory," *The Thomist* 67, no.2(2003):295-296.

性,但"他并不认为他们能够过在道德涵养上有德性地生活"。奥斯本接着说:"他(阿奎那)所说的'真正的德性'指的不过是行善举的习性或性情。在没有爱德的情况下,人可以行善举,但他却永远不能成为善的。"①简而言之,道德之善只能在神圣爱德之下方才是有功劳的。对于阿奎那而言,"有功劳"意味着获上帝认可在来世应受嘉奖,"不信者当然不能做那些来自恩典的善的工作,即有功劳的工作;可是,他们还能够在某一个范围之内,做那些本性之善已足以去做的善的工作"。②唯有当人能够既为了他们固有的价值,也为了上帝的缘故,而履行本性的习得性德性之时,他才能被称得上是有功劳的。

阿奎那在他的《论恶》(De malo)一书中亲口指责了诸如"每个从非由爱德所形成的意愿而出的行为都是有过犯的"的观点。他说:"正确的是,每一个出自于爱德的行为都是有功劳的。而绝对错误的观点是认为,每一个非出自于由爱德所形成的意愿的行为都是有过犯的(demeritorious)。"③这些异教徒"在没有爱德的情况下虽能荣耀他们的父母,却无法有功劳于永生","但他们也不会招致过犯(demerit)"。④ 对于行为究竟是有功劳还是有过犯,阿奎那拒绝非此即彼的论断,并肯定他这样说是"为了那些没有爱德而无法立功的人

① Thomas M. Osborne Jr., "The Augustinianism of Thomas Aquinas's Moral Theory," *The Thomist* 67, no.2(2003):303.

② St.Thomas Aquinas, *Summa Theologiae*, II–II, q.10, a.4.

③ St.Thomas Aquinas, *De malo*, q.2, a.5, ad.7.

④ St.Thomas Aquinas, *De malo*, q.2, a.5, ad.7.

的利益"。①

基南（James F.Keenan,S.J.）批评了阿奎那处理理性规范下的枢德之间关联的方式。对于阿奎那和其他德性伦理学家而言,规范有序或良好整合的精神状态(通常是被超性力量所终极保证的)总是充当道德之善和道德德性之功能的判准,看上去阿奎那好像并没有在善和正当之间设立区分。②正当的(与爱德或智德相关联,并与一切德性相互关联)总是善的。固有的道德之善诸如慈悲(benevolence),无法凭借自身而成为有功劳的。"慈悲可以提供对道德之善的一种非神学描述。他(阿奎那)指出,慈悲与爱德的区别仅仅在于后者109享有与上帝的合一。但他并没有在慈悲上如在爱德上那样发展他的思想。"③所以,异教德性有功劳的道德之善可以提醒我们,以自我奉献或自我牺牲为极端情态的慈悲,应当被重新视为与人本性中的道德能力相称的可能性,而这一道德能力毋需超性恩典自外向内的助力。

四、异教德性的至高形式

在我们解释了异教德性在何种意义上是真正但不完善的德性之后,关乎异教德性论题的另一个问题有待解答。异教

---

① St.Thomas Aquinas,*De malo*,q.2,a.5,ad.7.

② See James F.Keenan,S.J.,"Distinguishing Charity as Goodness and Prudence as Rightness: A Key to Thomas's Secunda Pars," *The Thomist* 56 (1992):423-424.

③ James F.Keenan, S. J., "Distinguishing Charity as Goodness and Prudence as Rightness: A Key to Thomas's Secunda Pars," *The Thomist* 56 (1992):424.

德性作为人类道德的自主性成果,其至高形式是什么? 这个问题的解答也可能正是与人本性相称的德性和由外加诸人生之上的更高形式的德性,即灌输性德性之间的接合点或界限所在。

毫无疑问,人生的终极目的决定着道德德性的成就或高度。在阿奎那看来,"无论是城邦中人们终生所过的具有公民德性的生活,还是对理论所提供的对永恒事物的沉思默观,都不过是不完善的幸福"。[①] 而正是真福直观(*visio beatifica*)方才给出了终极的目的,即人的最高幸福。"最后和完善之幸福,只能在于见上帝之本质。……为能完全幸福,智性必须达到第一原因之本质。那么,其完美境界在于与其对象之结合,即是与上帝结合,只有这个才是人幸福之所在。"[②]但根据阿奎那的观点,什么才是与人的本性相称的德性的最高形式呢? 换言之,什么才是异教德性的至高成就或高度呢?

阿奎那根据普罗提诺(Plotinus)的观点区分了四重德性:社会及政治性的德性(*virtutes politicae*)、完善中的德性(perfecting virtues)或净化性的德性(*virtutes purgatoriae*)、完善的德性(perfect virtues)或纯净心灵的德性(*virtutes purgati animi*)和典范性的德性(*virtutes exemplares*)。典范性的德性原本存在于上帝内,成为人德性的典范。社会及政治性德性则"按照人本性的状况"即人是社会及政治性的动物而在实际人性当中,人之所以"善于处理人世间的事物",便归功于

① Alasdair MacIntyre, *Whose Justice? Which Rationality?* 192–193.
② St. Thomas Aquinas, *Summa Theologiae*, I–II, q.3, a.8.

这些德性。阿奎那特别指出,社会及政治性德性适合"人尽力追求天上的事"。有鉴于此,他提出了一组"完善中的德性或净化性的德性",居于人性的社会及政治性德性和神圣的典范性德性之间,它们"属于正在追求与上帝相似的人"。剩下的一组"完善的德性或纯净心灵的德性"指的是业已与上帝相似的人的德性。① 我们很容易发现,几组德性无一例外均指向神圣者及其典范性德性。这四重德性可以被很好地看作是人类德性向着神性的朝圣阶梯,其中唯一一组纯粹属于与人本性相称的社会及政治性德性,处于上升阶梯的最低位置,尽管它们也具有面向神性的内涵和向度。

山利提出了与超性恩典相分离或曰无神圣助力的异教德性,他相信城邦之善(bonum civis)在阿奎那的德性伦理学中正是与人本性相称的异教德性的终极目的。根据阿奎那的德性理论,人类所实现的自然目的非他,乃是在城邦中为着城邦共同之善(bonum commune/bonum civile)的社会及政治性德性。② "城邦之善是人的应然目的(debitum finem),是他本性的真正完成,与他的自然倾向相称。"③然而,社会及政治性德性不能被归为人德性成就的另一序列,"而毋宁是作为人类

① St.Thomas Aquinas, *Summa Theologiae*, I–II, q.61, a.5.

② 奥斯本不同意山利"习得性德性就城邦的共同之善而言就是社会及政治性德性"的观点,他指出,"共同之善所包括的内容远多于后来的政治学和政治哲学中所声称的",而且"阿奎那归于习得性道德德性的诸多行为对我们而言都未必是社会政治性的"。See Thomas M.Osborne Jr., "The Augustinianism of Thomas Aquinas's Moral Theory," 291.我们部分认同这一批评,但无论山利将异教习得性德性等同于社会及政治性德性的做法是否有误,都与我们对阿奎那德性理论中异教德性之道德高度的考察无关。

③ Brian J.Shanley, O.P., "Aquinas on Pagan Virtue," 574.

在没有恩典的情况下所能取得的最优之善"。① 看来,阿奎那并不愿意使用"社会及政治性德性"这一术语来指称与人本性相称而关乎人类尘世福祉的德性,原因是这样做会招致混淆。在《神学大全》中,他通常使用"人的德性"或"自然德性"作为替代,来指称人不假外力单凭自身能力便能走向人类自然目的的这种德性。②

阿奎那在讨论人的意志需要一种超越自身能力层次而向善的德性配备时,提到了善能够超出意志层级的两种方式。一种情境发生在"意志产生于指向超出属人之善的界限的善时"。这里阿奎那的"属人"意指人本性能够通过自身机能所获者。更高的善显然是由爱德所引领的神圣超性之善。另一种则"在人追求属于他人之善,其意志并未被超出属人之善的界限以外者所吸引的情况下"发生,也就是服务于他人的善,在这种情境之下"需要正义,和以他人为指向的德性来实现意志"。③ 阿奎那认为,上帝在它的创造性恩典中赐予我们的本性之善成为自然之爱的根基,这种爱"爱上帝在万有之上,胜于爱他自己"。从本体论上讲,"每一个部分自然会爱全体共同之善,胜于爱自己个别之善"。人的个体倾向于全体的善,因此,阿奎那为共同之善或称"大众的福利"做出了

① See Brian J.Shanley,O.P.,"Aquinas on Pagan Virtue,"555.

② See William C.Mattison III,"Thomas's Categorizations of Virtue:Historical Background and Contemporary Significance,"221.对阿奎那来说,共同之善是本性之善的同义词。See William C.Mattison III,"Can Christians Possess the Acquired Cardinal Virtues?"563,footnote 17.

③ St.Thomas Aquinas,"De virtutibus in communi,"a.5,in St.Thomas Aquinas,*Quaestiones disputatae de virtutibus*.

辩护，"这也见于社会政治领域的德性：有时人民为了大众的福利，宁愿在自己的财产和人身方面蒙受损失"。①

如山利所言，在对共同之善的追求中，异教的社会及政治生命的成就"不应被理解为独立于恩典的一种道德秩序，而毋宁是对恩典的预备，它本身已经处于恩典影响之下"。② 在他看来，提出脱离超性恩典和神意的异教德性绝不是肯定由人之"正当"理性所规定的异教德性的自主性，而是展开其"作为对恩典的预备或开放"的神学意义。尽管一种此世的异教道德牵涉真正的德性，但"在人之成就的区间之内"的社会及政治生命，作为与完善的圣化生命相区别的第二佳生命方式，应当指向"城邦之外的某物"。③ 山利接着说：

> 它（共同之善）包含自我对于共同体之善的屈从。构成正义一部分的为他性（*ad alterum*）开放主体欣赏超越其自身的善，后者在他对所有其他诸善的追求上强加了一种秩序。社会及政治性德性的成就是向着自我超越的应然目的（*debitum finem*）的规导，这一点在原则上对于每位道德主体都是一个根本的选项，因为它是一种与人的本性和倾向相符的善。④

一旦我们将阿奎那的异教德性专门定位于作为社会及政治性德性的人生当中，便不难发现其至高形式。当我们谈及政治性或社会福祉，我们便不得不关涉共同之善，后者在基本的含

113

---

① St.Thomas Aquinas, *Summa Theologiae*, II-II, q.26, a.3.
② Brian J.Shanley, O.P., "Aquinas on Pagan Virtue," 555.
③ Brian J.Shanley, O.P., "Aquinas on Pagan Virtue," 567.
④ Brian J.Shanley, O.P., "Aquinas on Pagan Virtue," 574.

义上超出了人自身的自我保全和完善(自我实现),另言之,它是对自我之外的善的追求。追求共同之善的德性的至高形式非他,乃是利他主义(altruism),即个人自身的自我实现或完善可以为了共同体中其他成员福祉的缘故而被牺牲。利他主义甚至可以达到其极端形式:舍己为人或自我牺牲。① 在舍己行为中,人能够放弃自身的自我保全,而追求更为至高的圆满。然而,这一道德成就或高度需要经由超性资源的引导和正当化。② 在此意义上,社会及政治性德性可在其最佳状态下达致该层次,而毋需外部的直接助力,譬如恩典的当下灌输。它们是与人本性相称的德性,是不需外援的人之努力。一旦一个人为了高于其自身本性之善的共同之善而履行社会及政治性德性,那么他便可被视为是一位步向神圣的朝圣者。

正如阿奎那所说,"爱德是诸德之母和根源,因为它是一切德性的形式",因为爱德"把所有其他一切德性的行为都导向最后目的",并"把形式给予所有其他一切德性的行为"。③ 但阿奎那继续澄清,爱德作为一切德性的形式"并不是因为它是它们的模范形式或本质形式,而是由于它是它们的动因"。④ 因此迈纳(Robert C. Miner)指出,阿奎那思想中的习得性智德需要爱德作为其形式因,这点与亚里士多德的实践

---

① 关于利他主义的讨论,请参见本书第八章。
② 关于自我牺牲的讨论,请参见本书第五章。
③ St. Thomas Aquinas, *Summa Theologiae*, I–II, q.62, a.4; II–II, q.23, a.8.
④ St. Thomas Aquinas, *Summa Theologiae*, II–II, q.23, a.8, ad.1.

智慧(*phronēsis*)概念断然区别开来。①

　　阿奎那意义上"完善中的德性或净化性的德性"作为通往与神圣者相似之途中的德性是不是异教德性的至高形式呢？为展示完善中的状态和主动适应或倾向于更高的完善，净化性德性被恰当地描述为：在人决定通过以其自己的本性之善为代价而为他者的善奋斗，从而获得更为至高的完善时，通往与神圣者相似之途中(*in via*)，但仍处于其不完善性的完善过程当中。然而，我们必须清楚，上帝的圣化恩典绝不是我们可以通过自身的自然禀赋和努力即可获得的。社会及政治性德性尤其是它们的积极进步的对应者——在某种程度上体现了其与神圣相似的向度的净化性德性，具有可以被导向恶的显著含混性。一个为人所熟悉的例子便是，一个虔诚的纳粹分子也可以为了第三帝国或其所宣称的"全欧洲的共同之善"而牺牲掉自己的生命。绝对完善的德性需要超出自然禀赋和熏习之外的资源。

第五节　走向灌输性德性的异教德性

　　阿奎那强调了灌输性德性对于人之完善的必要性，他说：

---

　　① See Robert C. Miner, "Non-Aristotelian Prudence in the Prima Secundae," *The Thomist* 64(2000):414.作为净化性德性的智德与亚里士多德此世性的智德*phronēsis*有着天壤之别，它转化并重新规范社会及政治之善或共同之善面向存在于此世之外的无限的终极之善，尽管此一善仍如亚里士多德所述的那样是沉思默观性的。See Robert C. Miner, "Non-Aristotelian Prudence in the Prima Secundae," 413.

所以在本性完整的状态,只有为愿意和实行超性的善事,人才需要在本性之能力上另外无偿增加的能力。在腐化状态则需要两层助力:一种使本性复康;一种使它能行超性的善事,即有功的善事。此外,在两种状态,人都需要上帝的帮助,来推动他行善。①

异教德性在其内里具有朝向神性的向度,特别是作为完善中的德性或净化性德性的现象所深刻体现出的那样。但是,自然目的和超性目的可以通过恩典的治愈而获得修和与联合。从而异教习得性德性的自然状况将会在其可能的魔魅化力量获得治愈后而被提升,而该力量正是其不完善性的根本特征。这也是人自我实现或自我完善的欲爱(eros)与上帝白白给予的自我牺牲的圣爱(agape)相联合的方式,后者凭借恩典的治愈或完善成全力量而转化前者。也正是以此方式,超性的救恩力量楔入并加诸人之本性状况,消除其含混性并引领其走向终极的圆满。这一点可以用阿奎那一句最为著名的表述来加以概括:"(超性)恩典并不毁灭自然(本性),而是使自然(本性)更为完善。"②在与自然(本性)相称的习得性德性和尤其体现在基督徒生命当中的上帝恩典所灌输的德性之间,应当存在某种连续性。

因此,我们将会面对另一个问题。异教习得性德性以何种方式与基督教灌输性德性发生互动?该问题可以通过考察基督徒生命中两种德性的互动而得到恰当的解答。关于基督

---

① St. Thomas Aquinas, *Summa Theologiae*, I–II, q.109, a.2.
② St. Thomas Aquinas, *Summa Theologiae*, I, q.1, a.8, ad.2

徒的习得性德性与灌输性德性的互动关系，有两种基本理论：
"并存论"和"联合论"。

第一种理论认为在基督徒领受上帝恩典的生命中，习得性德性可以与灌输性德性并存。作为尘世之城与上帝之城的双重子民，基督徒必须既表现为一个拥有此世的本性之善的普通人，也要表现为一位同时也拥有彼世超性之善的蒙恩之士。在基督徒内里，习得性的道德德性与灌输性的道德德性同时存在于相分离的界阈，分别以自身特征展示和运作。习得性德性既非被灌输性德性所替代，亦非被其超性化（supernaturalized），相反，它们在基督徒内里如同在异教徒内里的运作一样保持其自然状态，引导主体走向与其本性相称的完善。该理论坚持，双重目的不会彼此抵触，因为灌输性德性所配备面向的目的不过是习得性德性配备面向的与人本性相称的目的的延伸或更深远的指向。这一点可以通过下面的范例而得到类比的描述：一位低军阶的长官履行其分内职责，指向一个恰当的目的，即打赢这场小战役，而与此同时，最高指挥官的根本意图则是赢下整个战事。两个目的绝不抵触，而无疑是一致的，因为一场战役的胜利服务于并构成最后目的——整个战事的最终胜利。根据这一理论，看来恩典的灌输除了添加一句冠冕堂皇的"为了上帝的缘故"之外，与异教的习得性德性并无太大瓜葛，因此基督徒的德行善举配得上是"有功劳的"。另一方面，异教的习得性德性同样也对灌输性德性几乎无甚贡献可言。

在阿奎那看来，习得性德性和灌输性德性对于完善的道德生活来说不应当是相分离的，因为当他宣称爱德是一切道德德性的形式时,灌输性德性是必需的。英格利斯(John Ing-lis)评论道:"灌输性的道德德性并不只是对习得性德性锦上添花。……如果人的所有行为都具有适当的目的论,那么每一个行动都需要灌输性的道德德性。……灌输性的道德德性理想地统治着即便是人最低级的行为。"①人无法习得指向来世幸福的德性,原因是习得性的道德德性并不与对永生的超性真福直观相称。但灌输性德性所提供的价值、直觉和倾向对于帮助我们在日常生活中做出良好的决定,并令我们以不同于习得性德性所予的倾向行动,仍然是需要的。②

阿奎那说:"灌输的德性与习得的德性,不只在最后目的方面有所不同,在专有的对象上也有区别。"③因此,习得性德性和灌输性德性无法并存,它们不是通往同一目的的平行道路。前者应当被后者转化和提升至更高的层次,方能进入超性的生命序列当中。习得性德性充其量只是面向更远大的方向和灵性上更高的状态,即在上帝恩典当中的绝对完善的德性——灌输性德性的过渡阶段。

与此相反,另一种基本理论相信,习得性德性将会在基督徒的生命里"被接手或转化而进入灌输性德性"。④这一进路因鼓吹灌输性德性完全主宰其他德性形式而被称

---

① John Inglis, "Aquinas's Replication of the Acquired Moral Virtues: Rethinking the Standard Philosophical Interpretation of Moral Virtue in Aquinas," *Journal of Religious Ethics* 27, no.1(1999):15.

② See Jeffrey Hause, "Aquinas on the Function of Moral Virtue," 19–20.

③ St.Thomas Aquinas, *Summa Theologiae*, I–II, q.63, a.4, ad.1.

④ Angela McKay Knobel, "Can Aquinas's Infused and Acquired Virtues Coexist in the Christian Life?" *Studies in Christian Ethics* 23, no.4(2010):381.

作联合论。① 该理论并没有在"完善的"习得性德性与灌输性德性之间建立区分。② 换句话说，灌输性德性便是异教徒所拥有的不完善的习得性德性的完善形式。而习得性的道德德性作为人的努力，无法与神圣恩典所灌输的灌输性德性合作，它们只能以被后者强化和转化的方式而成为后者的预备。

在林林总总的联合论当中，默克斯(Renée Mirkes)的理论应当是最令人印象深刻、最具说服力的一种。我们知道，人拥有接纳面向更大的善和完善性的更为优越的习性的自然适应性和倾向，即便该习性源自于远超出其本性机能之外的超性资源。人获得德性并不只是凭借机械性的重复或熏习，而且也仰仗其他更高形式之完善性的直接塑造。正如默克斯对阿奎那的阐释所说，习性不仅决定或完善了"灵魂轻松地、迅捷地、稳固地和愉悦地执行一个具体行动的机能"，也展示其自身是"一个被动的力量或主体，也就是说，能够从一个更为优越的习性处接纳更进一步的完善化"。③ 习得性的道德德性所展示的是自身向着更为优越的灌输性德性的配备。

于是默克斯借助质料—形式关系发展出了对德性的等阶性理解，自然性情、习得性德性和灌输性德性形成了一个等级序列，"不完善的"习得性的道德德性在其中充当了对完善的

119

① See Angela McKay Knobel, "Two Theories of Christian Virtue," *American Catholic Philosophical Quarterly* 84, no.3(2010):599-618.

② Angela McKay Knobel, "Two Theories of Christian Virtue," *American Catholic Philosophical Quarterly* 84, no.3(2010):606.

③ Renée Mirkes, "Aquinas on the Unity of Perfect Moral Virtue," *American Catholic Philosophical Quarterly* 71, no.4(1997):594.

灌输性德性的质料预备:

> 正如自然性情或"德性的种子"是它们各自机能较低等力量的完善原则,从而可以合理地说明习得性的道德德性是从属于它的自然性情的完善化原则。正如自然性情是习得性的智性及道德德性较为完善的原则的完善化或质料性原则,因此也可以合理地认为,习得性的道德德性是比其更为优越的灌输性德性的完善化或质料性原则。①

在默克斯看来,习得性的道德德性是优越而完善的灌输性德性的完善化或质料性原则。我们所称作的作为整体的"基督徒的道德德性"是一种不可分割的合成德性,一个绝对完善的道德德性的单一实体,它在形式上是一种灌输性德性,而在质料上则是一种习得性德性。默克斯相信,这一解释与阿奎那的观点一致,因为后者说,爱德是诸德性的形式。② "在同样也拥有习得性德性的基督徒那里,道德德性是一个合成物、一个有序的实在。它由一个习得性德性或质料性组成部分,以及一个灌输性德性或形式性组成部分所构成,它们一道令认信者行道德之举,在两个不同但有序的形式下指向一个质料性的对象。"③

习得性德性是对灌输性德性的预备和接纳,在此意义上

---

① Renée Mirkes, "Aquinas on the Unity of Perfect Moral Virtue," *American Catholic Philosophical Quarterly* 71, no.4(1997):596.

② See Renée Mirkes,"Aquinas on the Unity of Perfect Moral Virtue,"*American Catholic Philosophical Quarterly* 71, no.4(1997):196, esp.footnote 20.

③ Renée Mirkes, "Aquinas on the Unity of Perfect Moral Virtue," *American Catholic Philosophical Quarterly* 71, no.4(1997):212.

我们可以说，灌输性德性建立在习得性德性的基础之上。这并不是说习得性德性与上帝的超性恩福相称，如我们赞同阿奎那所明确指出的那样。相反，习得性德性成为完善德性，正是习惯性的道德修为或净化与上帝白白给予的治愈性爱德完美相遇的成果。默克斯说："除过信、望、爱的行动之外，基督徒们也能确立超性的智、勇、节、义及其相关的诸德性的超性行为，这些行为是达致他们超性目的或幸福的诸多途径。"①这一观点揭示了在基督徒内里作为被转化者也因而是正在完善中者，是处于恩典下的习得性德性。被灌输性德性所转化的习得性德性可以准确地称作"灌输性枢德"，如我们在前文所提及的那样，根据阿奎那德性理论的区分，它们是三组德性之一。

就习得性枢德和灌输性枢德各自所配备面向的不同目的而论，其间是否存在某种矛盾？阿奎那以节制饮食的不同形式为例：节食（为自然健康的缘故）和守斋（为服从上帝的缘故）。

> 在这些欲望中，由人之理性所立的准则，与由上帝所立的准则，显然有所不同。例如：饮食方面，人的理性所立的准则是不要有害于身体之健康，不要妨碍理性之活动；但按上帝的法律，人必须藉节制饮食等"攻克己身、叫身服我"。可见灌输之节制与习得之节制类别不同；关于其他德性也是一理。②

---

① Renée Mirkes, "Aquinas on the Unity of Perfect Moral Virtue," *American Catholic Philosophical Quarterly* 71, no.4(1997):598.

② St.Thomas Aquinas, *Summa Theologiae*, I–II, q.63, a.4.

尽管阿奎那接着指出,灌输性德性及习得性德性属不同类别,但他表示,习得性的道德德性的动机和目的均包含在灌输性的道德德性的动机和目的当中,所以邻近目的和最后目的,或自然目的和超性目的都在没有矛盾的情况下同时实现,正如默克斯所强调的那样。① 阿奎那说:"由灌输之习性而来之行动,不产生任何(新的)习性,只不过加强先已存在之习性;就如药品用于本来健康的人,不产生另一种健康,只加强以前有的健康。"② 显而易见,习得性的节制服务于共同之善,而灌输性的节制则服务于最终之善,但后者可以也应当时常完善成全前者。"守斋旨在让人出于对上帝的爱而保持头脑清醒,亦应当服务于身体的健康。更高的目的指引习得性德性的运作,并转化其目的因。"③ 尽管灌输性德性和习得性的道德德性各自目的不同,但终极之善完全囊括或满了了邻近的善。作为最后的善,它应当永不偏离滋养本性的邻近的善,并且将它提升到更高的层面,在这一层面上,邻近的善的游移不定和含混不清将得到克服。异教习得性德性的不完善也将得到治愈,从而走向绝对的真实和完善。正是在这个意义上,我们说"(超性)恩典使自然(本性)更为完善"。

关于习得性德性和灌输性德性互动关系的联合论较为合理可行,因为它一方面突出了道德行为中超性恩典的转化力

<hr />

① See Renée Mirkes, "Aquinas on the Unity of Perfect Moral Virtue," 599-600.

② St. Thomas Aquinas, *Summa Theologiae*, I–II, q.51, a.4, ad.3.

③ John Inglis, "Aquinas's Replication of the Acquired Moral Virtues: Rethinking the Standard Philosophical Interpretation of Moral Virtue in Aquinas," 21.

量,也在另一方面准确定位了人富有生命力和积极性的道德努力,后者为恩典向自然本性的灌输做出预备。默克斯总结道:"人的德性向着神圣的升华,是人本性的配备决断(disposi-tive)特性和人道德努力的神圣潜质的一个直接明证。于是对于阿奎那而言,本性在本质上是动态的,它包含了一种朝向其存在之实现的内在驱力。恩典不是建立在本性的废墟而是其根基之上。"①因此,异教习得性(枢)德性的良好养成可以是接纳上帝恩典灌输的良好预备。从本体论角度来讲,人的位格作为上帝的形象(imago Dei)向恩典开放,并适于恩典,所以它"为恩典所塑造,包含着人之为人的完善性"。② 这里我们要注意,预备绝不是人自然能力主动与神圣恩典的合作,人并不具备习得恩典的能力,这就是为什么灌输性德性永远不能归为习得性德性的原因。习得性的道德德性作为人的努力,只能通过被灌输性德性强化和转化而充当后者的预备。"基督徒不应只为了习得性德性自身的缘故而称颂它们,而应当首先为了接纳和享有灌输性的道德德性的帷幕而预备它们及其他德性。当阿奎那认为人类可以在获得习得性德性上(与恩典)进行合作时,……他将真正的德性视为一种馈赠,人可以为它们做出预备,但却无法为获得它们而(与恩典)进行合作。"③预备可以被理解成是为基督徒新生的德性统一体

---

① Renée Mirkes,"Aquinas on the Unity of Perfect Moral Virtue,"604.

② Renée Mirkes, "Aquinas on the Unity of Perfect Moral Virtue," 604-605.

③ John Inglis,"Aquinas's Replication of the Acquired Moral Virtues:Re-thinking the Standard Philosophical Interpretation of Moral Virtue in Aquinas," 22.括号内容为著者所加。

所作的质料性预备,根据默克斯的联合论,这一统一体由作为其质料的习得性枢德和作为其形式的灌输性德性所构成。

关于基督徒内里习得性德性和灌输性德性的互动关系,默克斯所主张的联合论认为,习得性德性和灌输性德性必须互补,因为双方都无法成为对方的原因。不完善的习得性德性需要通过面向终极之善的配备而得到灌输性德性的完善化,而灌输性德性则需要质料性组成部分来帮助个体不但在关乎超性生命的,也在关乎现世生命的事务上做出决定。①

习得性德性及其能力构成了基督徒道德德性的质料性组成部分;这包含了可见的或可观察的能力在内。该能力考虑到了德行的便捷实施,归功于对激情的调适和对相反恶习的破除,这只能在德性行为于不同境遇下经历一段时间的重复方可实现。灌输性的道德德性及其能力构成了基督徒道德德性的形式性组成部分,因为灌输性的道德德性通过爱德,令人的机能及其自然德性坚实地遵循德性之善,而被规整向超性目的。各种类型能力的不完整性也暗含着它们之间的互补性。②

在《神学大全》第二集第一部第六十五题第三节中,阿奎那追问了"没有道德德性是否能有爱德"这一问题,他对"有爱德的人在修德性上感到困难"这一观点做出了回应,他认为对于拥有习得性的道德德性的人来说这一点不是事实,因

---

① See Renée Mirkes, "Aquinas's Doctrine of Moral Virtue and Its Significance for Theories of Facility," *The Thomist* 61, no.2(1997):204-205.

② Renée Mirkes, "Aquinas's Doctrine of Moral Virtue and Its Significance for Theories of Facility," *The Thomist* 61, no.2(1997):218.

为重复性的熏习排除掉了相反的性情,并促进了灌输性德性的生活。① 即使以为已经拥有上帝圣化恩典的基督徒也只能偶尔行善举,因为他缺乏应对相反性情的能力。因此,他可能无法在生活中直接就救恩的特定领域合乎德性地行动。② 相应的能力需要得到习得性德性的实在化和滋养,举例而言,在皈依基督信仰之前便习惯于节制饮食的基督徒,能够更加容易履行守斋,因为诸如饕餮这样的相反性情早已得到有序地克服。

另一方面,如爱德这样的向上帝之德并不是可以观察出来的,由于其隐秘的动机,我们无法察觉明确或具体的爱德行为。然而,枢德却是道德判断可以观察得到的补充物。③ 德扬(Rebecca Konyndyk DeYoung)也认同这一观点,她认为枢德永远不会被向上帝之德所取代,而是被后者给予"一个新的运作范围",它们是"向上帝之德在具体行动方面的工具和实施者,但这些行动是在终极目的的愿景之下完成的"。④ 人的道德努力在经由超性力量的转化后成为了构成性要素,"形成了一个与恩典和灌输性德性一道的可操作的联合体"。⑤ 因

① See St.Thomas Aquinas,*Summa Theologiae*,I-II,q.65,a.3,ad.2.

② See William C.Mattison III,"Can Christians Possess the Acquired Cardinal Virtues?"585.

③ See James F.Keenan,S.J.,"Distinguishing Charity as Goodness and Prudence as Rightness:A Key to Thomas's Secunda Pars,"425.

④ Rebecca Konyndyk DeYoung,Colleen McCluskey,and Christina Van Dyke,*Aquinas's Ethics:Metaphysical Foundations*,*Moral Theory*,*and Theological Context*(Notre Dame:University of Notre Dame Press,2009),142.

⑤ Renée Mirkes,"Aquinas's Doctrine of Moral Virtue and Its Significance for Theories of Facility,"218.

此,习得性的道德德性成为灌输性德性的适当预备。默克斯总结了习得性的道德德性和灌输性德性在基督徒内里完美联合的愿景:

> 习得性和灌输性的道德德性一起形成了一个统一体,一个单一的、不可分割的德性,它在本质上是超性的。爱德所灌输的道德德性以远超人有限界阈的完善性来褒奖人的行为。……基督徒的位格在存在上具有单一的本性,由属人和属神的原因所构成,这一本性是被神圣化了的。上帝作为完善的统一体和完善的行动,不仅向人的位格展示他们之所是,也以他们所无法成为的或不能凭靠自己来做出的方式联合他们,并让他们行动起来。①

这个我们归为"灌输性枢德"的绝对完善的崭新德性整体,包含异教徒所特有的习得性枢德作为该整体的质料因,以及灌输性德性作为其形式因、动力因和目的因。

第六节 反思异教德性

阿奎那的德性理论,特别是其关于异教德性的理论,不仅揭示了面向人的终极之善和完善化的超性恩福灌输之可行性及必要性,亦展现了异教德性对于其他高级的完善化形式的潜在能力,或者更准确地说,对这些形式的适合性和倾向性。异教德性的开放性确保人的自主性自然能力既可以行使与其本性相称的习得性枢德,同时也能够指向上帝通过它白白给

---

① Renée Mirkes, "Aquinas on the Unity of Perfect Moral Virtue," 605.

予的圣化恩典而赐给我们的灌输性超性枢德。

异教徒可以是真正有德性的，从而"异教罗马的所有德性本身都是德性"。但阿奎那"异教德性是真正的但不完善的德性"这一主张设定了异教徒走向超越自身努力所能及的绝对完善的局限性或可能性，"超越自身努力之所能及"指的便是处于由上帝及其救恩性恩典发端的另一形式因（动力因、目的因）之下。

异教德性在关注共同之善时，于社会及政治性德性中获得其至高形式。它们可以在面向神性的动态完善化当中成为净化性的德性。然而，鉴于异教德性的不完善性既体现为"处于性情的状态当中"不稳定的习性，亦展示为各个智性及道德德性之间的分离，向真正的绝对完善之所在的"朝圣之旅"必须借助于来自人自然能力之外的超性助力方可进行。通过灌输性德性对异教习得性枢德的转化，在双方的完美联合中，灌输性枢德作为诸德性的坚实统一体应运而生，后者以异教德性作为其可观察到的具体质料，以灌输性德性作为其形式。在此意义上，异教德性作为基督徒内里绝对完善德性的真正良好的预备和补足而运作。人凭借己力而追求自我实现的欲爱，与上帝通过恩典而自我牺牲的圣爱，最终联合而成为人德性的完善形式——爱德。

对于阿奎那来说，异教德性不应被视为仅仅是来世救恩的纯然工具。人之善本身也是与人本性相称的真正的善，尘世生命正是以它为面向。在该进路中，对异教德性的合法性论证不应被控以神学上的伯拉纠主义（Pelagianism）。自然层面的德性与救恩无关，它们只不过是对超出人类本性之善以外的下一个阶段的完善做出适当的预备。我们绝非意图主张异教德性可以成为配领受救恩性恩典的判准。因此,宣称异教徒拥有无须超性恩典助力的德性不应被指为伯拉纠主义,后者声称异教徒单凭己力便可通向救恩之途。

在我们以哲学视角处理异教德性这一论题上,应当规避诸如欧迈拉(Thomas F.O' Meara)这样强硬的神学理解,他认为所有被称作"德性"者均为恩典灌输性的,"不单只信、望、爱与恩典是灌输性的,那些被称为'枢德'的习性和它们次一级的德性都是如此"。① 为了继续对阿奎那德性理论进行哲学考察,我们不得不忽略过于概括性的神学意涵,以防止论题及其复杂性一同遭到掩盖。同样地,如"所有异教徒都是潜在的基督徒或匿名的基督徒"这样的神学命题,与它背后潜藏的福传议程一道,都不是我们论证异教德性的初衷所在。正好相反,我们详尽地探讨该主题是为了更为深远的学术构想:在其他的人类精神形态,尤其是在诸如中国儒教和佛教这类东方宗教信仰下对异教德性进行考察。这些信仰形态强调人的完善并非来自于神圣他者自外而内的恩福灌输,而是得益于人本性当中潜在的超性力量之醒觉,甚或是借助于神秘主义道德—灵性实践而从本性之不完善当中的解脱,这些都似乎更接近于习得性德性的主动养成。

为此目的,我们宁肯选择"宗教人"(*homo religiosus*)②的本体论前设来证明异教德性的合法性存在。奥斯本将宗教义

① Thomas F.O' Meara, "Virtues in the Theology of Thomas Aquinas," *Theological Studies* 58, no.2(1997):265.

② 关于伊利亚德等思想家的"宗教人"理论,请参见本书第四章。

务定位于道德德性界阈而非向上帝之德范畴,原因是他指出例如慈悲(以牺牲作为其极端形式)和虔诚这类宗教德性只不过是通向上帝这一目的的手段而已,道德德性也是如此。宗教义务"不是基于某一特殊的神圣命令,而毋宁是建立在所有人的自然倾向基础之上。……跟奥古斯丁一样,阿奎那认为宗教的德性是良好生命的必要条件"。① 这里,人之为宗教人成为奥斯本的本体论基础。宗教性(甚于特定的宗教信仰!)不是灌输性的恩典,而是人本体论结构中与生俱来的本性。如阿奎那所言,"在本性完整状态,人为能自然地爱上帝在万有之上,不需要在自然能力上另加恩典,虽然他需要上帝推动者之帮助"。②

基于该本体论,德性伦理学可以实现突破而步向义务论伦理学,也就是从"善就是正当的(秩序或性情)"向着"善就是(通过履行律令式的义务)成为善本身"飞跃。通过提供义务论得以建立的本体论根基,"宗教人"概念将会证实并推动义务论伦理学。一旦其成功确立,作为道德律令的善将被赋予内在之善的价值。因此,在这一意义上,如果异教徒因性情而起的行为是德行,即便没有"在上帝面前"的"称义"或"成圣",认为他是有德性的和有功劳的,也不会存在问题。

---

① Thomas M. Osborne Jr., "The Augustinianism of Thomas Aquinas's Moral Theory,"288.

② St.Thomas Aquinas, *Summa Theologiae*, I-II, q.109, a.3.

第 四 章

自然本性与超性恩典的相通

—— 自然性向与良知①

　　自然性向(*connaturalitas*/connaturality)是托马斯·阿奎那思想中的一个重要概念。共同的词干,令这个概念与自然本性的(natural)和超性的(supernatural)之间形成了微妙的关联。何为自然性向? 所谓的自然性向与本性,乃至与超性有何内在关系? 自然性向是否引入与一般意义上的理性认知不同的另外一种认知方式? 如果答案是肯定的,那么这种认知能否在理论和实践领域带来切实的成果?

　　在《神学大全》开篇首个问题的探讨当中,阿奎那便提及两种智慧,一种是依靠知识、通过研究而获得的智慧,无需自身具备实践成果,便可对实践行为加以判断,"就像一个对伦理学有造诣的人,即使他没有德性,也可以判断德性的行为";另一种则是凭借倾向(*inclinatio*)来加以判断的

---

　　① 本章节部分内容以《圣多玛斯·亚奎纳论自然性向:兼论良知》为题刊载于《哲学与文化》2017 年第 1 期,第 123—140 页。

智慧,"就像一个有德性之习性的人,对于根据德性应做的事,有正确的判断,这是因为他倾向于这些事",而后者位列为"圣灵之恩赐的智慧"。①"根据德性"便是依照好的习性(*habitus*)而倾向于善,属于实践智慧范畴。对此,阿奎那在《神学大全》第二集当中有着更为具体的表述,他说:

> 智慧含有按照上帝之理的正确判断。……可是,正确的判断可有两种:一种是由于理性完善的运用;一种是由于一个人,对他应该判断的事,具有某种自然性向(*connaturalitas*)。例如,关于贞洁的事,一个曾研究过伦理学的人,是用自己理性的探索,做出正确的判断;而一个已有贞洁之习性的人,是循对贞洁之事的某种自然性向,做出正确的判断。为此,关于上帝之事物,用理性的探索做出正确的判断,这是属于那作为理智德性的智慧;可是,循某种相关的自然性向,对这些事物做出正确的判断,这却是属于作为圣灵之恩赐的智慧。……可是,这种对上帝之事物的同感(*compassio*/sympathy)或自然性向,却是藉由那使我们与上帝结合的爱德所形成的。……为此,那作为恩赐的智慧,其原因——即爱德,是在意志内;可是,其本质却是在理智内,因为正确判断是理智的行动。②

人藉由"完善运用理性"而做出判断,同时也根据"自然性向"

① St.Thomas Aquinas, *Summa Theologiae*, I, q.1, a.6, ad.3.
② St.Thomas Aquinas, *Summa Theologiae*, II-II, q.45, a.2.

131

进行判断,前者发端于人的理性本性,而后者则获之于圣灵恩赐。阿奎那称自然性向为"与上帝的同感",通过人对上帝的爱德而形成。作为一种智慧,自然性向与意志和理智均有关联。在《神学大全》的其他地方,阿奎那又将这种智慧或知识归属于情感领域,"真理的知识可有两种。一种是纯然属于思辨的(*speculativa*)。……至于另一种真理的知识,则是属于情感的(*affectiva*)"。① 可见,在阿奎那的认识论中,自然性向及其所提供的知识,是一种有别于理智知识的、与道德涵养有关的实践性的知识,它来自于圣灵恩赐,体现为面向神圣的倾向性,并与理智、意志,特别是情感性(affectivity)存在密切关联。

第一节　自然性向与自然本性:习性

学者塔伦(Andrew Tallon)总结了 connatural(*connaturalis*)一词在阿奎那著作中所出现的四层含义。首先与"自然(本性所固有)的"(natural)一词同义;其次则呈现了某种本性与该本性相称者的比照;再次指作用力与其作用对象之间的倾向性与相称度,尤指情感中的;最后,指在本性上与某物相一致,如果谈到上帝三位一体的诸位格,与"同质性"(consubstantiality)一词近似。② 塔伦特别指出,前三种含义不仅可以

---

① St.Thomas Aquinas,*Summa Theologiae*,II-II,q.162,a.3,ad.1.
② 光启版的《拉丁汉文辞典》便将 *connaturalis* 一词释义为"同性者,由同性生者"。请参见吴金瑞主编:《拉丁汉文辞典》,(台中)光启出版社1965 年版,第316 页。

用来指称自然（本性）力量本身的运作，亦可运用于经由习性修整的自然力量上，后者形成了所谓的"第二本性"。① 换句话说，"自然性向"也可以指习性。而塔伦所列举的最后一种含义则突出某种本性"调适"（attunement）人的自然本性，使后者与该本性"同质"。

在阿奎那的表述中，贞洁作为一种德性（好的习性）充当例证，一个贞洁的人依循对贞洁之事的自然性向做出正确的判断，从而导向德性的完满。那么这里所说的"自然性向"是不是人的本性或者自然倾向呢？日本学者周藤多纪（Taki Suto）指出，如果将自然性向理解为一般意义上的"自然倾向"（natural inclination）或"适合性"（aptitude），那么"对理性完善的运用"便可因属于理性者的自然性向而亦被归为"自然性向知识"。周藤多纪强调，阿奎那在上面所引用的《神学大全》第二集第二部第四十五题第二节的措辞中特别突出是"某种（*quaedam*）"自然性向，而非"一般意义上的"自然性向。他认为此处所涉及的"（某种）自然性向"并不是"以事物本性为基础的一种内在适合性"，而是"在感官嗜欲和理性嗜欲中形成的习得性适合性"，前一种是自然性向一词的固有含义，而后一种则是该词的派生含义。因此，这里阿奎那所讨论的"自然本性"并非人与生俱来的"第一本性"，而是其后天

133

① See Andrew Tallon, "Connaturality in Aquinas and Rahner: A Contribution to the Heart Tradition," *Philosophy Today* 28 (Summer/1984): 140. "……凡是有习性者，都觉得合于其习性的事物可喜；因为习性和习惯变成了第二本性后，就觉得那事物自然。" St.Thomas Aquinas, *Summa Theologiae*, I-II, q.78, a.2.

养成的"第二本性"。① 所以，即便在表达自然倾向或内在适合性的含义上，connatural 与 natural 可以视为同义，但若要确立自然性向一词的独有所指，则必须更多仰仗其他派生含义。

显然，从阿奎那"贞洁"的例子可以看出，自然性向体现出鲜明的德性特征，即面向善与完善的配备(dispositio)。可以说，自然性向是德性的统称，指明德性之滥觞，即德性之可能性的原因，道德(涵养性)德性的果效本身就是"自然性向的"，它成为人的"第二本性"，以区别于"自然本性所固有的"。学者怀特(Victor White, O.P.)也对"自然性向"做出了类似的定义，他说：

> ……对于阿奎那而言，"配备"或"自然性向"是每个有限存在被其本性和属性所决定的趋势(tendency)——无论这些属性本身直接属于其本性，或是后来习得的，还是从其他地方被赋予的。每种存在都意图或倾向于按照其所是以及其所处的状况，以某种具体特定的方式发生变化。②

在怀特看来，这种"趋势"作为纯粹的灵魂现象(psychological phenomena)，被中世纪经院哲学家们称为由人的灵性机能直

---

① See Taki Suto, "Virtue and Knowledge: Connatural Knowledge According to Thomas Aquinas," *The Review of Metaphysics* 58(Sep/2004): 67-68. 为论述统一性起见，下文将仍采用"自然性向"的译法来指称"派生含义"下的 *connaturalitas*。

② Victor White, O.P., "Thomism and 'Affective Knowledge'(III)," *New Blackfriars* 25, Iss.294(1944): 324.

接产生的"自发行为"(elicited acts),在日常经验中以渴望、嗜欲、情感、爱的形式得以表达。①

布夏(Charles E.Bouchard,O.P.)认为,强调圣灵恩赐的神学传统最为恒久的要素,便是圣灵恩赐与理智知识以外的其他认知形式之间的关联,那便是所谓的自然性向知识或直觉知识,两种知识的区别在于自然性向知识是一种"拥有"(having),而理智知识则仅是一种知悉(knowing about)。② 这种自然性向所引导的知识是一种"心的知识"(visceral knowledge),突出借助圣灵恩赐的力量,以触摸、视听等理性之外的身体—灵魂复合活动之方式把握上帝的实在。这种知识强调认知主体的情感性以及该情感性与认知对象之间的亲密关系,我们将在后文加以集中介绍。布夏接着强调,在此,"自然性向的"一词指的是这种知识不仅仅是理智的,而是成为了我们的"第二本性",成为在我们的存在深处被我们所真正拥有的我们的一部分。③ 于是,透过圣灵,自然性向便成为人的超性灌输性习性(supernatural infused habit)——通过恩典自外而内的灌输而对超性神圣者的接纳和趋向。"圣灵的恩赐是预备我们以一种仅通过自然能力所无法达到的方式认识上帝奥秘的习惯性特性(habitual possessions),但这些特性对作为位格的我们而言

① See Victor White,O.P.,"Thomism and 'Affective Knowledge'(Ⅲ)," *New Blackfriars* 25,Iss.294(1944):325.

② See Charles E.Bouchard,O.P.,"Recovering the Gifts of the Holy Spirit in Moral Theology," *Theological Studies* 63,no.3(2002):549.

③ Charles E.Bouchard,O.P.,"Recovering the Gifts of the Holy Spirit in Moral Theology," *Theological Studies* 63,no.3(2002):549.

是'自然的'。"①阿奎那将习性视为一种"对自身或对别的东西之配备方式",②好的习性即德性,便是向着善与完善的配备,它预备接纳更高层次的状态,并将之整合入人的自然本性当中,成为其"第二本性",而圣灵之恩正是高于人本性的外在的高层次状态。

第二节 自然性向与超性:共同本性

自然性向作为具有德性之习性特征的配备,其来源为何呢?而确定自然性向的来源,或许才能真正切实地确立其独特的本质内涵。从来源看,德性可分为习得性德性(*virtus acquisita*)和灌输性德性(*virtus infusa*)。前者得益于依照特定配备而加以重复性实践,从而获得某种习惯性,靠养成习得,与人的自然本性及能力相称;后者则受之于上帝圣化恩典假借圣灵自外向内的灌输,助人突破并超越自然本性,转化升华至更高层次的善与完善——即上帝的超性当中。③ 习得性德性的养成,由于人本性中具有对于趋向完

---

① Charles E.Bouchard,O.P.,"Recovering the Gifts of the Holy Spirit in Moral Theology,"*Theological Studies* 63,no.3(2002):550.

② St.Thomas Aquinas,*Summa Theologiae*,I–II,q.49,a.1.

③ 关于习得性德性和灌输性德性的深入讨论,请参见王涛:《反思异教德性:圣多玛斯·阿奎那德性理论研究》,《汉语基督教学术论评》2015年第19期。英文版请参见 Anthony Wang Tao, "St.Thomas Aquinas's Theory of Pagan Virtues:A Pilgrimage towards the Infused Cardinal Virtues," *Jaarboek 2014- 2015 Thomas Instituut te Utrecht Jaargang 34*, Tilburg (Netherlands): Thomas Instituut te Utrecht(Universiteit van Tilburg):27–65.详参本书第三章。

善的配备,或曰拥有对完善的接纳性(receptivity),加之后天的德行努力,方可得以满全;而在灌输性德性的获得中,圣灵恩典对人的灌输顺利完成,则取决于人之位格与上帝这两个实体之间的共融,包括本体上的相通和行动上的配备,同样依靠人对完善的接纳性和适应性,只不过这一完善超越人自然本性的界阈,而上升到超性的层面。自然性向,在阿奎那看来,更突出其被灌输的本质特征,因为它具有与神圣实在的本质相通,拥有神圣的根基,"正是自然性向,引入了一种特定的存在模式(参与神圣生命),一种对有上帝施加作用的存在的接纳性,以一种神圣的方式感知、判断、回应和行动"。① 这种参与是以圣灵恩赐为预备,通过对神圣者的参与,继而获得信望爱的向上帝之德。自然性向便是发端于圣灵恩赐并内化于位格当中的对神圣实在的接纳性。

在《神学大全》中,阿奎那对比了圣灵七恩(dona)②与智性德性、道德德性和向上帝之德三种德性。他说,在德性成全人、使人行善的一般意义上,圣灵恩赐被称为德性,但恩赐由于来自上帝的灵感或感召(inspiratio),并成全被上帝所推动的人,故拥有高于智性及道德德性(即自然德性)的方面。③ 向上帝之德"靠分有神性(participation of the Godhead)",在

---

① Thomas Ryan, S.M., "Revisiting Affective Knowledge and Connaturality in Aquinas," *Theological Studies* 66(2005):66.

② 圣灵七恩包括智慧(*sapientia*)、聪敏(悟性,*intellectus*)、明达(知识,*scientia*)、超见(考虑、策谋,*consilium*)、孝爱(忠孝,*pietas*)、刚毅(勇敢,*fortitudo*)、敬畏(*timor Domini*)。

③ See St. Thomas Aquinas, *Summa Theologiae*, I–II, q.68, a.1, ad.1, 4.

上帝的帮助下"指向超出人之本性(*supernaturalis*)的幸福"，以上帝为对象，"使我们正确地走向上帝"，并且由上帝灌输给我们。[1] 阿奎那指出，圣灵的恩赐也符合德性的定义，是使人善于服从圣灵的习性。[2] 在灌输予人、成全人并使人向善上，恩赐和德性并无二致，但二者并不完全相同，并非所有德性都是恩赐，而敬畏作为恩赐之一也并不属于德性范畴。最本质的区别在于恩赐来自于上帝的灵感或感召这一外来的推动，而非内在的理性。同时，恩赐是高于自然理性、以更容易接受上帝灵感的更完美的配备，高于一般的德性。[3] 相比"使人结合于推动者圣灵"从而与上帝合一的向上帝之德，恩赐"成全灵魂之一切能力，使之善随上帝的推动"，它辅助德性弥补其不足，指向与圣灵合一，成为向上帝之德的预备。[4] 这一预备在阿奎那的德性理论中就是对诸德之母——爱德(*caritas*)的接纳。

在斯奈尔(R.J.Snell)看来，自然性向就是与神圣事物的一种本性相通(co-natural)，来自于神圣者外在恩典的馈赠。从而，自然性向呈现为对神圣事物的接纳，它通过上帝无所不包的创造性恩典(creating grace)，以潜能的方式存在于我们当中，再借助救恩性的圣化恩典(saving sanctifying grace)——爱德的灌输，而得以实在化。"于是，自然性向便是一种趋向神圣者的调适，是面向神圣者的一种趋势，是与神圣者的共

---

[1] See St.Thomas Aquinas, *Summa Theologiae*, I–II, q.62, a.1.
[2] See St.Thomas Aquinas, *Summa Theologiae*, I–II, q.68, a.3.
[3] See St.Thomas Aquinas, *Summa Theologiae*, I–II, q.68, a.1.
[4] See St.Thomas Aquinas, *Summa Theologiae*, I–II, q.68, a.8.

鸣,是对神圣者的同感或折服。简言之,自然性向是一种本性相通,即与神圣者的共有本性或通晓。"①可以看出,斯奈尔也从词源上解释自然性向为一种本性上的相通,即我们的本性对上帝神性的分有或参与,如前文提及塔伦所指出的上帝三位一体位格之间的"同质性"。在斯奈尔看来,这种对神性的分有,更是体现为对人有限性的超越,而这一点单凭对理智的完美运用(判断)是达不到的,必须有赖于自然性向所引导的实践智慧及其活动,他说:"即便对神圣事物的判断都只不过是理智的赞同,它对于学说是有效的,对精神也有益处,但对于克服我们紧迫的局限、有限性而言,则是不充分的,它无法把我们的本性与上帝联合起来。"②凭借自然本性,人无法认识上帝的本质,但人的自然本性可以藉由上帝恩典的灌输而上升到新型的存在状态,斯奈尔称之为"神化"(deiformity)。他认为"神化"是人的"第二超性"(second super-nature),如同德性是人的第二本性一样,而自然性向则可类比神化,通过调适将处于新存在状态下的人带入与上帝爱的联合而不是知识的联合。"正如神化以极端的方式从根本上克服了有限性,自然性向则是这样克服有限性的:它调适我们走向无限者,并成全一种爱的上升,从而面向与神圣者在本性上相

① R. J. Snell, "Connaturality in Aquinas: The Ground of Wisdom," *Quodlibet Online Journal of Christian Theology and Philosophy* 5, no. 4 (Oct/ 2003),http://www.quodlibet.net/articles/snell-aquinas.shtml.(2015 年浏览)

② R. J. Snell, "Connaturality in Aquinas: The Ground of Wisdom," *Quodlibet Online Journal of Christian Theology and Philosophy* 5, no. 4 (Oct/ 2003),http://www.quodlibet.net/articles/snell-aquinas.shtml.(2015 年浏览)

通的存在模式。"①

　　借助圣灵的恩赐进入到以爱德为核心的向上帝之德的灌输，灵魂超越理性知识（*scientia*）的水平，而获得更高的智慧（*sapientia*），这一"智慧"具有鲜明的情感性特征，阿奎那这样说：

> 灵魂藉恩典而相似上帝。因此，为使上帝的位格藉恩典而被派遣到某人，这人必须相似那藉恩典的某种恩赐被派遣的上帝位格。由于圣灵是爱，而灵魂藉爱德的恩赐相似圣灵；因此，藉爱德的恩典来观察圣灵的被派遣。可是圣子是圣言，不是任何一种言，而是嘘出或发出爱的言。……所以，圣子之被派遣，不是凭借理智的任何一种完美或成就，而是凭借理智的可激发出爱之热情的教诲。……因此，奥古斯丁刻意地说："当圣子为某人认知和领会时"，它就是被派遣；因为"领会"意指某种经历过的知识（experimental knowledge）或体认、体味。而这种知识原本称为智慧（*sapientia*），如同是"被品尝过的知识"（*sapida Scientia*/sweet knowledge）。②

拉丁文名词"智慧"*sapientia*，来自动词"尝味、品尝"*sapere*，在现代意大利文中，词汇 *sapere* 意为"认识"（动词）、"知识"（名词）、"学问"（名词），保留了拉丁文辞的外观。本体上的相通即以圣灵恩典的恩赐作为条件，实现灵魂与上帝的本性相通，

---

　　①　R. J. Snell, " Connaturality in Aquinas: The Ground of Wisdom," *Quodlibet Online Journal of Christian Theology and Philosophy* 5, no. 4 (Oct/ 2003), http://www.quodlibet.net/articles/snell-aquinas.shtml.（2015 年浏览）

　　②　St. Thomas Aquinas, *Summa Theologiae*, I, q. 43, a. 5, ad. 2.

即拥有共同本性(con-naturality);而行动上的配备则通过爱的方式,即诸德之母——爱德,而令灵魂与上帝实现调适,达到精神上的协同一致。而阿奎那对爱的定位,即爱德作为以善为对象的嗜欲(*appetitus*),①作为在欲情(*appetitus concupiscibilis*)部分的情(*passio*),②令作为接纳上帝爱德灌输的自然性向具有鲜明的情感特征。因此,自然性向的实在化是爱德的成果,它源自同为嗜欲的意志而非理智。斯奈尔强调,阿奎那将自然性向视为与神圣者的同感,更为鲜明地突出主要发生在感官嗜欲层面的情感因素,而并非意志与理智的因素。自然性向虽因意志而发,并总是参照理智,但终属情感范畴。③

莱恩(Thomas Ryan,S.M.)支持类似的观点,他认为,在阿奎那的哲学中,自然性向有几组用法,首先就是客体与主体之间在本性上的相称——在感官官能中对客体的情感依恋,属于欲情范畴,而其次的用法则是在动态的意义上,即在情感性的回应当中,道德行为主体与道德对象之间关系的调适(attunement/*consonans*,*conveniens*)过程,情感引导理性判断行为是否为善而促进幸福,是否恰当合适,是否"听似有理"(ringing true),从而推动意志。④ 莱恩强调,这种调适需要理性在德性的影响力之下对情感进行规导。⑤ 除过感官范畴的

---

① See St.Thomas Aquinas,*Summa Theologiae*,I-II,q.26,a.1.
② See St.Thomas Aquinas,*Summa Theologiae*,I-II,q.26,a.2.
③ See R.J.Snell,"Connaturality in Aquinas:The Ground of Wisdom."
④ See Thomas Ryan,S.M.,"Revisiting Affective Knowledge and Connaturality in Aquinas,"54-55.
⑤ Thomas Ryan,S.M.,"Revisiting Affective Knowledge and Connaturality in Aquinas,"55.

自然性向概念和理智—意志—德性范畴的自然性向概念之外,莱恩接着提出了阿奎那的第三种用法——超性范畴的自然性向概念,其运作借助恩典而超越自然理性,"它被描述为一种本能,一种对上帝诸事的'品尝',引导人以'第二本性'的方式去感知、选择和回应,好似令我们自然而然地如上帝般认知、感受、爱和行动"。① 在四枢德(*virtutes cardinales*)里面,勇德和节德便属于情感德性(affective virtue)。莱恩接着说:"通过伴随德性而来的自然性向,人绕过道德思考的推理方法。在恩典恩赐当中,必要的自然性向令人可以接纳(*patiens*)神圣事物——它们'在本性上彼此相称'。自然性向的这一模式是以向上帝之德——爱德的形式出现的爱的结果。"②

从上面的论述看来,除过形而上的本体相通之外,人与上帝的"本性相通"依靠的是情感上的互动,即行动上的配备,完全在爱德的运作下进行。因此,对自然性向的定位必须向着情感性的角度展开。

第三节　自然性向与情感性

在哲学史上,阿奎那向来被标榜为理智主义传统(intellectualism)的代表人物,与他所尊崇的"哲学家"亚里士多德

----

① Thomas Ryan, S.M., "Revisiting Affective Knowledge and Connaturality in Aquinas," 60.

② Thomas Ryan, S.M., "Revisiting Affective Knowledge and Connaturality in Aquinas," 61.

一道支撑了西方哲学的理智主义轴心。但阿奎那哲学对情感性的强调，也成为全面窥测其思想深度不可或缺的维度。而对自然性向及其所引导的自然性向知识或情感知识的认识，便是把握阿奎那思想情感性指涉的关键切入点之一。

塔伦突出了"自然性向知识"作为与传统的理性推理知识（discursive knowledge）相对的知识模式——非推理性的知识（non-inferential knowledge），后者代表了与"思的传统"（mind tradition）相对的"心的传统"（heart tradition）。他指出，"当人以自然性向来认知时（know connaturally），便有一种直觉的性质，一种非概念化的特征，以及一种自发性。"①

在较早期的《托马斯主义与"情感知识"》一文中，怀特也特别强调了阿奎那所区分的两种基本知识类型，并罗列了除过运用理性所获得的知识之外的另外一种"知识"在阿奎那著作中的多种指称方式，包括情感的（*affectiva*）、自然性向的（*per connaturalitatem*）、倾向的（*per modum inclinationis*）、意志的（*per viam voluntatis*）、具有经验性意识的（*notitia experimentalis*）、自然的（*per modum naturae*）、通过爱的（*per amorem*）、无需推论的（*sine discursu*）、似出于习性的（*quasi ex habitu*）、绝对而纯粹的认知（*cognitio absoluta et simplex*）、（灵魂通过恩典而明觉）神性默观的（*per deiformem contemplationem*）、通过灵魂对神圣者的亲和的（*per affinitatem ad divina*）、通过接触或触摸的（*per contactum*）、经过品尝后的（*sicut gustum*）、通过

---

① Andrew Tallon, "Connaturality in Aquinas and Rahner: A Contribution to the Heart Tradition," 138.

与上帝合一的(*per unionem ad Deum*)、出自神圣本能的(*ex instinctu divino*)、来自于最深层自我的(*ex intimo sui*)、以首要原理的方式的直觉知识(*ad modum primorum principiorum*)、慈悲的(*per compassionem*)等等。① 从怀特扎实全面的整理中，不难看出阿奎那思想中区别于理性推理知识之外的"自然性向知识"的所涉内涵和基本特征。除过前述诸多方面之外，尤为突出情感性特征。

由于爱德的灌输，自然性向往往与爱的行为有着密切关联，又被称为情感的自然性向(affective connaturality)，从而具有强烈的伦理学指向，但同时又与意志有所差异。② 通过情感的自然性向而获得的知识(智慧)从而也被称为"情感知识(智慧)"或实践知识(智慧)(*cognitione practica vel affectiva*)。莱恩强调说："在阿奎那人类学的灵魂观、道德学和灵修学方面，情具有积极的和不可或缺的角色。情感认知能够体现为原初的道德意识。……情是情感认知的一种形式，因为情是对被感知为善或者恶的对象的一种意识和反应。"③从而，情感认知或情感知识成为与理性推理知识相对的殊途。阿奎那尤其突出情感因素在实践活动中的核心地位，例如在《论恶》(*De malo*)中，他便以"实践认知"(*cognitione practica*)与"情

---

① See Victor White, O.P., "Thomism and 'Affective Knowledge'(Ⅰ)," *New Blackfriars* 24, Iss.274(Jan/1943):10−11.

② Andrew Tallon, "Connaturality in Aquinas and Rahner: A Contribution to the Heart Tradition," 138.

③ Thomas Ryan, S.M., "Revisiting Affective Knowledge and Connaturality in Aquinas," 52.

感认知"(*cognitione affectiva*)互通使用。① 这种"情感认知"很明显就是自然性向指引下的认知模式。

阿奎那指出,如同事物自身的重力作为事物位移运动的本原,成为顺乎形体的自然性向(connatural to),从而可以被称为"自然的爱"(*amor naturalis*),"可欲者也是先给嗜欲一种适合性,亦即对可欲者之喜好;由此而产生朝向可欲者之动态"。② 因此同理,爱也是顺乎人嗜欲的自然性向,连带着丰富的情感性。

在嗜欲的动态中,善有吸引力,而恶有排斥力。所以,善先在嗜欲机能上,产生一种向善的倾向、或适合性、或自然性向,这属于爱之情。在恶方面与爱相对的,是恶或憎恶。第二,若善是尚未得到的,便推动嗜欲追求所爱之善,这便是愿望或是欲望。在恶方面与此相对的是厌弃或是逃避。第三,得到了善之后,使嗜欲定止于所得之善,这属于快乐或喜乐。在恶方面与之相对的是伤痛或哀愁。③

所以,自然性向既是自然本性中避恶趋善的内在动力,更是与更高实在本体相通,从而借助其助力走向完善的接纳性,而自然性向归根结底发端于情感性——无论是伦理选择中与嗜欲(感官与意志)和理智相关联的情,还是在灵性向度上与至高

145

---

① See St.Thomas Aquinas, *De malo*, q. 16, a. 6, ad. 8, 13. 在英译本(*On Evil*, translated by Richard Regan, New York/Oxford, Oxford University Press, 2003, 480-481)中,拉丁文术语 *cognitione affectiva* 也被译为"knowledge related to desire"(与欲望有关的知识)。

② St.Thomas Aquinas, *Summa Theologiae*, I-II, q.23, a.4.

③ St.Thomas Aquinas, *Summa Theologiae*, I-II, q.23, a.4.

实在亲和相通的爱德。根据理性的推理知识，阿奎那指出了理智的认知机制："被承纳者（形体物）是以承纳者（理智）之存在方式在承纳者（理智）内"。① 同理，自然性向知识的获得方式则是被爱者以爱者的存在方式在爱者内。"爱含有爱者对被爱者的适合性（connaturalness/*connaturalitas*）或喜好（*complacentia*）；对一个东西相称的及适合的，对这东西便是善。可见善是爱的真正原因。"②在周藤多纪看来，通过爱者内的关于被爱者的相似性（likeness/*similitudo*），爱者便获得了被爱者的自然性向知识，这一相似性便是德性。③ 具体而言，该德性便是向上帝之德之一的爱德。而马奎尔（Daniel C. Maguire）对情感知识的描述则更为具体，他说：

> 情感知识不大像是看视，而更像是"品尝"、"触摸"、"感觉"。被爱者"内心化"（inviscerate）在认知者当中，并被经验为与认知者以一种崭新明确的比例和同质性（congeniality）相联合。这一知识远非任何赤裸裸的理智活动，它是认识善和神圣者的一种知识。通过爱，位格被赋予对神圣事物及被造物的更为精细和开放的知识。神圣真理可以被"经验性地和情感性地"认识，善与神圣者也可以"在情感中"（*in affectu*）被认识。通过该情感经验，我们可以认识这一真理并做出判断。④

---

① St. Thomas Aquinas, *Summa Theologiae*, I, q.84, a.1.

② St. Thomas Aquinas, *Summa Theologiae*, I–II, q.27, a.1.

③ See Taki Suto, "Virtue and Knowledge: Connatural Knowledge According to Thomas Aquinas," 71.

④ Daniel C. Maguire, "*Ratio Practica* and the Intellectualistic Fallacy," *The Journal of Religious Ethics* 10, Iss.1 (Spring/1982): 30.

自然性向的情感意向,无论是伦理学的还是神秘主义的,都正是建立在自然(本性)对(超性)恩典的调适(Gestimmtheit/attunement)与承纳之上,①而这正是爱德作为诸德之母的原因所在,"爱德是诸德之母和根源,因为它是一切德性的形式",爱德"把所有其他一切德性的行为都导向最后目的",并"把形式给予所有其他一切德性的行为",成为"它们的动因"。②正是通过爱德超性形式的灌输,将作为质料的、不尽完善的习得性自然德性提升和转化为完善的"灌输性枢德"(virtutes cardinales infusas/infused cardinal virtues),"我们所称作的作为整体的'基督徒的道德德性'是一种不可分割的合成德性,一个绝对完美的道德德性的单一实体,它在形式上是一种灌输性德性,而在质料上则是一种习得性德性"。③

在阿奎那的伦理学当中,究竟是不是理性和理性"嗜欲"

---

① Boyd Taylor Coolman, "*Gestimmtheit*: Attunement as A Description of the Nature-Grace Relationship in Rahner's Theology," *Theological Studies* 70 (2009):798.而这一点在库尔曼(Boyd Taylor Coolman)看来,与神学家拉纳(Karl Rahner)对海德格尔"现身情态"(*Befindlichkeit*/state-of-mind/disposedness)这一概念的沿用一脉相承。拉纳强调人的自然本性内在地(intrinsically)而非本质地(essentially)向着恩典配备,并被恩典所塑造。"调适"成为自然本性与超性恩典、人与上帝之间关系的一个隐喻,上帝成为人位格的准形式因(quasi-formal cause)。See Boyd Taylor Coolman, "*Gestimmtheit*: Attunement as A Description of the Nature-Grace Relationship in Rahner's Theology," 782–800.

② St.Thomas Aquinas, *Summa Theologiae*, I-II, q.62, a.4; II-II, q.23, a.8, ad.1.

③ 王涛:《反思异教德性:圣多玛斯·阿奎那德性理论研究》,《汉语基督教学术论评》2015 年第 19 期。英文版请参看:Anthony Wang Tao, "St. Thomas Aquinas's Theory of Pagan Virtues:A Pilgrimage towards the Infused Cardinal Virtues," 55.

（即意志）独大而体现出"理智主义"风格呢？情感性因素与理智因素如何实现和平共处呢？阿奎那在探讨没有智性德性能否有道德德性时，对于主张"不经理性判断便可自然倾向于善行"的观点进行了反驳，他指出，行善的自然倾向不过是德性的开端，它并不是完善的德性，如果没有正当理性的辅助，会产生更加危险的错误。所以道德德性既不等同于（*secundum*）正当理性，也不是倾向于（*inclinat*）合乎正当理性，而是随同（*cum*）正当理性。① 莱恩就此强调：

> 德性的鹄的是道德行为（对于情感性德性而言，是其恰当的情），后者并不是依照正当的理性而是"随同"正当理性而获得衡量，道德行为并非在理性的"正当指引"下被如此规范和指向，而是与正当理性"保持协调"（in tune with）。……在此，理智、意志和情之间的关系看上去确实不是操控，而更多是协作胜过指导。②

第四节　自然性向与良知

自然性向以"接纳性"或"适合性"的方式植根于人的自然本性当中，通过朝向更高的善与完善的配备而成为人的"第二本性"，并作为在上帝圣灵的恩赐下面向"向上帝之德"的预备，与上帝在本性上相通，最终在上帝恩典灌输的爱德的浸淫中，在情感性的表达中，完成人完善德性的转

---

① St.Thomas Aquinas, *Summa Theologiae*, I-II, q.58, a.4, ad.3.

② Thomas Ryan, S.M., "Revisiting Affective Knowledge and Connaturality in Aquinas," 58-59.

化提升。

阿奎那的思想中表明了与传统认识论的理性推理知识相对的知识形态——在自然性向引导下具有鲜明情感性特征的情感知识。这一知识不是古希腊哲学里以欲爱为动力、美善本体为指向、揭示灵魂不朽真谛的神秘主义知识，而是在基督信仰的圣灵恩赐灌输之下——以创造性恩典的形式植根于人自然本性当中，并在圣化恩典的爱德转化提升下，引导人与上帝协调为一的自然性向知识，具有强烈的实践性特征。借重诸德之母爱德的桥梁作用——从并无实践必然性而仅有行动倾向性的智性德性，到正确运用行动倾向性的道德德性，情感知识充当了从理论理性到实践理性的中介。

那么，自然性向及其引导的情感知识，在阿奎那的理论体系里，其本体究竟为何呢？阿奎那这样说，"在灵魂当中，有一种自然习性，它是第一行动原则，是自然法的普遍原则，这一习性关乎良知"。① 良知"激人向善，并戒人作恶"，是"我们自然秉有的实践性事物的原理"，我们"靠其第一或基本原理从事寻求，并判断所寻找到的"，与"思辨性事物的原理"——原理之悟性（intellectus principiorum）相对而论。② 作为自然秉有的实践性原理，良知配备人的行为避恶趋善，并保有人自然本性中的善根。阿奎那表达"良知"概念所使用的希腊文词汇 synderesis 字面意思便是"保存"，③ 与惯常指称

---

① St.Thomas Aquinas, *Quaestiones disputatae de veritate*, q.16, a.1.

② See St.Thomas Aquinas, *Summa Theologiae*, I, q.79, a.12.

③ See Joseph De Finance, *An Ethical Inquiry*（Rome: Gregorian & Biblical Press, 2011）, 436.

"良心"概念的拉丁文词汇 *conscientia* 区别开来,后者标明的是将良知的实践知识运用于具体境遇的行动,字面上已呈现出此意:*cum alio scientia*,即"运用于个案的知识"。① 阿奎那也将良知视为"德行的前奏","正如自然禀赋是被自由赋予的德性和习得性德性的前奏一般"。② 哲罗姆(St.Jerome)甚至把良知归为灵魂的四大机能(还包括理性、愤情、欲情等)之主导,它是"即便在被逐出伊甸园的该隐心里也不会熄灭的良心火花。……它与其他三种要素有所不同,当它们犯错时,它会做出纠正"。③ 在多数欧陆语言中,指称"良心"的词汇通常都有双重内涵,例如法文的 *conscience*、意大利文的 *conscienza*,都既表达道德实践领域的"良心",亦表达理智领域的"意识觉悟",从而贯通伦理学与认识论,将理性、情感(作为感官嗜欲或肉情)、意志(作为理性嗜欲)等因素均涵括在内。即便是作为四枢德之首的、关于正确理性的习性——智德,仍"有赖于对首要道德原则即良知的先在醒觉"。④

在塞奎拉(Joshua A.Sequeira)看来,良知是实践理性的一种作用性的(operative,其主体是一种机能或力量,以修正其内在动力而加以配备)而非实体性的(entitative,其主体是实体,以其存在内里的习性而加以配备)习性;同时,良知不是自然习得的,亦不是超性灌输的,而是与生俱来的内在

---

① St.Thomas Aquinas,*Summa Theologiae*,I,q.79,a.13.

② St.Thomas Aquinas,*Quaestiones disputatae de veritate*,q.16,a.2,ad.5.

③ St.Jerome,*Commentarium in Ezechielem*,I-1.

④ Gregory M.Reichberg,"The Intellectual Virtue(Ia Iiae,qq.57-58),"in *The Ethics of Aquinas*,ed. Stephen J. Pope(Washington, D. C.:Georgetown University Press,2002),142.

(innate)习性。① 从这一点看,良知与自然性向应当具有同一所指,自然性向并无具体的实体,而更多呈现为一种运作(operation),它以人的"第二本性"的方式指向实践目标,既非自然本性的固有属性,亦非后天获得,而是通过上帝的创造性恩典"与生俱来",从而与上帝具有"共同的"本性,与上帝"相调适",配备向与上帝的合一。此外,良知提供对第一原则的直觉,而非完整观念,作为人的内在习性,良知需要面对感觉经验方可直觉善恶。② 因此,感觉成为良知运作的必要条件,这也是自然性向情感性因素的体现。

自然性向及其所引导的有别于传统理性推理知识的自然性向知识或智慧,为全面理解阿奎那哲学的形而上学、认识论及伦理学提供了重要的资源。自然性向既展示了人与上帝在本体上的相通性:人与上帝拥有共同本性和同感,并可为更好地实现这一同感而借助德性培育进行调适。同时,自然性向知识拓宽了人类知识的界阈,知识与智慧不仅是理智活动,更是情感、意志与理性一道的合作成果。通过上帝爱德的灌输,这一知识形态得以完善和强化:

> 通过分有神圣的主体间性(intersubjectivity),我们的意向性意识和行动分有上帝的认知、爱和回应也在增强。它指向一种与上帝共同感受的能力,能够如上帝所感和所爱般地被爱。它也是在情感的被动/主动两极的一种

---

① See Joshua Alexander Sequeira, "*Synderesis* and the Magisterium: A Theological Proposal," *Cuestiones Teológica* S40, no.93(2013):58.

② Joshua Alexander Sequeira, "*Synderesis* and the Magisterium: A Theological Proposal," *Cuestiones Teológica* S40, no.93(2013):58.

重要置换:从情感上的回应(情感德性)到情感上的接纳(作为神圣行动的恩赐)。现在大家都关注神圣行动将一个人引入神圣生命当中,以至于此人拥有一种调适,一种朝向如上帝般认知、感受、欣赏、意愿和爱的引力。这便是自然性向的模式,在它当中,位格作为可接纳上帝者(*capax Dei*),对上帝及其神圣活动都是最为悦纳的。①

自然性向经由上帝爱德灌输的这种提升,不仅在富含情感因素的审美活动中——这一点曾得到诸多关注——得到展现,更在伦理道德领域中,通过身体—灵魂复合性的实践活动——自然/感官嗜欲(*appetitus naturalis/sensitivus*)或肉情(*sensualitas*),而对以情感德性为主的枢德(包括勇德和节德在内)加以转化提升,从而形成完善的灌输性枢德。"它们(圣灵的恩典)在情感认知的母体中被接纳,这一母体通过基本的道德意识,随后通过特定的情感德性而形成,情感德性可以被提升、拓展、价值重估,并变得超然于理智慎思之上,更为直观、迅捷、轻松。"②

对于自然性向及其所引导的情感知识的强调,突出了前述与由理性推理知识主导的"思"的传统相对的"心"的传统,点明认知活动中"属心的"(visceral)因素。道成肉身(incarnation)对身体性(corporeity)的强调,作为基督信仰的奥秘所在,在认识论当中以突出身体(或身体—灵魂复合体)因素的

① Thomas Ryan, S.M., "Revisiting Affective Knowledge and Connaturality in Aquinas," 64.

② Thomas Ryan, S.M., "Revisiting Affective Knowledge and Connaturality in Aquinas," 65.

方式得到了淋漓尽致地体现。人神互通共融(communion)正是在人身体—灵魂复合体的情感性与作为灵魂专有活动的理性与意志,对神圣根基的全面参与中实现的。正如马奎尔所说,"道德知识生发于敬畏,生发于情感性当中",①在伦理学当中"狭隘而赤裸裸地运用理性主义的、分析式的和理智主义的方法,而忽略道德认知中富有生命力的情感模式",恰恰落入了所谓的"理智主义的谬误"(intellectualistic fallacy)当中。② 需要指出的是,往往被人们毫不犹豫地归入理智主义传统的阿奎那,恰恰是中世纪哲学当中推重理性推理知识之殊途最有力的代表者。中世纪哲学晚期方济会思想传统中如邓斯·司各脱(Blessed Johannes Duns Scotus)、威廉·奥卡姆(William of Ockham)等神哲学家对超然于心象(*phantasma*)之上的直观(觉)认知(intuitive cognition)的推重,与阿奎那哲学中与"感觉"息息相关的直观知识,即自然性向知识尚有距离。莱恩特别强调当代对于理性分析与科学客观性之外的情感智能(emotional intelligence)角色的理解,也提及了所谓的"参与性认识论"(participative epistemology)。③ 同时,学者如扎格泽伯斯基(Linda Zagzebski)推崇所谓道德认知(virtue epistemology),④强调知识的多层面构成——情感、信念、倾向、德性等对认知的影响,对于在基督信仰支撑下确证新型

① Daniel C.Maguire,"*Ratio Practica* and the Intellectualistic Fallacy,"32.
② Daniel C.Maguire,"*Ratio Practica* and the Intellectualistic Fallacy,"22.
③ Thomas Ryan,S.M.,"Revisiting Affective Knowledge and Connaturality in Aquinas,"68.
④ See Linda Zagzebski,*Virtues of the Mind*(Cambridge:Cambridge University Press,1996).

的、高层次的知识形态也提供了支持，这也重新提请我们关注"良知"概念中原初所包含的双重指涉。

第五节 自然性向对多元宗教对话与人类和平的启示

当今世界格局中以各种形式出现的宗教间的冲突，仍然是人类文明所面临的最严重危机之一。极端排他性的基要主义（fundamentalism）、宗教极端主义（religious extremism）思潮，易于同恐怖主义势力合流，成为威胁公共安全、破坏人类和平的毒瘤沉疴。多年前于中外学术界曾经炽热一时的有关宗教排他论、包容论和多元论的大讨论，如今依然存在进一步深化和拓展的必要性和深远意义。而阿奎那对自然性向的讨论，亦对于当今世界依旧身处的多元宗教愿景，尤其是基督宗教与伊斯兰教之间的持久张力有所启发，有利于为宗教间以对话替代对抗搭建另一平台，从而构建人类和平相处、合作共赢的伦理生态。

阿奎那的自然性向理论与罗马尼亚宗教学家、宗教现象学大师米尔恰·伊利亚德（Mircea Eliade）等思想家著名的"宗教人"（homo religiosus/religious man）概念存在相通性。我们在本书第三章也曾提到这一概念作为确立"异教德性"合法性的本体论前设。"异教德性"承认非基督宗教的信仰者或其他并无明确宗教认信者（如无神论者、怀疑论者、不可知论者等）也拥有真德性；同样地，借助"宗教人"的本体论前提，所有人在"信仰"方面，即便存在重大分歧，却仍可实现伦理上的和平共处以及良好的互动与合作关系。

Homo religiosus 这一概念最早由古罗马哲学家西塞罗（Cicero）提出，他在《致友人书信集》（Epistulae ad familiares）中使用复数形式 homines religiosi 指称一类"富有信仰良知、持守信仰原则、于宗教信仰方面一丝不苟者"（those who are scrupulous about religion）。[①] 这里的"宗教人"尚指称具有明确宗教意识及行为者，尤特指有宗教建制归属者，是一种特殊身份的代称。而到了伊利亚德以及德国神学家鲁道夫·奥托（Rudolf Otto）那里，"宗教人"则被形而上学化，上升为一个本体（存在）论概念，与理性一道成为构成人之存在的内在要素乃至（区别于其他动物的）种差，指明人与神圣（者）之间内在的结构性关联。宗教人的信仰对象"神圣（者）"本身，即是人之存在架构中不可或缺的构成要素，形成人之存在的深度或超性维度，神圣（者）的超性存在与人的本性存在于人深层存在中的这一相遇，形成一种关系性的本体，对人的本性产生提升转化的功效，每个人就其本体而言，天生便具有本性与超性的内在张力，生而为一位"朝圣者"。

伊利亚德这样描述"宗教人"，他说：

> ……宗教人（homo religiosus）采取一种独特的、典型的在世生存模式，尽管有无数的历史—宗教形式，这一典型模式也总是可以辨识得出来。无论被置于任何历史处境当中，宗教人总是相信有一绝对的实在——神圣者，它超越此世，却又在此世当中显示自身，并从而圣化了世

---

① Cicero, Epistulae ad familiars, 1.7.4.

界,令世界成为真实的。宗教人更进一步相信,生命源自神圣,人类的生存实现了与其宗教性相称的所有潜能,即是说,分有了实在。……通过再现圣史、效法神圣行为,(宗教)人令自己保持与诸神的亲近,也就是令自身处于实在与意义当中。①

宗教人独特的存在模式,将自身存在与世界都"经验为神圣的",并视之为在自我呈现当中,本性与超性所实现的张力下的共融。在伊利亚德看来,表面上经历理性祛魅(*Entzauberung/disenchantment*)的"凡俗之士",从本体论意义上来讲,依然是以"宗教人"的存在方式生存的。

> ……凡俗之士是宗教人的后裔,他不能彻底消弭自己的历史,也就是说,他那些虔信的祖先们的行为,已造就了他如今之所是。这一点格外真实,因为凡俗之士的大部分生存方式,都是由来自于他的存在深处、所谓"潜意识"(unconscious)领域的冲动所滋养。纯粹理性的人是一个抽象的概念,未见于真实的生活当中。每个人都是由有意识的活动和非理性的经验所同时建构。②

在伊利亚德看来,宗教本身便是人对自身存在危机的追问,故而宗教就是一种本体论,在存在层面上,宗教与其所宣称的"神圣(者)"本身就是人的存在方式,人通过步向神圣而存在,"我信故我在"(*Credo ergo sum*),所有人都是宗教人。伊

---

① Mircea Eliade, *The Sacred and the Profane : The Nature of Religion* (New York/London : Harcourt, 1987) , 202.

② Mircea Eliade, *The Sacred and the Profane : The Nature of Religion* (New York/London : Harcourt, 1987) , 209.

利亚德写道：

> 然而，潜意识的内容和结构是远古生存处境、特别是危机处境的成果，而这也就是为什么潜意识拥有宗教氛围的原因。因为每一次生存危机，都迫使人再度追问"世界的实在"和"人在世的临现"这两个问题。这意味着生存危机最终是宗教性的，因为从古代的文化水平来看，"存在"（being）与"神圣（者）"（the sacred）是一体的。如我们所见，正是这种对神圣（者）的经验，建构了这个世界，而且即使是最初等的宗教也首先是一种本体论（ontology）。换言之，就潜意识作为无数生存经验之成果而言，它不得不与各种不同的宗教世界保持相仿，因为宗教是一切生存危机的典型解答。之所以如此，不仅因为宗教可以无限期地重复，而且因为我们相信它有一个先验的起源，并因而被视为拥有从一位他者、从一个超然于人的世界所接受的启示之价值。这个宗教的解答，不仅解决了危机，而且同时令生存向不再偶然的或单一的价值"开放"，从而使人能够超越自身的处境，并最终通往灵性（精神）的世界。①

157

总结伊利亚德的"宗教人"理论，我们认为：

> 在伊利亚德那里，"宗教人"成为宗教信仰者的一个共有名称，它不再是从属某个体制化宗教的信徒，而是与神圣发生关系的、以神圣的方式体验存在的人的总称，它

① Mircea Eliade, *The Sacred and the Profane: The Nature of Religion* (New York/London: Harcourt, 1987), 210.

更是一个反映人类宗教性存在特征的主体性概念，"宗教人并非被赋予的，而是经由各种神圣模式的路径，成为他自己"。宗教人无论怎样去宣称自己的宗教真理理解和经验世界方式的真理性及独一性，都无法否定自己与神圣之间牢不可破的关系，宗教人将宗教理解为自成一格的（*sui generis*），他们是不可化约的神圣之宗教经验的主体。①

奥托则强调"神圣"（*Das Heilige*/the holy）是精神的一个纯粹先验范畴（a purely *a priori* category），是人人具有的先天倾向（predisposition），即"对宗教的感受性（receptiveness）和敏感性（susceptibility），以及一种自由地直接识别和判断宗教真理的能力"。② "神圣"这个先验范畴既包含理性因素，也包含非理性因素，同时也包含二者之间的内在关联，扎根于人的深层精神存在当中。奥托说：

> ……不仅是"神圣"这个复杂范畴的理性因素是先验的，它的非理性因素也是先验的，而且彼此处于同一程度。宗教既不隶属于道德，也不隶属于目的论，它既不是"伦理"（*ethos*），也不是"目的"（*telos*），它从来不从各种前设（postulates）中吸取生命；它的非理性内容，如同它的理性内容一样，在灵性（精神）的隐秘深处有着自己独

---

① 王涛：《缪勒比较宗教学与伊利亚德宗教现象学方法之比较研究：宗教研究的方法论及学科旨归》，《世界宗教研究》2009 年第 117 期。

② Rudolf Otto, *The Idea of the Holy: An Inquiry into the Non-Rational Factor in the Idea of the Divine and Its Relation to the Rational*, trans. John W. Harvey (New York: Oxford University Press, 1958), 177.

立的根基。①

这种内在于人本性存在深层的先验范畴,通过宗教冲动、表象、观念,而最终呈现为具体的宗教信仰形态。正如奥托所言:

> 这种在人类进入历史后同人的理性一道产生出来的倾向(predisposition),不仅就个人,而且也就整个类而言,很早以前就形成了一种宗教冲动(religious impulsion)。来自外界的刺激和来自心灵的驱迫,都对这种宗教冲动的形成有所贡献。这种冲动始于没有方向的、摸索性的情绪,逐步探索并塑造表象,然后通过一种不断向前的努力而形成观念,直到最后借助于对这一冲动源起的思想晦暗隐蔽的先验根基所做出的说明,这种冲动的本质才被自我照亮,而变得清晰起来。②

拥有"神圣"这一普遍先验范畴的人,在奥托看来,便是所谓的"宗教人",也就是人之全体。奥托将"神圣"视为先验范畴的进路,与伊利亚德将神圣定位于存在之深度,实为殊途同归。他们与提出人类学关系本体"我—你"(I-*Thou*/*Ich*-*Du*)的当代犹太存在主义哲学家马丁·布伯(Martin Buber)也具有相通之处,后者亦突出人与神圣(者)在人本性当中的本体

159

---

① Rudolf Otto, *The Idea of the Holy: An Inquiry into the Non-Rational Factor in the Idea of the Divine and Its Relation to the Rational*, trans. John W. Harvey (New York: Oxford University Press, 1958), 136.

② Rudolf Otto, *The Idea of the Holy: An Inquiry into the Non-Rational Factor in the Idea of the Divine and Its Relation to the Rational*, trans. John W. Harvey (New York: Oxford University Press, 1958), 116.

论关联。① 阿奎那也提出了自己的"宗教人"本体论,它体现为"顺服之潜能"(*potentia oboedientialis*),即人本然拥有的、以"顺服"的姿态"接纳"神圣(者)的"潜能"。在《论真理》(*Quaestiones Disputatae de Veritate*)中,阿奎那这样说:

> 受造物的能力以它所具有的接纳潜能为前提。一个受造物现有的接受潜能有两种:一种是属于本性的,这种潜能可以彻底实现,因为它只延伸至本性的完善。另一种是顺服之潜能,它能够接受上帝的馈赠,这一能力无法穷尽,因为无论上帝怎样对待受造物,该能力都依然保持为从上帝处接受的潜能。现在,当善增加时,其增加的幅度取决于被接受者完善的程度,而非接受者接受能力的程度。②

显然,"属于本性的潜能"即人的自然(本性)德性能力,它的实现受制于人之本性有限的完善程度;而后一种"接受上帝神圣馈赠的潜能"则引导人面向享有超性(恩典)德性及其所应许的善与完善,其实现的层级则取决于上帝的完善程度——无限,相对人的有限性而言,这一实现是一种针对自然本性的拯救(治愈)式的圆满,一种"神化"。在另一部"辩题"(*Quaestiones disputatae*)《论德性》(*Quaestiones Disputatae de Virtutibus*)中,阿奎那明确地将两种"接受潜能"与(依德性起因而分的)两个层级的德性分别对应,他写道:

---

① See Martin Buber, *I and Thou*, trans. Walter Kaufmann (New York: Scribner, 1970).

② St. Thomas Aquinas, *Quaestiones Disputatae de Veritate*, q.29, a.3, ad.3.

……每种受造物当中都有"顺服之潜能",因为每种受造物都顺服于上帝,而接受上帝所要求的一切。从而,我们的灵魂包含着某些潜在的东西,它们本性倾向于被同样属于本性的中介力量所实在化。习得性德性便是以这一方式潜在于灵魂当中。但我们的灵魂却是以不同的方式包含了某些潜在的东西,这些东西在本性上只是倾向于是被神圣力量所实在化,灌输性德性则是以这种方式潜在于灵魂当中。①

按照阿奎那的观点,所谓的"顺服之潜能",便是人接纳上帝超性恩典之"灌输性德性"的潜能,②它与生俱来,深深植根于人的存在结构当中有待实现——令人成为"宗教人",进而步向神圣。自然性向,恰恰体现为这一"顺服之潜能"。

　　阿奎那的自然性向理论,指明了人固有的自然性向与自身的自然本性、与他者的共同本性、与神圣者的共通之处(通过良知等),更是点出其与情感知识之间的亲和关系,不但佐证并巩固了人作为"宗教人"的本体论思想,而且暗示了人与超越性实在之间超越理性认知的情感性关系。早些年曾在学术界红极一时的宗教多元论倡导者约翰·希克(John Hick)借助康德哲学的物自身(*Ding an sich*/thing-in-itself)理论,搭建了"轴心时代后的各大宗教都是人类对同一终极实在(the Real)的不同回应"的多元宗教

---

① St.Thomas Aquinas, "De Virtutibus in Communi," in *Quaestiones Disputatae de Virtutibus*, a.10, ad.13.

② 正是在"潜能"的意义上,"德性"也往往以"德能"的译法出现。

对话起点与平台。① 但希克也因其对于特定宗教之宗教情感等核心要素的化约,而遭到来自于各大宗教信仰的学者、信仰者们的普遍诟病。探寻信仰对象的统一性,不及考察信仰者与信仰对象以及信仰者之间的相通性。宗教不仅是真理宣称(truth-claim),更是情感委身,需要理性认知之外的交互与联合方式,以实现拯救与解脱的终极目标——后者往往不是知识的明了,而是存在之全方位的转变,涉及知、情、意等人的全部灵魂机能。

自然性向——即良知——的理论,提请我们再次留意到多元宗教对话实践当中的重要切入点,也就是宗教伦理学的共同出发点。与同样寻觅各大宗教传统共有的伦理底线“金律”(Golden Rule)的《走向全球伦理宣言》(*Declaration Toward a Global Ethic*)②回归伦理学进路一样,该出发点更源自于本体论的前设——人作为与神圣者具有同族同源本性的“宗教人”,确证了人无论所信为何,均在其本体上拥有与超

---

① See John Hick, *An Interpretation of Religion*: *Human Responses to the Transcendent*(New Haven: Yale University Press, 1989).

② 全球伦理(Global Ethic)由天主教神学家孔汉思(Hans Küng)所倡导,1993 年于美国芝加哥召开的世界宗教议会(Parliament of the World's Religions)草签《走向全球伦理宣言》,提出著名的各大信仰传统所遵守的共同伦理底线或“一切生活领域适用的无条件准则”、“金律”——“己所不欲,勿施于人”或“你们愿意人怎样待你们,你们也要怎样待人”。全球伦理包括四个基本原则:坚持一种非暴力与尊重一切生命的文化、坚持一种致力于团结的文化和公正的经济秩序、坚持一种宽容的文化和一种诚信的生活、坚持一种两性平等的文化与男女两性间的伙伴关系。See *A Global Ethic*: *The Declaration of the Parliament of the World's Religions*, ed. Hans Küng & Karl-Josef Kuschel(London/New York: Continuum, 1993).

性实在的密切关联,该关联建立在情感意志而非理性认知关系之上,在伦理行为的基础上存在原初的相通。如果说各大宗教在各自教理的真理宣称(形而上学知识)上各执一词、相互抵触,那么在伦理方面则存在更为深层坚实的会通基础,多年以来,宗教多元对话的实践所取得的经验也证明了这一点。

对于人类的和平共存关系,阿奎那的平安/和平(pax/peace)概念同样可以发挥其意义。在基督信仰中,平安位列耶稣基督登山宝训天国八福之第七,"使人和睦(平安)的人有福了!因为他们必称为上帝的儿子"(太5:9)。① 同时,平安也是使徒保罗所列举的圣灵所结的九种果子之三(加5:22-23)。②

自以柏拉图、亚里士多德为代表的希腊哲学传统以来,平安既是人内在心性——灵魂诸机能之间的平衡和谐关系,更是个体间的友爱关系。从个体自身来讲,阿奎那指出:

> 完美的喜乐,就是平安或"和平"。和平有两层:第一层是不受外来之惊扰。人在享受其所爱之善时,若受到扰乱,便不能尽情享受;再者,一人对某物感到绝对满足时,便无心他顾,不把别的东西放在眼里。……第二层是浮动愿望之满足。一人所以为乐者若不足实,快乐就不圆满。所以和平包括两点:即不受外物烦扰,并且一个

---

① 天主教思高圣经《玛窦福音》5:9为"缔造和平的人是有福的,因为他们要称为天主的子女",将 peace 直接译为"和平(平安)"。

② 和合本圣经所列出的"圣灵所结的果子"包括"仁爱,喜乐,和平(平安)、忍耐、恩慈、良善、信实、温柔、节制",共计九种;而天主教会则根据拉丁通行本圣经的《迦拉达书》5:22-23,列出"圣灵的效果"共计十二种:仁爱、喜乐、平安、忍耐、容忍、良善、厚道、温和、忠信、端庄、节制、贞洁。

东西能使我们的愿望得到满足。故此,在仁爱与喜乐之后,和平列为第三。①

在阿奎那看来,平安并不能简单等同于意见一致或同心合意(concordia),意见一致未必有平安,而平安的本意包括意见一致,也还有其他含义。② 平安首先专指的是一个位格心灵内部的情形,而不一定如意见一致或同心合意那样关涉位格间的事务。他指出,在内心中,存在两种牴牾的情况,一种是感官嗜欲与理性嗜欲——意志之间的冲突,另一种是同一嗜欲力因趋向不同的欲求对象而彼此间产生的抵触。而对上述两种牴牾的合一或整合(unio)便可获得内心的平安。③ 所以,阿奎那说,"意见一致,表示在不同的嗜欲或欲求之人之间,嗜欲或欲求彼此相同或合一;而平安则除了这种合一之外,还含有在同一个嗜欲或欲求之人身上,各种嗜欲的合一"。④ 平安等同于"有秩序的安宁(tranquillitas)"。⑤

阿奎那给予平安本体论的地位,他强调,"所有欲求者,都欲求能够安然无阻地得到自己所欲求的东西",而平安恰恰可以去除人获取善的阻碍——无论是来自于自身或他人的。⑥ 因而,平安所追求的善,便成为了衡量平安之程度的标准,如果嗜欲趋向绝对的或真正的善——即上帝,那么将获得真正的平安,整合人所有的嗜欲,定止于一,若趋向此世的善,

① St.Thomas Aquinas, *Summa Theologiae*, I–II, q.70, a.3.
② See St.Thomas Aquinas, *Summa Theologiae*, II–II, q.29, a.1.
③ See St.Thomas Aquinas, *Summa Theologiae*, II–II, q.29, a.1.
④ St.Thomas Aquinas, *Summa Theologiae*, II–II, q.29, a.1.
⑤ St.Thomas Aquinas, *Summa Theologiae*, II–II, q.29, a.1, ad.1.
⑥ See St.Thomas Aquinas, *Summa Theologiae*, II–II, q.29, a.2.

则可获得不完全的平安;反之,趋向外表为善的恶,则走向平安的反面。① 所以,平安或和平也"是一种最后之善,含有神性的甘饴"。②

就个体之间的关系而论,阿奎那则将对平安的讨论置于对"爱德"的探讨范畴之下。"向上帝之德"爱德作为一种"配备",是通往善与完善的途径;与爱德有所不同,平安不是德性,而是目的,"爱德根据它爱上帝和爱人的性质产生平安"。③ 阿奎那强调:"平安是正义间接的功效;这是因为正义清除一切获得平安的阻碍。可是,平安却是爱德直接的功效,因为爱德就以它的本性来说,是产生平安的缘由。爱是'合一的力量',……而平安则是各种嗜欲倾向的合一。"④平安带来两种合一:人自身不同嗜欲的合一,以及人与他人嗜欲的合一,这两种合一都是爱德的固有效果。阿奎那说:"关于第一种,这是因为全心爱上帝,把一切的事物都归于它,因而我们所有的一切嗜欲,都趋向同一个对象。关于第二种,这是因为我们爱人如己,因此人愿意满足邻舍的愿望,好像那是他自己的愿望一样。为此,如果选拣相同就被人视作朋友交结的征象。"⑤"爱人如己",相对"己所不欲,勿施于人"或"你们愿意人怎样待你们,你们也要怎样待人"的金律,展现出更为积极主动、更高层次的获得平安/和平的途径。

---

① See St.Thomas Aquinas,*Summa Theologiae*,II-II,q.29,a.2,ad.3-4.
② St.Thomas Aquinas,*Summa Theologiae*,II-II,q.29,a.4,ad.1.
③ St.Thomas Aquinas,*Summa Theologiae*,II-II,q.29,a.4.
④ St.Thomas Aquinas,*Summa Theologiae*,II-II,q.29,a.3,ad.3.
⑤ St.Thomas Aquinas,*Summa Theologiae*,II-II,q.29,a.3.

第 五 章

自然本性与超性恩典的联合

——爱的哲学:欲爱、友爱与圣爱①

当代对基督信仰语境下的爱观念的研究,大多沿着圣爱(agape)—欲爱(eros)的张力模式展开,该模式主要得之于当代瑞典新教神学家虞格仁(Anders Nygren)在其代表作《圣爱与欲爱:历代基督教爱观研究》(*Den kristna Kärlekstanken genom tiderna:Eros och Agape*,1930)中所提供的古希腊柏拉图哲学中的欲爱主题(eros motif)与基督宗教保罗神学所确立的、路德神学所回归的圣爱主题(agape motif)。而二者之间的区分及统合关系在天主教荣休教宗本笃十六世(Pope Emeritus Benedict XVI)的首道宗座通谕《上帝是爱》(*Deus Caritas est*)中也得到了重申。根据虞格仁的观点,从人神关系上来看,欲爱是人因渴慕上升而欲求获取的爱,圣爱是上帝因慈

---

① 本章节部分内容以《圣托马斯与蒂利希爱观之比较研究:圣爱—欲爱和友爱的视角》为题刊载于《道风基督教文化评论》2015 年第 43 期,第 117—150 页。英文扩充版:Anthony Wang Tao,"A Comparative Study of St. Thomas's and Tillich's Ideas of Love:Integration with the Chinese Confucian Idea of Love,"in *Paul Tillich and Asian Religions*,ed.Ka-fu Keith Chan and Yau-nang William Ng(Berlin:de Gruyter,2017),137—174.

爱俯就而牺牲成全的爱；而落实在人间，欲爱主要体现为人在自然本性层面上自我实现或自我中心的爱（self-fulfilled or self-centered love），而圣爱则更多表征为于神性超性层次下自我奉献或指向他者的爱（self-giving or other-directed love）。①

采用圣爱—欲爱模式来理解人假自力追求美善本体以满全欲望、实现自我，与藉上帝恩典之他力来奉献自我、成全他者之间的关系，是解开人类爱活动深层奥秘的钥匙。在曾为天主教会官方"永恒哲学"的托马斯·阿奎那神哲学体系中，如何套用上述模式来深入理解希腊人文主义哲学遗产与基督167信仰整合下的爱观念，是探讨天主教传统爱观念的一个重要进路。在阿奎那的爱观中，呈现出友爱之爱与欲望之爱的区分，以及圣爱作为"向上帝之德"的爱德对二者的统摄。二者之间的张力能否以及在何种程度上展示出圣爱—欲爱模式的运作，将是本章节论述的重点。阿奎那的上述爱观，虽在表面上呈现出不同的结构模式，却与被公认为与天主教立场最为亲和的基督新教神学家保罗·蒂利希（Paul Tillich）统合圣爱与欲爱的爱观念存在多方面的呼应。

第一节　圣爱—欲爱与友爱之爱—欲望之爱

由于语言学的关系，阿奎那的体系并没有直接发轫于希

---

① See Anders Nygren, *Agape and Eros*, trans. Philip S. Watson (Chicago: University of Chicago Press, 1982), 210.

腊词汇"爱"的讨论,针对这一情况,虞格仁举出了典型例证,即阿奎那对托名亚略巴古的狄奥尼修斯(Pseudo-Dionysius the Areopagite)《论圣名》(*De divinis nominibus*)一书的注释。虞格仁说:

> 在该文本当中,阿奎那颇为天真地(innocently)讨论了这一问题:我们在何种程度上可以在同样的含义和同等的地位上使用 *dilectio* 和 *amor* 两个词来描述上帝的本性,他并未怀疑在 *dilectio* 和 *amor* 的翻译背后隐藏着圣爱 agape 和欲爱 eros 的原初观念。因而他对托名亚略巴古的狄奥尼修斯的成果做出评价,把两个爱的主题表达出来,却对其著者尝试克服的困难不甚了了。阿奎那从未看到,这个问题不仅是我们在什么程度上能够按新约的说法承认"上帝是圣爱",而且也是我们在何种意义上有理由像新柏拉图主义那样认为"上帝是欲爱",这些都是该问题所暗示的内容。①

也正是因为这一点,虞格仁在《圣爱与欲爱》中对阿奎那的爱观着墨甚少,他强调后者并没有真正辨识出圣爱 agape 与欲爱 eros 之间张力所引发的问题意识,原因主要归结为"天使博士"并没有在本质上摆脱奥古斯丁"一切爱都是索取的

---

① Anders Nygren, *Agape and Eros*, 667. 关于阿奎那对托名亚略巴古的狄奥尼修斯的注释,请参看 Anders Nygren, *Agape and Eros*, 652-653. 阿奎那指出,有四个名词指称"爱":泛称并"偏重(个别)行动或感受方面"的爱(*amor*)与钟爱(*dilectio*)——其中钟爱是经由理性选择的爱,偏重习性方面的友爱(*amicitia*)和完美的爱——爱德或仁爱(*caritas*)。See St. Thomas Aquinas, *Summa Theologiae*, I-II, q.26, a.3.

（acquisitive）"这一基本立场,二者都以单一拉丁词汇 *caritas*①遮蔽了圣爱和欲爱之间的张力及其丰富内涵,从而将所有形式的爱都归为源于以自我为中心的自爱（*amor sui*）,即幸福主义伦理学指导下对一己之"善"（*bonum*）的追求,无论是为希腊人文传统的善福（*eudemonia/felicitas*）,还是为了基督信仰所应许的恩福（*beatitudo*）,均是最终服务于自我的实现。②根据自奥古斯丁以来的教会传统,无论是将上帝或邻舍③作为获得其他目的的手段来"用"（*uti*）,还是把它或他作为目的本身来"享"（*frui*）,归根究底都无非是"为了我们自身的缘故"。④

虞格仁将中世纪神哲学通行的爱观念称为"爱德之综

---

① 在台版《神学大全》中,*caritas* 被译为"爱德"或"仁爱",前者是根据阿奎那的观点,将基督信仰的核心——爱视为来自上帝圣化恩典的灌输性德性（*virtutes infusas*）的"向上帝之德"（*virtutes theologicae*）之一;而后者则是用儒家的"仁"来译表上帝圣爱在邻舍关系中的落实。本章节选用"爱德"的译法,它作为圣灵恩典的临现,与圣爱 agape 所指同一。

② See Anders Nygren, *Agape and Eros*, 642-645.

③ 阿奎那指出,邻舍"与我们相近,无论是在上帝自然的形象方面,或者是在能够享受恩福方面",在圣经中用类似"邻舍"、"兄弟"、"朋友"来"表示同样的亲近关系"。请参看:St. Thomas Aquinas, *Summa Theologiae*, II-II, q. 44, a. 7.

④ 但奥古斯丁的"用"并非我们所理解的纯功利主义意义上的"利用",拉丁文 *uti* 有着更为丰富的内涵,包括"享受友爱,与人亲密交往"等含义, See Michael S. Sherwin, "Aquinas, Augustine, and the Medieval Scholastic Crisis Concerning Charity," in *Aquinas the Augustinian*, ed. Michael Dauphinais, Barry David and Matthew Levering（Washington, D.C.: The Catholic University of America Press, 2007）, 182. 可以说,*uti* 是包含友爱在内的。由此"享"*frui* 则明显拥有神学指涉,奥古斯丁对圣爱 *caritas* 的定义是"灵魂面向为着上帝的缘故而享有上帝,以及为着上帝的缘故而享有人自身及其邻舍"。See St. Augustine, *De doctrina christiana*, III-10, 16.

合"（*caritas-synthesis*），认为后者试图将作为基督信仰核心的圣爱主题整合入代表希腊人文传统的欲爱主题当中，虽有上帝圣爱恩典及恩福的指向，但整体仍呈现为欲爱的特征，从而削弱甚至抹杀了基督信仰所塑造的以神为中心的圣爱对体现在欲爱中的人类中心倾向的"哥白尼式的"颠覆性变革，因此，基督圣爱的深度和纯正性遭到消解。而阿奎那"在同样的含义和同等的地位上使用 *dilectio* 和 *amor* 两个词来描述上帝的本性"，从语言学意义上与希腊语境中 agape/eros 的区分保持了天然距离，似乎令其思想的敏锐性和深度大打折扣，因为"在圣爱或欲爱的愿景缺乏与希腊资源直接接触的情况之下，这两个主题施加于彼此之上的改变通常是无法察觉的"。[①] 那么，如何在虞格仁所称为的中世纪"爱德之综合"当中离析出类似于圣爱—欲爱的内在张力，便成了一个问题。

阿奎那并没有采用圣爱—欲爱的模式来探讨爱观念，他却直接承继了恩师亚里士多德的伦理学遗产，在爱的统称 *amor* 之下区分出了欲望之爱（*amor concupiscentiae*）与友爱之爱（*amor amicitiae*），前者是为了"善"而爱，后者则是为了"人本身"而爱，又被称为仁惠之爱（*amor benevolentiae*）。"爱的动向有二，即：动向为某人、自己或其他人所愿的'善'；并动向其为了'谁'而愿善。对其所愿别人之善，是欲望之爱；对为了谁而愿善，是友爱之爱。"[②]这两种爱之间存在高下之分，其中，欲望之爱因其对象是被爱者自身之外的东西——善，而

---

① Anders Nygren, *Agape and Eros*, 667.

② St.Thomas Aquinas, *Summa Theologiae*, I–II, q.26, a.4.

较为次一级,阿奎那这样说:

> 这区分是按先与后而来的,因为那以友爱之爱而被爱的东西,是单纯和本然地(*simpliciter*)被爱;那以欲望之爱所爱的东西,不是单纯和本然地(*secundum quid*)被爱,而是为另一东西而被爱。就如单纯的物是那具有实在者,相对的物是在他物里者。善也是一样,因为与物可相替换。自身具有善者,是单纯的善;属于他物之善是相对的善。故此一东西被爱是为了这东西具有善,这是单纯的爱;一东西被爱是为了使另一东西具有善,是相对的爱。①

从阿奎那对爱的这一区分中,我们尚不能直接窥见虞格仁 171基于基督信仰独特性和希腊人文遗产所揭示的圣爱与欲爱主题之间的张力。爱者自发地、纯然地"为他者"的神性行为需要来自于自然本性之上的超性维度的滋养,阿奎那在欲望之爱和友爱之爱这两种一般意义的爱之外,特别突出了自外(上帝超性的圣化恩典)向内(领受恩典的人)灌输的"向上帝之德"之一的爱德,即圣爱。爱德体现基督信仰的特质,转化和提升了人的自然本性以及体现这一本性的爱,面向更高层次的完善与卓越(virtue/excellence),它充当了自然德性的全新形式,令基督信仰的力量进入到自然生命当中,从而通过神人互通而实现人/位格间更高层次的爱的联合。这种超性的灌输性德性,首先在人神关系上以友爱之爱的形式体现出来,它富有善愿(*cum benevolentia*)且强调交互性(mutuality),爱德便是"与上帝为

---

① St.Thomas Aquinas, *Summa Theologiae*, I–II, q.26, a.4.

友"（*amicitia hominis ad Deum*）。① "既然在人与上帝之间有交往,因为它使我们分享它的福乐,在这交往的基础之上,必然建有某种友谊。……以这种交往为基础的爱,就是爱德。由此可见,爱德是人对上帝的一种友谊。"② 这种"以同享恩福的共同关系为基础"的德性"与人自然的天赋无关",完全"靠圣灵的赐予或灌输"。③ 在阿奎那的爱观中,友爱之爱具有枢纽性作用,它不仅表征了人神之间爱的关系,也同样成为爱德在邻舍之间的落实,体现为一种鲜明的位格间的爱,我们将在后文加以论述。

当然,作为人类精神的基本存在情态,爱当中为己的自我实现与为他的自我奉献及其间的张力,属于人的本体性特征,是爱活动最为根本的深度,无论是否加以任何方式的综合。那么,阿奎那的欲望之爱与希腊传统意义上的欲爱是否等同,而其作为爱德之彰显的友爱之爱,与虞格仁所归纳的保罗—

---

① St.Thomas Aquinas,*Summa Theologiae*,Ⅱ-Ⅱ,q.23,a.1.同时,基督信仰下的爱德最具颠覆性价值的"爱仇敌",也正是基于友爱。阿奎那说:"与人结交的友谊有两种方式。第一种方法是对他本人;这样的友谊,只以朋友为对象;第二种方法是为了另一个人,而对某一个人的;例如,一个人与某人为友,为了这个朋友,凡是属于这个朋友的,他一概都爱,不管是朋友的孩子也好,仆人也好,或是与这朋友有着任何关系的也好。我们对朋友的爱确实能大到这种地步,致使我们为了朋友,而爱那些属于他的人,即使他们伤害我们,或憎恶我们。爱德的友谊即是以这种方式延伸至仇人。我们是针对与上帝的关系,而以爱德爱这些仇人;因为爱德的友谊,主要是以上帝为对象。……与正直之人的友谊,只以有德性的人为对象,是说只以他为主要的对象;不过,为了他,爱也扩及与他有关系的人,即使他们不是有德性的人。这样,爱德虽然主要是与正直之人的友谊,但也以这种方式延伸至罪人;我们是为了上帝,才以爱德而爱他们。"St.Thomas Aquinas,*Summa Theologiae*,Ⅱ-Ⅱ,q.23,a.1,ad.2-3.

② St.Thomas Aquinas,*Summa Theologiae*,Ⅱ-Ⅱ,q.23,a.1.

③ St.Thomas Aquinas,*Summa Theologiae*,Ⅱ-Ⅱ,q.24,a.2.

托马斯·阿奎那 伦理学研究 From Nature to Grace: An Ethical Study of St. Thomas Aquinas

路德神学中的典范圣爱又是否一致呢？或者从整体上讲，阿奎那的"欲望之爱—友爱之爱"模式与虞格仁所引入的"欲爱—圣爱"模式在对爱的理解上是否具有同等的果效呢？马蒂森(William C.Mattison III)指出，阿奎那和虞格仁虽然采用了不同的术语，并做出了不同的解答，但他们在某种意义上都提出了同一个问题，即"如何恰当地将自我之爱和为他之爱关联起来"。① 换句话说，就是如何处理实现自我和奉献他者之间的关系，它们是相互矛盾还是存在一致性？一言以蔽之，问题仍保持为希腊人文哲学背景下的欲爱和基督信仰下的圣爱究竟应当分离还是统合。② 这里我们并不强调阿奎那的欲望之爱和友爱之爱与虞格仁的欲爱主题和圣爱主题的对等一致，事实上，它们之间确实存在着一定的差异性，就友爱之爱而言，虽说它是爱德的彰显方式，但如果就此在二者之间画上等号也似乎是不充分的，友爱之爱可以源自于人的自然本性；奉献他者也可以毋需恩典的临现灌输于人，它可以是与人自然本性相称的自然德性的最高形式。③ 相比之下，阿奎那的

---

① William C.Mattison III, "Movement of Love: A Thomistic Perspective on Agape and Eros," *Journal of Moral Theology* 1, no.2 (2012): 33.

② 关于此问题，请参见王涛：《圣爱与欲爱：保罗·蒂利希的爱观》，宗教文化出版社 2009 年版；王涛：《圣爱与欲爱：灵修传统中的天主教爱观》，香港中文大学天主教研究中心，2009 年。

③ 关于与人自然本性相称而无需基督恩典外在助力的所谓"异教（非基督教）德性"及其最高形式——利他主义的论述，请参见王涛：《反思异教德性：圣多玛斯·阿奎那德性理论研究》，《汉语基督教学术论评》2015 年第 19 期。英文版请参看：Anthony Wang Tao, "St.Thomas Aquinas's Theory of Pagan Virtues: A Pilgrimage towards the Infused Cardinal Virtues," *Jaarboek* 2014－2015 *Thomas Instituut te Utrecht Jaargang* 34, Tilburg (Netherlands): Thomas Instituut te Utrecht(Universiteit van Tilburg), 27-65. 详参本书第三章。

欲望之爱没有虞格仁那样主题化和图式化,它更在普泛意义上展示出人对善的自然渴慕与追求。然而,阿奎那的欲望之爱—友爱之爱与虞格仁的欲爱—圣爱却都在很大程度上触及了人类爱活动的深层内核,并在基督信仰力量的主导之下揭示了神人相通对之带来的创造性提升和转化。马蒂森的观点认为,20 世纪由虞格仁提出,并由荣休教宗本笃十六世重申的圣爱—欲爱区分模式确为关于爱的运动的区分,与中世纪阿奎那的区分同源同类。① 他指出:

> 如果说阿奎那所谓的友爱之爱就是虞格仁的圣爱,那是不准确的,同样如果说阿奎那所谓的欲望之爱就是虞格仁的欲爱,那也是不准确的。它们在理解两种爱的关系上的差异,牵扯到了二者在理解上述区分的双方上的差异。因为这一差异,阿奎那关于友爱之爱和欲望之爱的著作能够为当代关于圣爱和欲爱的讨论提供信息。②

马蒂森在《爱的运动:从托马斯主义角度看圣爱与欲爱》一文中,多次用"akin to"(同类于)的措辞来对比虞格仁作为基本主题的欲爱和阿奎那的欲望之爱,以及圣爱和友爱之爱,强调二位思想家做出这一区分的同源或同族类关系。而他们之间的区别在于,虞格仁把友爱 philia 归入欲爱主题范畴,而阿奎那则将之纳入圣爱领域,与圣爱同宗同系。③

---

① See William C. Mattison Ⅲ, "Movement of Love: A Thomistic Perspective on Agape and Eros," 43.

② William C. Mattison Ⅲ, "Movement of Love: A Thomistic Perspective on Agape and Eros," 46.

③ See William C. Mattison Ⅲ, "Movement of Love: A Thomistic Perspective on Agape and Eros," 52.

第二节　阿奎那：友爱之爱与欲望之爱

从阿奎那"为了人本身而爱"的定义可以看出，友爱之爱强调爱的最终指向是人/位格（person）本身，由人/位格发出，以成全另一个人/位格而得以落实。亚里士多德曾在《尼各马科伦理学》中以接近五分之一的篇幅讨论作为德性之一的友爱（*philia*/friendship），而将传统四枢德之外的友爱视为重要德性也是亚里士多德的特色。友爱体现出强烈的位格特征，"对无生命之物的喜爱不能称为友爱"，原因是对无生命之物的爱是没有回报的爱，对它的善意（*eunoia*/goodwill）不过是一种利用而已。① 亚里士多德把友爱分为三种：为有用的友爱、为快乐的友爱和为了彼此共同之善的友爱。为有用的友爱并非真爱，为快乐的友爱则因为相互性而部分是真友爱，而唯有最后一种才是真正意义上恒久的友爱——作为德性的友爱之爱。② 亚里士多德将友爱的涵盖范围拓展到了超出我们一般狭义所指的单纯朋友间的情谊——友谊之外，它出现在共同体生活的方方面面，包括亲属、男女、君臣、同胞，乃至人神间等等。③ 这些友爱关系的共同之处在于它们都发生于共同体当中，彼此的关系具有鲜明的位格特征，是一个人/位格与另一人/位格之间的关系，且是

175

---

① See Aristotle, *Nicomachean Ethics*, VIII-2, 1155b28-31.

② See Aristotle, *Nicomachean Ethics*, VIII-3, 1156a5-b32; VIII-6, 1158a19-23.

③ See Aristotle, *Nicomachean Ethics*, VIII-12.

"为了朋友自身的缘故"。这样的理解可以得出将作为特定场合下的爱的类型，提升为作为爱的特性或基本运动方式的爱的本体论理解——发生在位格之间的（inter-personal）平等亲密关系。友爱成为内在于人类一切爱活动当中的一种基本运动特性，为爱提供位格向度，从对待自我外推至对待他者（包括神圣他者）均以友爱所提供的位格特性为依托。

> 对邻舍的友谊，以及对友谊的规定，似乎都是取决于以实际行动为对方做好事，……或者是为了朋友自身希望他存活下去。……朋友要经常来往，趣味相投，苦乐与共。……人们就是以这几种方式中的某一种来规定友谊，善良的人也以同样的方式对待自己。……他希望自己善良，或者认为善良，并加以实践，并且是为了善自身。……由于善良的人对自身都是这个样子，他对待朋友也如对待自身，因为朋友就是另一个自身，而在朋友那方面也是如此，这一切也就是作为朋友所应真实具有的。①

阿奎那同样突出了爱德的位格性，爱德是具有位格的人的专利，只发生在位格之间，"所有的友谊都以生活中的某一共同关系为基础，……可是，在那遵循理性的人类的生活里，无灵之受造物不可能有什么共同关系"，因为"爱德以真福的共同关系为基础，而无灵之受造物却无法得到真福"，所以"与无灵之受造物缔结友谊是不可能的事，除非这只是一种

----

① Aristotle, *Nicomachean Ethics*, IX-4, 1166a1-34.

象征或借喻式的说法"①。阿奎那借亚里士多德的"友爱"德性来处理共同体当中位格间的关系，突破个体德性修为而走向与自我拥有"真福"之共同关系的共同体，从而由自我中心外推至"为他者的缘故"。亚里士多德也特别强调友爱是外在的最大的善。② 因为在亚里士多德的哲学体系中，伦理学是更大议程——体现人种差(differentia)的政治学的分支，最高的幸福生活，即沉思默观的生活需外推至共同体诸成员的共同之善或福祉(bonum commune)，形成此一最高幸福生活的另一面向——社会及政治(城邦)生活，而个体道德完善和群体福祉之间的联结，便由友爱来担当，友爱由此便具备了走出自我而提升至为他之爱的超越价值。可以说，在亚里士多德的观念中，友爱成为走向"被神认为是好的"的幸福(eu-demonia)的动力和桥梁，从而具有神圣向度。而在阿奎那那里，这一神圣向度直接成为神人之间的纽带。

177

但在虞格仁看来，虽然阿奎那尝试借助"友爱"观念来解决希腊欲爱主题与基督教圣爱主题之间的张力，但这一努力注定失败，因为该观念无法表达基督圣爱的内涵，亦无法化解阿奎那爱观念的自我中心主义倾向。虞格仁强调阿奎那采用亚里士多德的友爱观念，便是同意后者最终源于自爱，朋友不过是另一个自我罢了，"因为即便我为了朋友自身的缘故而爱这位朋友，我仍只是在爱对于我自身而言的'善'"，因此

① St.Thomas Aquinas, *Summa Theologiae*, II-II, q.25, a.3. 延伸到时下的生态伦理学，后者便如阿奎那所说，"以象征或借喻式的说法"呼吁人类与自然为友的"向世界的爱"(love toward the world)。

② See Aristotle, *Nicomachean Ethics*, IX-9, 1169b10-11.

"所有的爱都最终回溯到自爱,人只能爱对他自己来说是'善'的东西"。从而,基督教"追求非为己之爱"的圣爱在阿奎那的爱观念中无法觅得位置。①

那么,在虞格仁这样突出基督信仰所引介的为他之爱的神学家眼中,无论是爱德也罢,还是彰显爱德的友爱也罢,都不改中世纪的爱观念是整体表现出以自我为中心、具"索取"本质的单一爱基调——欲爱这一事实,它无非是"将索取之爱或自爱升华为对上帝纯粹的爱",而基督信仰所提供的只是规导此一爱的稳固不变的终极对象和目的,即上帝。爱的形式和动力仍保持为自然性的、以自我为中心的自爱。因此,由于"中世纪神学清楚地意识到了获得对上帝的纯粹的爱——一种以此为基础地追求非自身益处的爱——的难度所在",所以他们"成功地创造了极其道德主义的爱观",但这种并非追求自身益处、而指向他者的无私的爱却"尽可能地远离了基督宗教的圣爱之爱"。② 这种道德主义的爱观会酝酿对人自然本性的恶感和伪善的律法主义,影响对作为基督信仰核心的圣爱本质的深层认识,即圣爱作为灌输性的他力恩典成为人之存在的超性本体结构的依据。按照虞格仁的逻辑,奉献他者乃至为他者而牺牲亦是为了满全利己的嗜欲或自我实现的目的。中世纪语境下的圣爱/爱德依其特性似乎很难被整合入虞格仁所建构的圣爱—欲爱模式当中。

阿奎那在他的哲学思想中,往往多追随亚里士多德的立

---

① See Anders Nygren, *Agape and Eros*, 645.

② Anders Nygren, *Agape and Eros*, 650-651.

场。亚里士多德"朋友就是另一个自己"①的论断似乎仍把友人归入自我的范畴，从而令友爱仍是以自我为中心的欲爱的延展。友爱到底是自我中心的变种还是对自我界阈的完全超越？阿奎那做出了这样的解释，他说：

> 既然有两种爱，即友爱之爱与欲望之爱，二者皆由被爱者与爱者为一体之意识而生。一人以欲望之爱爱一东西时，是意识到那东西属于他的利益。一人以友爱之爱爱一人时，愿意那人之益处有如是自己的益处；所以，就其愿意那人之益处犹如是自己的益处而言，是将那人意识为另一个自己。故此，朋友被称为另一个自己。②

从这个解释来看，友爱之爱是希望被爱者获得"有如自己的益处"，而不是希望被爱者"成为自己的益处"，最终指向的仍是位格他者而不是欲爱所追求的非位格的善。爱德作为上帝恩典对人自然本性的灌输，将人的自然德性提升转化为向上帝之德，在人的自爱中，亦可体现出这一超性德性。阿奎那区分了自爱与爱德的三种不同关系，爱自己的善或利益并以之为目的的自爱与爱德相悖；从自身的善的见解出发，但并不以此为目的，例如人可以因为益处、血亲或其他人性的考量而爱自己，这种自爱与爱德有别但却与爱德相通；"为了上帝，并在上帝内爱他自己"的自爱则包括在爱德中。③

阿奎那强调，爱的果效本来就是神魂超拔（*extasis*），后者

---

① Aristotle, *Nicomachean Ethics*, IX-9, 1170b9.

② St.Thomas Aquinas, *Summa Theologiae*, I-II, q.28, a.1.

③ See St.Thomas Aquinas, *Summa Theologiae*, II-II, q.19, a.6.

指的是人在知觉和嗜欲方面"离开自己",爱直接产生嗜欲方面的神魂超拔,"嗜欲好似离开了自己,沉醉在所爱者中"。相较而言,友爱之爱产生的神魂超拔是绝对的(*simpliciter*),而与之相应的欲望之爱则是相对的(*secundum quid*)。爱作为攫取善的嗜欲,均要出离自身已有之善而向外索求未有者,但欲望之爱旨在"将外在之善据为己有",从而"这情意到最后仍归结在他内",而友爱之爱的情意则绝对出离自身,"为了朋友,而愿意并寻求朋友之益处,好似是照顾朋友之事务的"。① 归根结底,在阿奎那眼中,欲望之爱和友爱之爱的本质区别是前者指向的是非位格的善,而后者则最终落在位格身上。

阿奎那"因着上帝的缘故",把上帝当作了爱的终极目的,以真正"出离自我"的友爱之爱软化欲望之爱的自我中心性,补足了非位格的欲望之爱对象过于抽象,从而产生爱对象偏转的缺陷——从为着被爱者的缘故转到为着被爱者的善的缘故,进而到为着爱者自身获取该善的缘故。为他的友爱之爱并非伪装之下的利己的欲望之爱,它以自爱为根基,在爱德的浸淫下富有超越性和终极关切,远离可能导致自我中心的含混性,是自爱而爱他。含混性下的"自爱"实则为我们常说的"自私",与自爱是两个本质上完全不同的概念:

> 自爱是自我性(selfness)在伦理中最基本的范畴,往往成为日常伦理中爱的出发点和基础。自爱与自私(selfishness)是有本质区别的,后者是封闭的、占有性的,

---

① St.Thomas Aquinas, *Summa Theologiae*, I–II, q.28, a.3.

它沉迷于物质,计较个体的功利得失;而前者是开放的、认同性的,它肯定人之为人的普遍价值与尊严,走向"大我"。①

为他并不是基于利己,而是基于自爱,是爱的双方在联结成为共同体的前提下的一种爱的共融(unitas affectus)。正是在此意义上,亚里士多德把他者当成"另一个自我"。自爱与友爱的共同点是二者都是位格之爱(友爱更是位格间之爱),自爱不是非位格之爱,而利己的自我中心主义(egoism)则是非位格之爱,因为它的终极指向是非位格的善——不具有终极稳定性的游移不定的邻近的善或个别的善。加拉格(David M. Gallagher)强调,阿奎那的著作中并没有展现出虞格仁从自我中心的实现自我到神中心的奉献他者的所谓"哥白尼式的革命",而且在他的体系中,对这一跃升也未显示出任何概念上的困难。因为在阿奎那看来,从(本性的)自爱到(超性的)爱他(因被爱的他者自身的缘故)之间存在连续性,二者本质上是互补的,自爱可以在爱他中实现。而虞格仁却因此认为阿奎那实际上将基督信仰所引入的舍弃自我、奉献他者的圣爱化约为人自我中心的欲爱,后者直接体现为自爱。②

阿奎那强调自爱的根基地位,从爱德在爱己和爱邻舍方面所表现出的不同强度来看,爱己要强于爱邻舍,他说:

---

① 王涛:《圣爱与欲爱:保罗·蒂利希的爱观》,宗教文化出版社 2009 年版,第 45 页。

② See David M.Gallagher,"Thomas Aquinas on Self-Love as the Basis for Love of Others,"*Acta Philosophica*,Vol.8(1999),fasc.1:23–44.

……严格地来说,人对他自己本人没有友谊,但其所有却强于友谊。因为友谊表示结合,……而每一个人是与他自己成为一个单一的个体,这比与另一个人结合更强。为此,正如单一性(*unitas*/unity)是结合(*unio*/union)的基本;同样的,一个人爱他自己的爱,是友谊的形式和根源。我们对别人之有友谊,是因为我们对待他们,如同对待我们自己一样。①

因此,即便上帝本身亦是如此,上帝的爱是自爱和爱他的统一,但自爱"是必然的,并是本性自然的",而爱他物则是"就一定的适宜性而言"(*secundum convenientiam quandam*)适合情理和心意的,"并非必然的和本性自然的,也不是强制的和非本性自然的,而是自愿的"。② 正是这样,圣经上"爱的双重诫命"提到"爱人如己",也是以自爱为参照根基和典范的。

阿奎那以此来解释亚里士多德《尼各马科伦理学》中的立场——"对邻舍的友谊,以及对友谊的规定,似乎都是取决于人们如何对待自身"。③ 阿奎那所指人的自爱是在"精神或灵性的本性"或"内在的人"方面,而非"身体的本性"或"外在的人"方面爱自己,④人之所以能把自己作为爱的对象,是因为人分有爱德所根据的善的根源——上帝本身,⑤而身体

---

① St.Thomas Aquinas,*Summa Theologiae*,II-II,q.25,a.4.

② St.Thomas Aquinas,*Summa contra Gentiles*,I,q.82.

③ Aristotle,*Nicomachean Ethics*,IX-4,1166a1-2.

④ See St.Thomas Aquinas,*Summa Theologiae*,II-II,q.25,a.7.阿奎那同时也指出,从人的本体和本性而言,人人都爱自己,体现出人的自我保全。

⑤ See St.Thomas Aquinas,*Summa Theologiae*,II-II,q.26,a.4.

也同样以某种方式分享真福,享见上帝。"虽然我们的身体不能因着认识或爱上帝而享有它,可是我们借着身体而完成的工作,能够完善地享见上帝。"①人的身体由于分沾有满溢的真福,从而可以成为爱的对象,"爱德的主体是具备理性的心灵,它能得到真福;而身体只能由于真福的一种满溢,间接地沾有真福,自己却不能直接及于真福"。② 人对邻舍的爱,则是由于他在上帝这一真与善之本体内与邻舍结合,以与上帝爱的合一为基础。③ 虽然我们的身体比邻舍更接近我们的灵魂,但在分享真福方面,邻舍的灵魂与我们自己的灵魂的结合,要高于我们的身体与我们的灵魂的结合,④因为相比对自己以满溢的方式分享真福的身体的爱,对邻舍的爱是"完全分享真福的共同关系"。⑤ 这样的话,根据阿奎那爱的等阶次序,爱上帝为一切爱之根本,其次是对分有上帝创造之善的"内在的人"的自爱,再次是对共融中分享上帝真福的邻舍的友爱,最后才是对自己的身体,即"外在的人"的较低层次的自爱。所有这些爱都是与上帝真福相关的爱德的体现,在阿奎那看来,它们都表达为位格间的友爱。

　　阿奎那将爱德/圣爱定义为一种友爱之爱,被学者们称为标志着经院哲学传统对圣爱本质过百年思考的巅峰。⑥ 但问

183

---

① St.Thomas Aquinas, *Summa Theologiae*, II-II, q.25, a.5, ad.2.

② St.Thomas Aquinas, *Summa Theologiae*, II-II, q.25, a.12, ad.2.

③ See St.Thomas Aquinas, *Summa Theologiae*, II-II, q.26, a.4.

④ See St.Thomas Aquinas, *Summa Theologiae*, II-II, q.26, a.5, ad.2.

⑤ St.Thomas Aquinas, *Summa Theologiae*, II-II, q.26, a.5.

⑥ See Michael S. Sherwin, "Aquinas, Augustine, and the Medieval Scholastic Crisis Concerning Charity," 199-200.

题的复杂性却在于,阿奎那体现为友爱之爱的圣爱虽将亚里士多德基于自然本性的友爱神学化了,但友爱之爱本身并不纯然是圣爱的,其中也仍包含着欲望之爱的因素,圣爱并不过滤掉人的自然欲望——对身外之善的渴慕和追寻。这一点不仅反映在友爱之爱在不完美的情况下可以体现为欲望之爱,在此世的另一向上帝之德——望德(spes)里体现出的、具有神学内涵和向度的完美的友爱之爱,亦可以包含欲望之爱。借此复杂性,阿奎那的爱观念中也体现出圣爱与欲爱在某种程度上的统合关系,而二者恰恰在虞格仁脱离生存处境的图式化的主题研究法(motif research method)及新教保守主义的科学神学议程中呈现为相互分离的。① 在阿奎那的体系中,友爱 philia 作为位格间爱关系的泛称,包含从低到高三种:纯粹为己的友谊(虚假的)、为相互益处和享乐的友谊(不完善的)、为作为"另一个自我"的他者之善的友谊(完善的),前二者从本质上讲均属欲望之爱,而唯有最后一种方才是特指"友爱之爱",即最真实、最完善意义上的友谊。即便是后者,亦可包含欲望之爱因素在内。

谢尔文(Michael S.Sherwin,O.P.)也强调了阿奎那爱观念中欲望之爱和友爱之爱的不可分性,他说,"友爱之爱是意愿被爱者善的行动。但这一意愿也必须指向我们为着我们朋友的缘故所意愿的善,因而,该意愿牵涉到作为整体组成部分(integral component)的欲望之爱,为了我们意愿他的善的缘

---

① 关于对虞格仁圣爱—欲爱分离论及主题研究法的讨论,请参见王涛:《圣爱与欲爱:保罗·蒂利希的爱观》,宗教文化出版社 2009 年版,第 30—46、67—71 页。

故。在阿奎那看来,这一点是友爱之爱的本质"。① 谢尔文总结了阿奎那友爱中的两个根本特征,首先是彼此交互的善意,即按还爱之理(*mutua inhaesio*/reciprocal love)彼此容纳,"彼此相爱,彼此关切,互通有无"。② 友爱双方需要"情感的合一",从而单纯的善意(*benevolentia*)只是"我们愿意别人幸福的一个意志行为",并无情感合一作为前提,因此它只是"友谊的开端"而非友爱本身。③ 其次则是友爱双方在善当中的共融(*communicatio in bono*)。④ 这样,体现在友爱之爱当中作为其本质的位格特征,和欲望之爱所追求的善的非位格特征,在友爱之爱当中以联合的样态彰显。这一点特别体现在以神为友的爱德和渴慕与神合一的望德这两大向上帝之德之间的张力中。

185

在阿奎那所提出的信、望、爱三大向上帝之德当中,爱德居于最高的地位,它是信德的形式,而望德则被认为是一种类似于欲望之爱的向上帝之德:

> ……爱德使人为了上帝自己而归附它,用热爱之情,将人的心灵与上帝结合。另一方面,望德与信德却使我们归附上帝,如同归附一个根源,由此我们可以汲取某些东西。可是,我们从上帝那里,既可以汲取对真理的认识,又可以汲取圆满美善或福乐的达成。为此,信德使人归附上帝,有如我们的认识真理之源;因为我们相信,上

---

① Michael S. Sherwin, "Aquinas, Augustine, and the Medieval Scholastic Crisis Concerning Charity," 198.

② St. Thomas Aquinas, *Summa Theologiae*, I–II, q. 28, a. 2.

③ See St. Thomas Aquinas, *Summa Theologiae*, II–II, q. 27, a. 2.

④ See Michael S. Sherwin, "Aquinas, Augustine, and the Medieval Scholastic Crisis Concerning Charity," 200–201.

帝告诉我们的都是真的。至于望德,则使人归附上帝,有如我们之圆满美善或福乐的根源;这是因为借着望德,我们信赖上帝的神佑,以得到真福。①

可以看出,爱德是令人以热爱无条件皈依上帝,信德则凭借上帝的真理性让人皈依,而望德却是以上帝达成圆满美善或福乐的许诺而使人皈依。盼望本身便是一种以自我为中心的嗜欲,以获得益处为特征,亦是一种追求善的嗜欲:

> 因为盼望以及其他所有一切嗜欲的动态,都来自爱。……可是,爱有的是完善的,有的是不完善的。完善的爱,是为了一个人本身而爱他,例如:某人愿意一个人本身得到某种利益,人就是这样爱自己的朋友的。不完善的爱,是一个人爱一样东西,不是为了那样东西本身,而是为了他自己能够得到那个利益,例如:人就是这样爱他所愿意得到的东西的。第一种对上帝的爱,属于那种为了上帝而归附它的爱德;而望德却属于第二种的爱,因为有盼望者,是企图他自己得到一些东西。②

谢尔文指出,与奥古斯丁强调来世至福而低估爱德作为善愿行为有所不同,阿奎那突出了爱德不仅是对来世与上帝合一的许诺,它的另一个面向更是身处此世盼望这一恩典许诺的望德使然。③ 因此爱德通过望德而具有了友爱之爱和欲望之爱的两个向度。正如马蒂森所说,阿奎那的友爱之爱和欲望

---

① St.Thomas Aquinas, *Summa Theologiae*, II-II, q.17, a.6.

② St.Thomas Aquinas, *Summa Theologiae*, II-II, q.17, a.8.

③ See Michael S. Sherwin, "Aquinas, Augustine, and the Medieval Scholastic Crisis Concerning Charity," 203-204.

之爱是一切爱的内核中都包含的两种不同的运动,二者能够也确实共存着。原因是阿奎那的形而上学决定人自我的善与他者的善均在上帝处共同实现,其间并不存在对立或相互排斥的关系。为己的欲望之爱与为他的友爱之爱的确存在区别,但二者最终并不相互排斥;相反,它们是互补的,爱通过位格之善而指向位格本身。① 马蒂森强调,在阿奎那的体系里,友爱之爱对应爱德——拥有上帝真福直观(*visio beatifica*)的爱的实在,而欲望之爱则对应此世尚未获得真福直观时的爱的潜在——对美善之终极本体的嗜欲,即望德。他说:

> 阿奎那运用友爱之爱和欲望之爱的区分来区别爱的运动。它们是本质不同的两种运动,并且总是在实在上相互分离。但阿奎那也明确它们并非相互排斥。事实上,从人类情感的最基本层面,到望德所塑造的爱德的恩典生命,爱的这些运动都同声同气地(in concert)运作。……因此可以合理地认为,这两种爱的运动在所有不同的场合都起作用。②

马蒂森建议将各种不同的"爱"视为同一个爱的实在在不同的场合(venue)下的不同运动方式(movement)。③ 这样的理解与当代新教神学家蒂利希的观点不谋而合。相反,虞格仁等学者则将"友爱"视为特定场合下的爱的类型,即我们通常

---

① See William C. Mattison III, " Movement of Love: A Thomistic Perspective on Agape and Eros, "39-40.

② William C. Mattison III, "Movement of Love: A Thomistic Perspective on Agape and Eros, "42.

③ See William C. Mattison III, " Movement of Love: A Thomistic Perspective on Agape and Eros, "31-60.

所说的"朋友情谊",而归入到欲爱主题之下,成为为己之爱在具体境遇下的表达方式。"在他(虞格仁)看来,朋友—友爱是人的一种特定的关系类型,而不是体现在各种不同关系类型中的运动,……友爱最终关乎自爱,因而在虞格仁的两个基本主题中被欲爱所'涵盖'。"①蒂利希突出友爱的位格特质,以之补足欲爱的非位格化特征,而阿奎那则倾向于将友爱更多归入到圣爱/爱德的领域,但它仍不失与欲爱之间的紧密关联。

以圣爱—欲爱模式来探讨基督信仰语境当中的爱观念,必须要解决如何将作为希腊语境下爱的重要表达——友爱(*philia*)整合入其中的问题。荣休教宗本笃十六世的首道通谕《上帝是爱》虽重申了圣爱—欲爱模式,但并未涉及友爱问题,关于这一点,杜勒斯枢机(Avery Cardinal Dulles, S.J.)指出:"也许在未来某个时候,荣休教宗本笃十六世将会以对友爱更为深入的检审来补充《上帝是爱》的内容"。② 而荣休教宗本笃十六世在上述通谕中并无提到的阿奎那,其爱观之二元则鲜明地突出了友爱及其完善形式友爱之爱。③ 而将友爱

---

① William C.Mattison III, "Movement of Love: A Thomistic Perspective on Agape and Eros, "49.

② Avery Cardinal Dulles, S.J., "Love, the Pope, and C.S.Lewis, " *First Things*, no.169(Jan/2007) :23.

③ 荣休教宗本笃十六世虽未直接提到阿奎那的名字,但他却谈到了阿奎那的爱观念,他说,"这两种爱(圣爱与欲爱)的观念经常被比作'上升的'爱和'下降的'爱。也有类似的分类,诸如占有的爱(possessive love/*amor concupiscentiae*)和奉献的爱(oblative love/*amor benevolentiae*),有时也用来加诸追求自身益处的爱之上"。Pope Emeritus Benedict XVI, *Deus caritas est*, §7.荣休教宗本笃十六世显然认同将阿奎那对 *amor* 的双重区分视同为欲爱 eros 和圣爱 agape 的区分。

纳入到圣爱—欲爱模式当中,亦是充实爱的内涵的重要契机,新教神学家蒂利希在他"爱的四元互动结构"中也做到了这一点。

第三节　蒂利希:圣爱—欲爱的统一体

蒂利希从本体论层面将爱定义为"疏离者的复合而非陌生者的联合",[①]一改传统区分各种爱的类型(type)的认识,把爱视作体现诸种爱的特性(qualification)的整一实在,"在爱的行为中所体现出的是不同的爱的特性而非不同的类型"。[②] 这与前述马蒂森在谈及阿奎那的爱观时,主张应当将各种不同的"爱"视为同一个爱的实在在不同的爱的场合下的不同运动方式这一做法遥相呼应。[③] 爱的这些特性包括人本性中的欲(*epithymia/libido*)、欲爱(eros)和友爱(*philia*),以及由基督信仰所引入的圣爱(agape),蒂利希说:

> 圣爱作为爱的自我超越要素并不与爱的其他要素相分离,后者通常被描述为爱的欲特性、爱的友爱特性和爱的神秘主义欲爱特性。在所有这些特性当中产生了我们称为"分离者走向复合的动力",它们都接受圣爱的检

----

① Paul Tillich, *Love, Power, and Justice: Ontological Analyses and Ethical Applications* (New York: Oxford University Press, 1954), 25.

② Paul Tillich, *Love, Power, and Justice: Ontological Analyses and Ethical Applications* (New York: Oxford University Press, 1954), 5.

③ See William C. Mattison III, "Movement of Love: A Thomistic Perspective on Agape and Eros," 31-60.

审。因为爱是一个整体,即便其中一种特性占据主导地位,都没有任何一种特性会完全缺失。①

爱的四种特性在各种爱的具体场合中相互作用,形成所谓的"四元特性互动结构"。② 蒂利希从本性和超性两个层面对统一的爱的实在加以区分,欲爱结合友爱,在人欲的生命原动力——力比多的驱策下追求与疏离者的复合,而上帝的圣爱则是以外在超性恩典以圣灵临现的方式楔入(cutting into)自然生命(非本真的)日常情态下的诸种爱特性当中,参与并治愈生命自我中心(self-centredness)所招致的含混性,将其带入意义明确的(本真的)生命之超越统一体当中,成为爱的深度或爱的本真状态。③

在蒂利希看来,爱的欲爱特性从本质上讲是对自然中的美、文化中的美与真的渴慕,以及对作为美与真的源泉的神秘联合的追求,④所以欲爱的指向是抽象的美与真,代表爱的特性中指向超位格的(trans-personal)一极,而与之相互依存、不可分离的另一极则是指向位格的一极——友爱特性,突出爱者与被爱者之间某种熟识度及平等地位。因为如若不能把自己作为"我"同位格他者"你"(Thou)相联结,便无法把自己

---

① Paul Tillich, *Morality and Beyond*(London: Routledge, 1963), 40.

② 关于爱的四元特性互动结构,请参见王涛:《圣爱与欲爱:保罗·蒂利希的爱观》,宗教文化出版社 2009 年版,第 103—120 页。

③ See Paul Tillich, *Love, Power, and Justice: Ontological Analyses and Ethical Applications*, 33; Paul Tillich, *Systematic Theology*, Vol. III (Chicago: University of Chicago Press, 1963), 137.

④ See Paul Tillich, *Love, Power, and Justice: Ontological Analyses and Ethical Applications*, 30.

同真与善及其所源出的存在根基相联结。① 蒂利希接着说，友爱也同样有赖于欲爱，比如"参与"、"共融"这样的概念，都体现出了友爱关系中的欲爱特性，因为在友爱的位格间关系中，亦展示了与存在力量相联合的渴望，而这一存在力量在个体当中辐射出真、善、美的可能性与实在。欲爱与友爱不仅在个体关系中实现联合，该联合也实现在社群共同体的共融中。②

阿奎那的"友爱之爱"既体现了自然生命中自我与他者的关系，也展示了人神（神圣者或神圣向度）关系，以及经由圣化恩典的爱德转化和提升后的邻舍间关系。在上述这三层位格关系中，友爱之爱统合欲望之爱，指向位格，又不失非位格的善参与，揭示着体现人的存在及其本质的活动——爱的根本特征，即位格间的联合及对群体共同渴慕的真与善本体之追求。阿奎那在普泛境遇下均提议友爱之爱的参与——友爱的对象不限于通常意义上的"朋友"，将其视为爱的最基本的运动方式之一，与蒂利希爱的四元特性互动结构遥相呼应，后者更为细致深入地把友爱与圣爱和欲爱并立，内化为爱这个统一实在的一种基本运动模式或内在质素——面向位格的位格性，尽管这一爱的特性仍处于人非本真生存之下的含混性与因上帝恩典临现而意义明确的本真生存之间的区别当中。

友爱特性在爱活动中的存在确保了爱的位格特征，凸显出位格性在共融中的纽带作用，避免单纯利他主义带来的非

---

① See Paul Tillich, *Love, Power, and Justice: Ontological Analyses and Ethical Applications*, 31.

② See Paul Tillich, *Love, Power, and Justice: Ontological Analyses and Ethical Applications*, 31-32.

位格化的道德律法主义及沦为工具性的危险。但蒂利希也指出，友爱本身也具有含混性，如差等之爱（preferential love）的现象，或弗洛姆（Erich Fromm）所谓的无情感的共生关系（symbiotic relation），这些均有碍于实现爱的本真意义，而唯有在圣爱的治愈下，方可获得提升转化为爱的秩序下对每个位格的平等尊重和位格间的通感（sympathy）。① 阿奎那也对友爱之爱做出了区分，愿意朋友获得益处的"利益及喜好之友爱"可以称为友爱，而"因了那益处继而又指向自己的利益和喜好"，受到欲望之爱的牵动，则"有失真友爱之意义"（deficit a ratione verea amicitiae），这一区分显然得之于亚里士多德。相比蒂利希，阿奎那对真友爱和（含混状态下）假友爱的区分则比较简略，而且在他看来，差等之爱（特别体现在血亲关系上）并不是应当批判的含混性，反而是可以为圣爱所完善成全的自然常态，形成等阶鲜明的爱的秩序。②

————————

① See Paul Tillich, *Love, Power, and Justice: Ontological Analyses and Ethical Applications*, 118–119.

② 参见赖品超、王涛:《从基督宗教、儒家及演化论看利他主义》,《汉语基督教学术论评》2013 年第 15 期。详参本书第八章。阿奎那认为即便是圣爱，也具有等阶性，爱的强度（情感性）与自然纽带关系相称，从而形成爱的秩序。"因为爱德的情感（affectio）——即恩典的倾向，并非不及自然的嗜欲——即本性的倾向，那样有秩序;因为这两种倾向都来自上帝的上智。可是，在自然我们看到:每一样东西的自然倾向是与适合其本性的行为，或动作相配合的，例如:土倾向地心的倾向比水的大，因为留在水的下面，适合于土。为此，恩典的倾向，亦即爱德的情感，也必须与那些应该在外表上完成的行为相配合;这是说，对于那些我们理应更加恩待的人，我们也要有更强烈的爱德的情感。所以，必须说，就是关于情感方面，也应该爱一个邻舍胜于爱另一个邻舍。理由是如此:既然爱的根源是上帝，以及爱者，所以爱的情感必然是与这两个根源的接近程度相对地增长。" St. Thomas Aquinas, *Summa Theologiae*, II–II, q.26, a.6.

在蒂利希爱的统一体当中,四元特性相互作用,联合形成了爱的合力,同时保有了爱的丰富动力和内涵。从圣爱—欲爱的二元根基当中,圣爱作为外在于人自然本性的超性力量,治愈了自然本性在实存状态下的含混性,对其他人类之爱的特性具有转化和提升的修正作用。相反,作为体现人自然实存情态的欲爱(包括欲爱、友爱、欲这体现人自然本性的三元特性),也同样作用于圣爱,它"为后者提供了实存的丰富性,令圣爱整合入实存的处境之下,获得具体的表达并发挥其真正的统治性转化力量,而不是僵死为无生命力的、抽象的道德律令和原则"。① 圣爱提升转化欲爱,而欲爱令圣爱具体化,是为"互动"。但在蒂利希这样的新教神学家看来,当我们采用与欲爱诸特性相关的语言具体化圣爱时,也必须明确它们只是对神圣之爱的象征化。例如当友爱特性被引入对圣爱的表述时,"与神为友"只不过是隐喻或象征式的表达,因为神人之间并无平等可言。② 在阿奎那的爱观当中,友爱之爱和欲望之爱的统合首先是位格和非位格的善在爱活动中的共现,而其最优统合,只是体现在经由向上帝之德的灌输转化之后,在望德中仍然存在欲望之爱的因素上。而"与神为友"则是人神的位格间关系,在阿奎那看来,友爱并不特别突出平等,而是强调交互与共融。

对于自爱,蒂利希的态度接近于阿奎那,他指出,人的自

---

① 王涛:《圣爱与欲爱:保罗·蒂利希的爱观》,宗教文化出版社 2009
年版,第 118 页。

② See Paul Tillich, *Systematic Theology*, Vol.I (Chicago: University of Chi-
cago Press, 1951), 281.

爱是以上帝三位一体为典范的爱,上帝三位一体直接指向神圣的自爱,并通过类比的方式间接指向人的自爱。上帝的自爱体现为三个位格间的爱,是作为疏离—复合的爱在神圣上帝内里的实现。而人的自爱同样具有含混性,如若没有圣爱的治愈,会沦为负面的利己主义。他说:

> 这也令将圣爱这个术语运用到人对自身的爱上成为可能,也就是说,爱自己作为神圣生命中的永恒肖像。人可以拥有面向自身的其他形式的爱,诸如单纯的自我肯定、欲(力比多)、友爱和欲爱。这些形式都绝非恶的。但它们如果不接受圣爱意义下的自爱评判的话,则是恶的。缺乏判准之处,合理的自爱会蜕变为虚假的自爱,即总是与自卑与自怨自艾相关联的利己主义。自爱的这两种相互矛盾的形式之间的区别极为重要,一种是神圣自爱的肖像,而另一种则悖逆了神圣的自爱。①

同样地,奉献他者的极端形式——为他者的缘故而牺牲自我,在阿奎那和蒂利希看来,也具有含混性,这一立场与虞格仁形成了鲜明的对比。虞格仁特别突出了以自我奉献他者为特征的圣爱与以自我实现为特征的欲爱的本质区别,强调他认为是圣爱典范的保罗神学立场,即"如果在事奉邻舍时需要的话,基督教的爱甚至必须是准备牺牲掉'灵性'益处和特权",他列举了《罗马书》九章三节的表述为例证:"为我弟兄,我骨肉之亲,就是自己被咒诅,与基督分离,我也愿

---

① Paul Tillich, *Systematic Theology*, Vol.I(Chicago: University of Chicago Press, 1951), 282.

意"。① 在虞格仁看来,圣爱与欲爱最大的差异就是以神为中心和以自我为中心,而放弃自我、(为上帝)成全他者这种从欲爱向圣爱的转化,被他称作是对古典价值进行重估的"哥白尼式革命",后者由复归保罗神学的路德神学来完成。② 然而,自我奉献—牺牲在阿奎那眼中,主要是指身体层面的,精神层面应尽量保有个人灵性的益处,阿奎那也澄清了《罗马书》九章三节的问题,强调爱邻舍并没有比爱上帝功劳更大。因为爱邻舍归根究底是指为了上帝而爱邻舍。使徒保罗的这段表述是在他处于不信的非恩典境界中做出的愿望,不应效法。而这个表述本身恰恰体现了爱上帝的绝对优先性,因为使徒保罗"曾愿意暂时失去属于爱自己的享有上帝,为能使上帝在邻舍身上受到更大的光荣,而这属于爱上帝"。③ 为邻舍做出牺牲,蒙受身体方面的损失是应该的,但原因是"他这样做,他才是在他自己的精神的灵性方面,更爱他自己,因为这与德性的成就,即灵性之善有关",但是,"在精神方面,一个人不应该为救助邻舍脱离罪恶,而犯罪、蒙受损失"。④ "一个人自己分享上帝之善,比别人与自己一起来分享,是一个更强的爱的理由。……人不应该屈服于妨碍他分享真福的罪恶,为救助邻舍脱免罪恶。"⑤ 所以,阿奎那不支持在精神方

195

① Anders Nygren,*Agape and Eros*,131-132.

② See Paul Tillich,*Systematic Theology*,Vol.I(Chicago:University of Chicago Press,1951),681ff.

③ St.Thomas Aquinas,*Summa Theologiae*,II-II,q.27,a.8,ad.1.

④ St.Thomas Aquinas,*Summa Theologiae*,II-II,q.26,a.4,ad.2.

⑤ St.Thomas Aquinas,*Summa Theologiae*,II-II,q.26,a.4.

面、特别是爱上帝上做出转让或牺牲,因为爱上帝才恰恰是为他之爱的终极指向和担保,换言之,人作为"向上帝之存在",应当以是否"为着上帝的缘故"来作为是否应做出牺牲的判准,而不是单纯为邻舍的缘故而牺牲信仰原则。"向上帝之存在"做出牺牲并非无条件的、绝对的,无论是牺牲掉直接享见上帝的灵魂,还是牺牲掉间接分沾满溢之真福的身体,都应对"向上帝之存在"的本性忠贞不渝,这才是真正的自我肯定。一言以蔽之,自我牺牲应当以灵性益处,即信仰原则为底线,不能以此作为代价,以此之外的任何理由为邻舍做出牺牲都是值得商榷的,自我牺牲绝不是无条件的道德律令。

蒂利希对自我牺牲的含混性一样有所忌惮。虽然为人类牺牲自我的耶稣基督是爱的典范,但以此"效法基督",在蒂利希看来,与所有在人自然本性之下的爱的情态一样存在含混性。他认为,在道德生命当中,牺牲同样是一种持续的道德要求,但"每一次牺牲都是一次道德风险,其背后的动机甚至可以令貌似英雄式的牺牲变得可疑"。风险之一便是选择为现实而牺牲可能性,还是为可能性而牺牲现实,自我牺牲的悲剧性便是为不值得牺牲的人做出牺牲,或者是这一牺牲对牺牲者和所为牺牲者均无益处,即便被牺牲掉的自我是有价值的,但所为牺牲者是否有接受这一牺牲的价值却存在疑问,"接受它(牺牲)的理由可能是邪恶的,或者接受牺牲者可能会以此作为利己之用"。因而,牺牲并不是单靠良心便可以确立的一种意义明确的善举。① 为邻舍做出自我牺牲具有类

---

① See Paul Tillich, *Systematic Theology*, Vol.III, 43-44.

似于阿奎那所提出的含混性,其本身所带来的不一定是自我的实现——对善的获取,因为它否定了生命潜能得以实现的可能性;同样也不一定是他者的成全,因为他者的成全或许是对恶的纵容,所以不应被作为"效法基督"而得到提倡。但蒂利希指出,圣爱作为自我牺牲—奉献他者的爱,具有灵性的超越价值,可以在圣灵恩典临现的治愈中摆脱上述的含混性和悲剧色彩,重新获得明确的意义,即接受人个体或种群的有限性——他们的潜能不可能全然实现:

> 在每一个宗教性的牺牲中,有限的人剥夺了自己存在的力量,该力量貌似属于他自己,但实际上绝对不是他的,正如他在牺牲中所承认的那样。说该力量是他的,只是因为它是被赋予他的,因而最终不是他的,承认这一处境便是牺牲。对牺牲的这一理解拒绝了下述的人本主义观点:每个人的潜能都在其全面的人格中得到了实现。[1]

承认人的有限性,就是承认人与上帝之间的关系:人牺牲掉可自主获得自我实现的潜能,却从上帝那里获得"神律下的自我实现"。[2] 在此意义上,无论对阿奎那也罢,对蒂利希也好,自我牺牲的意义均在通过爱上帝、把上帝作为终极依据,从而在对人之存在的自我肯定层面获得了正当性。

第四节　阿奎那与蒂利希爱观念的比较

作为一位新教信义宗神学家,蒂利希反而以同天主教神

---

① Paul Tillich, *Systematic Theology*, Vol.III, 271.

② Paul Tillich, *Systematic Theology*, Vol.III, 270–271.

学的亲和关系而著称。① 特别是他著名的"天主教实质"
（Catholic substance）概念：

> 新教原则是圣灵临现克服宗教的一种表达方式，从
> 而也是战胜宗教含混性、凡俗化及魔魅化的表达方
> 式。……新教原则作为先知性圣灵的显现，并不受限于
> 各大新教教会或任何其他教会，它作为灵性共同体的表
> 达，超越于任何特定的教会。……（但）只有它尚且不
> 够，还需要"天主教实质"——圣灵临现的具体体现；但
> 新教原则是这一体现的……判准。②

因此，圣爱作为圣灵的临现，必须落实在人的自然本性层面，
借重表达自然本性的欲爱统一体得以具体体现，在此基础上
形成圣爱—欲爱在人生存境遇中的统合关系及互动张力。人
自然本性的含混性经由圣爱的治愈性力量，得以转化提升至
意义明确的超性统一体，回复到本真状态当中。从而，蒂利希
的神学在强调通过具体体现而实现神人贯通的圣事（sacra-
mentality）、形而上学、文化和神秘主义上与天主教思想存在
亲和性。③ 拉姆（Julia A.Lamm）把蒂利希的"天主教实质"总
结为三大特征：第一是"圣事性的世界观"，"由于神圣的超越
性被以内蕴性的方式界定，因此上帝在有限者当中或通过有

---

① 关于蒂利希与天主教神学的关系，See Raymond F.Bulman and Fred-
erick J.Parrella ed.，*Paul Tillich：A New Catholic Assessment*（Collegeville：The Li-
turgical Press，1964）；Thomas A.O' Meara and Celestin D.Weisser ed.，*Paul
Tillich in Catholic Thought*（Dubuque：The Priory Press，1964）。

② Paul Tillich，*Systematic Theology*，Vol.Ⅲ，245.

③ Thomas F.O' Meara，"Paul Tillich in Catholic Thought：The Past and
the Future，"in *Paul Tillich：A New Catholic Assessment*，14ff.

限者而在当下显现。从而任何有限者,因其对神圣者的参与,而潜在成为圣物——承负神性者";第二是强调对上帝的当下省觉(immediate awareness);而最后一点便是爱的本体论,"活着便意味着与自我或他者之间处于本质的联系中",即"疏离者的复合"。①

阿奎那对欲望之爱和友爱之爱的统合,是通过向上帝之德爱德(圣爱)与望德之间(具有欲望之爱的鲜明特征)的关联而建立起来的,爱德体现人与上帝的共融合一,而望德则体现立足此世对与上帝末世合一的渴慕和期许,具有突出的神学向度;而蒂利希则强调圣爱以圣灵恩典临现的方式楔入人现成本性的但非本真的实存中(existence),矫正治愈欲爱统一体(欲、欲爱和友爱)所代表的与神圣本体疏离的自然本性的含混性,将其带入到意义明确的本真生命中去,这种生命是对人本质(essence)在更高层面的复归——本质化(essentialization),这一进路具有鲜明的哲学特征。

199

阿奎那神哲学的一贯基本立场是"(超性)恩典并不毁灭自然(本性),而是使自然(本性)更为完善",基督信仰的核心——圣爱,作为爱德,是上帝超性恩典②灌输予人,令人走向完善和卓越的配备(dispositio),同与人自然本性相称的、通过重复性熏习自我养成的习得性德性(acquisitive virtue)一

---

① Julia A.Lamm, "'Catholic Substance' Revisited: Reversals of Expectations in Tillich's Doctrine of God," in *Paul Tillich: A New Catholic Assessment*, ed. Raymond F.Bulman and Frederick J.Parrella(Collegeville: The Liturgical Press, 1964), 50-52.

② 阿奎那与蒂利希同样将圣爱与圣灵同一,强调从位格意义上来看,爱是圣灵的特有名称。St.Thomas Aquinas, *Summa Theologiae*, I, q.37, a.1.

样,以"好的习性"(*habitus bonus*)的配备内化于人,成为人的"第二本性"。爱德是"上达上帝,使我们与上帝结合"的德性。[①] 而代表人自然习得性德性的四枢德——智、勇、节、义,在以爱德为核心的向上帝之德——信、望、爱的转化提升下,成为所谓的"灌输性枢德"(infused cardinal virtues),后者以爱德为形式,以习得性枢德为质料,进入到人追求完善卓越的、崭新的、更高的超性水平,克服自然人性下德性的不完善,而达到真正的完善(*perfectum simpliciter*)。在此进路上,蒂利希与阿奎那基本一致,些微的差异是,蒂利希更多强调的是圣爱对人自然本性的含混性之治愈,而阿奎那则首先倾向于肯定人自然德性作为配备人走向完善卓越的真实性,虽然它们尚有不完善之处。[②]

阿奎那和蒂利希在各自所处的学术语境中,均属于开放的思想家,二者对于自然(本性)和(超性)恩典、哲学和神学的互动会通都持有积极的进路,这直接导致他们的神哲学倾向与较为保守的新教神学家虞格仁明显形成两个对立的阵营,这一点特别体现在对爱及相关问题的理解上,从本章节的论述中可以清楚地看出。基于人自然本性的爱观念所包含的种种要素,无论是阿奎那所区分的欲望之爱和友爱之爱,还是蒂利希更为具体复杂的欲爱之三极——欲、友爱和欲爱,都在

① St. Thomas Aquinas, *Summa Theologiae*, II-II, q.23, a.3.

② 关于人习得性的自然德性与灌输性的超性德性的论述,请参见王涛:《反思异教德性》,《汉语基督教学术评论》2015 年第 19 期。英文版请参看:Anthony Wang Tao, "St. Thomas Aquinas's Theory of Pagan Virtues: A Pilgrimage towards the Infused Cardinal Virtues," 27-65,详参本书第三章。

基督信仰所提供的崭新根基和深度——圣爱（爱德），以及该信仰所塑造的灵性共同体当中，获得了本质的转化和提升，该共同体由自我与他者的位格间关系所决定，它强调位格间的共融联合，并以之为人之存在的终极根基。

道兹（Michael J. Dodds）借阿奎那的观点，从上帝为世人受难的角度来透析上帝对人的爱，他这样说：

> 当我们深爱某人时——当我们爱一个人并非仅仅是为了占有（*amor concupiscentiae*），也甚至不是只将其视为另一个自我（*amor amicitiae*），而是把对方看成是我们自我的一部分（*quasi aliquid nostril*/as part of our very selves）——我们并不是说在我们内里去经历与那个人的苦难有所不同的别样苦难。而是说，我们在他们的苦难中把我们与他们视同为一，以至于在他们内里"如同在我们自己的伤痛中"受苦。以同样的方式，上帝在它为了我们的缘故的爱中，"怜悯我们只是为了爱；这是因为它爱我们，如同属于它的人（*tanquam aliquid sui*）"。①

这种爱便是将爱的双方视为一个统一体，强调位格间的交互相通与共融。蒂利希指出，爱的最高形式保有了个体，后者既是爱的主体又是爱的客体，"基督宗教在位格间爱的关系上展示了它对于其他信仰传统的优越性"。②

① Michael J. Dodds, "Thomas Aquinas, Human Suffering, and the Unchanging God of Love," *Theological Studies* 52(1991):339-340.

② Paul Tillich, *Love, Power, and Justice: Ontological Analyses and Ethical Applications*, 27.

下编　应用

第 六 章

生态伦理

——现代语境下再思中世纪思想遗产①

表面上看,托马斯·阿奎那的思想,尤其是他的灵魂观, 205 似乎表达了一种以人类为中心(anthropocentric)的倾向,将人从自然中分离出来,漠视其他生物的价值,因此在当代的生态伦理论述中经常受到质疑或批评。② 然而,近年也有学者指出,包括阿奎那在内的早期教父及中世纪的观念,对于当代的生态思考是十分重要的资源。③ 此外,也有学者指出,阿奎那的思想,尤其当中对道德生态(moral ecology)的观点,除了能肯定生物多样性(bio-diversity)之外,更能提供一种支援生态

---

① 本章节部分内容以《再思圣多玛斯的生态伦理》(赖品超、王涛)为题刊载于《哲学与文化》2010 年第 11 期,第 155—173 页。

② See Francisco J. Benzoni, *Ecological Ethics and the Human Soul*: *Aquinas*, *Whitehead*, *and the Metaphysics of Value*(Notre Dame, Indiana: University of Notre Dame Press, 2007).

③ See Jame Schaefer, *Theological Foundations for Environmental Ethics*: *Reconstructing Patristic & Medieval Concepts*(Washington, D.C.: Georgetown University Press, 2009).

正义(eco-justice)的进路。① 那么,究竟我们应如何评价阿奎那的生态伦理论述呢?

本章节的重点,并非旨在分析阿奎那本人的相关思想,而是在于分析当代学者对阿奎那的评论,并尝试透过检视这些评论,一方面反思生态伦理的问题,尤其以人类中心论与生态中心论的对立二分进路开展;另一方面尝试从中国文化的视角,探讨阿奎那的生态伦理对中西文化,尤其是儒家与基督宗教的汇通有何意义。

第一节　生态伦理与生态中心论

生态伦理(Ecological Ethics)简称 Eco-ethics,又称为"环境伦理"(Environmental Ethics),是当今应用伦理学(applied ethics)的重要显学,也被归入广义的"生命伦理"(Bioethics)范畴,成为其理论分支。② 生态伦理主要针对人口激增、环境过度开发及污染、资源枯竭、物种灭绝、生态系统失衡破坏等自然生态危机,配合全球范围内方兴未艾的环境保护运动,围绕"我们是否有义务和责任维护生态系统的完整性和稳定

---

① See Willis Jenkins, *Ecologies of Grace: Environmental Ethics and Christian Theology*(Oxford:Oxford University Press,2008).

② 生命伦理也译作"生物伦理",主要是以生命科学(life sciences)等为背景,对关乎有生命物和无生命物的人类行为所进行的道德评估。广义的生命伦理包括三大分支:医学伦理(medical ethics,或称医疗伦理)、动物伦理(animal ethics)及环境伦理。可以看出,生态伦理可涵括后二大分支。而狭义的生命伦理主要指医学伦理,也称为生命医学伦理(biomedical ethics)。今日生命伦理学的主流主要致力于其狭义层面。具体参见本书第九章。

性,保护其中的动植物以及无机物"等问题展开,以维护生态多样性和丰富性,实现人类与自然的"可持续性发展"(sustainable development)与"和谐共存"(harmonious coexistence)为旨归。在如今踯躅于享受 GDP(国内生产总值)带来的富足便利生活与饱受雾霾等严重环境污染及极端天气频繁化危害之间的我们,借助古今中外的思想资源处理生态伦理问题的迫切性与日俱增。当代著名的生态伦理学家、美国科罗拉多州立大学哲学教授罗尔斯顿(Holmes Rolston III)便力主将生态伦理学定位为当代伦理学的前沿学科,他说:

> 环境伦理学不是伦理学的边缘学科,而是伦理学的前沿学科。它不是派生型的伦理学,而是基础型的伦理学。那些对关心动物、植物、物种、生态系统和地表景观的行为嗤之以鼻的人,其实是很可怜的;他们很难超越其尘俗事务而看得更远;他们甚至不知道何处是自己的皈依家园。不能认为人际伦理学是强制性的,环境伦理学是自愿选择性的;也不能认为人际伦理学需要的是正义,环境伦理学需要的是仁爱,正义和仁爱都是义务所需要的。那些想使其品性趋于成熟的道德主体,既需要发展出一种文化伦理,也需要发展出一种环境伦理。①

从立场上区分,对于生态环境的态度可以主要分为相互对立的人类中心论(anthropocentrism)与非人类中心论或生态中心论(eco-centrism)。前者以人自身的利益为着眼点,强调

---

① Holmes Rolston III, *Environmental Ethics: Duties to and Values in the Natural World* (Philadelphia: Temple University Press, 1988), 333-334.

人类只对自身(包括后代)负有道德义务,人对人类之外的自然存在物只存在最终目标指向人而非自然物本身的间接义务;后者则以生态系统自身的价值和持续健康发展为着眼点,主张人类对所有自然存在物、整个生态系统(包括无生命的无机物等等)都负有直接的道德义务。在当代的生态伦理学中,非人类中心的生态中心论明显占据着道德优位及理论高地,例如著有《动物解放》(*Animal Liberation*, 1975)的辛格(Peter Singer)与《为动物权利辩护》(*The Case for Animal Rights*, 1983)的作者雷根(Tom Regan),都主张强调动物、特别是高级动物具有作为道德对象(moral patient)资格的动物解放/权利论(animal liberation/rights theory);泰勒(Paul Warren Taylor)提出所有生命都具备道德对象资格的生物中心论(biocentrism),并著有《尊重自然:一种环境伦理学的理论》(*Respect for Nature*: *A Theory of Environmental Ethics*, 1986);美国生态哲学家利奥波德(Aldo Leopold)在美国环境保护运动中的里程碑著作《沙乡年鉴》(*A Sand County Almanac*, 1949)一书中首提"大地伦理"(Land Ethic)概念,主张人是生态共同体的一个成员,对共同体负有直接的道德义务,源自长期共同生活形成的对其他成员的乡土情感,人不是自然的征服者,而应是生态共同体的好公民。

非人类中心的生态中心论最典型的代表人物是挪威哲学家奈斯(Arne Naess)。奈斯深受美国海洋生物学家、环保主义者卡森(Rachel Carson)的环保运动名著《寂静的春天》(*Silent Spring*, 1962)影响,驳斥导致环境污染和资源枯竭问题的人类中心主义生态伦理学为"浅层生态学",并最早提出非人类中心的"深层生态学"（Deep Ecology）倡议,①倡导生态圈的平等主义（biospheric egalitarianism）,强调生态系统的存在与发展具有独立于人的功利性和工具性价值之外不容剥夺的法理权利。奈斯指出,生态系统是"大我"的一部分,具有内在价值,人有义务关心生态"大我",生态环境的稳定是人自我实现的必要组成部分,突出了人与自然在整个生态系统当中和谐并存的愿景。

与其他多位生态中心论者一样,奈斯也身体力行,曾在挪威南部的哈灵山脉（Hallingskarvet）搭建小石屋,体验回归大自然的一体化感受同时,书写自己的生态理论,他用小石屋所在地特沃加斯坦（Tvergastein）的首个字母 T 为名,建立了自己的所谓"生态智慧 T"（"Ecosophy T"）。"生态智慧 T"集中体现了奈斯深层生态学之"深",即"深层体验"（Deep Experience）、"深刻质问"（Deep Questioning）和"深度投身"（Deep

209

---

① 　奈斯列出深层生态学的八大原则,"（1）地球上人类及非人生命的福祉和发展本身拥有价值（或称内在价值、天赋价值）。这些价值独立于非人世界对于人类的实用目的之外;（2）生命形式的丰富性及多样性有利于这些价值之间的关联,它们本身也具有价值;（3）除过满足生命需要之外,人类无权减缩这一丰富性及多样性;（4）人类生命和文化的发展与人口的大幅减少相容。非人生命的发展需要这一减少;（5）人类当前对于非人世界的干预过度,且形势正在迅速恶化;（6）因此必须改变政策。这些政策影响经济、技术和意识形态的根本架构。相继发生的事态将与当下存在深层差异;（7）意识形态的变化主要在于,对（居于内在价值当中的）生命质量的欣赏胜过对日渐提高的生活标准的执着,将会深刻地意识到'大'与'伟大'之间的区别;（8）赞同前述观点的人们负有直接的或间接的义务去努力贯彻这些必须做出的改变。正是这一原则,突出了深入质疑过程的重要性,借助这一过程采纳/发展/制定其他原则"。请详参:Arne Naess, "The Deep Ecology Movement:Some Philosophical Aspects," *Philosophical Inquiry* 8, Iss.1/2（1986/Winter）:10-31。

Commitment），强调"最大程度的大我实现"或"最大程度的共生"（maximum（long-range, universal）Self-realization or maximum symbiosis），将多样性最大化（maximize（long-range, universal）diversity）。在《同一性、一体性、整体性和自我实现》（"Identification, Oneness, Wholeness and Self-Realization"）一文中，奈斯这样写道：

> "自己活着也让别人活着"这句格言暗示了完整生态圈中的无阶级社会，一种我们可以在其中谈论正义的民主制度，它不仅关乎人类，也关乎动物、植物和风景。它假设了对万物内在关联性的强调，也假设了我们的诸个自我是一盘散沙——但并非可孤立的零件。我们作为诸个自我，在整体当中具有一种极其有限的力量和地位，但足以让我们展现我们的潜能，那是比我们自我的潜能巨大得多的东西。因此我们比我们的自我更为丰富，而且并非一盘散沙，也绝非渺小无力。我们与更大的整体同一，参与到这一整体的创造和维持当中，从而分有它的伟大。新层面的满足得以揭示，私我（egos）发展成为越来越大层面中的自我（selves），与我们同一化进程的程度和深度相称。……与其他生命同一化的强度取决于周边环境、文化和经济状况。通过深度的同一化，一个人自身的生命不再受到位格自我或有机体的充分限制，由此便发展出了生态智慧的见解。人把自身经验为一切生命的真实组成部分，每个生命体被理解为以自身为目的，与人的自我在原则上处于平等的立足点之上。这也需要从我—它（I-it）态度向着我—你（I-Thou）态度的转变——

用布伯(Martin Buber)的术语来说。①

此外,前述的生态中心论者罗尔斯顿则主张自然价值论(Intrinsic Value of Nature),他认为生态系统并非只具有对于人而言的工具性价值(instrumental value),而是具有自身独立的内在客观价值(intrinsic value),因此人有义务维护自然生态,在发现和增添大自然价值的双重意义上,成为赞赏其栖居地的居民。在代表作《环境伦理学》(*Environmental Ethics*, 1988)一书中,他说:

> 从狭隘的主观角度看,我们可以说,大自然之所以有价值,就在于它创造了并维持着人的生命,因而它只有工具价值。但是,从长远的客观角度看,自然系统作为一个创生万物的系统,是有内在价值的,人只是它的众多创造物之一,尽管也许是最高级的创造物。自然系统本身就是有价值的,因为它有能力展露(推动)一部完整而辉煌的自然史。在自然的这出历史剧中,人只是一个后来者;而作为后来者,人类的下述论断显然是狭隘和傲慢的:这个系统对人只有工具价值,只有人才有内在价值,或者,是人把内在价值"投射"给了自然,这两种说法都是错误的。唯一负责的做法,是以一种感激的心情看待这个生养了我们的自然环境,正是它创造了各种各样的价值。②

在人类尚未降临自然界之前,自然生态便业已拥有自身的独

---

① Arne Naess, "Identification, Oneness, Wholeness and Self-Realization," in *Environmental Ethics: An Introduction with Readings*, ed. John Benson (London/New York: Routledge, 2001), 245.

② Holmes Rolston III, *Environmental Ethics*, 198.

立价值,我们不过是藉它觅得快意的后来者之一,罗尔斯顿写道:

> 生态价值(ecological values)对人的价值体验施加着积极的影响,但它们似乎仍是独立于此时此地的人而存在在那里的。大自然是一个进化的生态系统,人类只是一个后来的加入者;地球生态系统的主要价值(good)在人类出现以前早已各就其位。大自然是一个客观的价值承载者,人只不过是利用和花费了自然所给予的价值而已。从许多方面(虽然不是全部)来看,地球系统是一个"幸福之地"。……当我们说,地球是一个"幸运"之地或"富饶"之地——一个有着相当多的机遇且养育了众多生命的地方——时,……那似乎是要客观地评价在人之外所发生的一切。我们说地球是一个"满意"(satisfactory)之地——在其中,不仅人类欣欣向荣,而且其他众多物种也找到了其"满意"的环境,即适宜于它们生存的小生境。①

当代中世纪史学家怀特(Lynn Townsend White Jr.)曾撰文《我们生态危机的历史根源》("The Historical Roots of Our Ecological Crisis,"1967),批评基督宗教信仰的人类中心主义倾向对于人类所遭受的生态危机负有重大责任。他这样写道:

> 在鲜明的对比之下,基督宗教从犹太教继承的不仅是非重复性的线性时间观,而且是令人侧目的创造故事。……人给所有动物命名,从而建立起对它们的统治

---

① Holmes Rolston Ⅲ,*Environmental Ethics*,3-4.

权。上帝显然是为了人类的利益和统治而计划这一切的：在自然的创造中没有任何不服务于人类目的的项目。而且，尽管人的身体由泥土所成，但他并不只是自然的一部分：他依上帝的形象而造。尤其是从西方基督宗教的形式来看，它是世界上最具有人类中心特征的宗教。……人类在很大程度上分享着上帝对自然的超越性。基督宗教在与古代异教和亚洲诸宗教的全面比较中，不仅建立了一种人与自然的二元性，而且坚称，人类为其特有目的开发自然，正是上帝的意志使然。……古时，每棵树木、每眼泉水、每条溪流、每座山丘都拥有其自身的守护神(*genius loci*)。这些神灵与人相通，但与人十分不同，半人马、半人半羊的农牧神和美人鱼便展示了他们的摇摆不定。在人砍伐树木、开挖矿山、阻塞河流之前，安抚掌管特定场所的神灵并让它们一直得到安抚是十分重要的。基督宗教摧毁异教的泛灵论，令以漠视自然对象感受的态度开发自然成为可能。人常说教会用圣人崇拜替代泛灵论，事实如此，但圣人崇拜与泛灵论的运作机制迥异，圣人并非自然对象，他可能有独特的圣坛，但其身份属于天国。而且，圣人完全是人，我们可以用人的方式接近他。……从前保护自然不受人侵犯的自然对象中的神灵不复存在。人类对此世神灵的有效垄断得到确认，开发自然的古老禁令化为乌有。①

---

① Lynn White, "The Historical Roots of Our Ecological Crisis", *Science*, New Series 155, no.3767(1967):1205.

在怀特看来,唯有圣方济(St.Francis of Assisi)"放弃人类作为造物主宰,并在全体上帝造物中建立民主秩序"的谦卑德性方可作为基督教生态伦理的殊途,成为当代生态危机的积极资源。天主教会现任教宗方济各(Pope Francis)亦在生态学方面重提圣方济思想的重要性,他在 2015 年发表的任内第二道宗座通谕《愿你受赞颂:论爱惜我们共同的家园》(*Laudato si':Encyclical Letter on Care for Our Common Home*,2015)中引述圣方济的《造物赞》:"我主,愿你藉我们的姊妹——大地母亲受赞颂。她滋养及管理我们,并出产各种果实和色彩缤纷的花草"。① 教宗方济各说:

> ……圣方济是关怀弱小、爱护整体生态的典范,他充满喜乐并真心诚意地身体力行。他是生态研习者的主保圣人。……圣方济的生活见证帮助我们明白,整体性的生态学(integral ecology)在要求我们态度要开放,要超越数学和生物学语言的各个领域,并带领我们进入做人的核心道理。……他对世界的回应,超越理性的欣赏或经济计算,对他来说,每一个受造物都是他的弟兄姊妹,手足情深。因此,他感到被召照顾万物。……如果在接触大自然和四周环境时,不再抱持惊奇和赞叹的开放态度;如果与世界联系时,不再使用友爱及美的语言,我们的态度就是主人、消费者、单纯的资源利用者的态度,不能为自己的即时需要设定界限。反过来说,如果我们感到自己与万物紧密联结,节制和关怀自然随之而来。圣方济

---

① St.Francis of Assisi, "The Canticle of the Creatures."

的贫穷克己,不是虚有其表的苦行主义,而是更根本的追求:拒绝将现实世界变成纯粹供人使用及操控的对象。……另一方面,圣方济忠于圣经的训诲,邀请我们视大自然为一部令人赞叹的著作,上帝藉此向我们说话,让我们一瞥它的无限美善。……世界不是一个有待解决的难题,而是一个令人喜悦的奥迹,人应以欢愉赞颂之情默观。①

我们注意到,教宗方济各也提到了"整体性的生态学"这一十分"时髦"且具有时代适切性的生态中心论的生态伦理学概念。基督信仰是否仍然拥有其他有益于当今生态伦理学的资源可供深掘呢?让我们回到阿奎那的思想中去做进一步探讨。

第二节　人的灵魂与生态伦理:
对阿奎那的批评

在当代的生态神学讨论中,阿奎那的思想不时受到质疑,其中比较典型的可见于本佐尼(Francisco J.Benzoni)的批评。本佐尼提出,在阿奎那那里,非理性造物(或称"非智性实体")并无自身独立内在的道德价值,只具有服务于地位较高者——理性造物(或称"智性实体")人类——的工具性价值。② 阿奎那这样说:"理性受造物(*intellectuales creaturae*)受

① Pope Francis, *Laudato si'*: *Encyclical Letter on Care for Our Common Home*, §§10-12.

② See Francisco J.Benzoni, *Ecological Ethics and the Human Soul*, 1-9.

到上帝的管治,是为他们自己的缘故而成为关照的对象;而其他受造物可以说是从属于理性受造物的。"①本佐尼对此提出批评,认为上帝的造物不应当仅仅被视为工具,它们应当具有自身的道德价值,无论这一价值是建立在它们自身的基础之上,还是建立在它们对于宇宙或上帝的价值基础之上。由于我们对自己同其他造物之间关系的理解会影响我们的行为,这种将非理性造物视为工具的观点,势将导致生态破坏行为,而阿奎那的思想将会背负上支持破坏上帝创造这一罪责的包袱。② 本佐尼又进一步指出,之所以有观点认为阿奎那的形而上学能够支撑一种将道德价值赋予非理性造物的生态伦理,是因为它们误将"本体论之善"混同于"道德价值"所致。阿奎那虽然强调上帝的一切造物——理性的和非理性的,都具有内在之善(intrinsic goodness)——本体论上的善,而且都服务于宇宙最终圆满的目的,物种的多样性也必然充分反映了上帝的神圣之善,但内在之善并非道德价值(moral value);然而,在阿奎那的形而上学中,"善"和"存在"似是两个可以互换的概念,但"善"是事物存在之潜能现实(实在)化的圆满之"善",并无道德价值的考量。③ 阿奎那自己的论述十分清楚,他说:"善(bonum)与存在(ens)在实质上是同一的;但是善所表达的是值得欲求之理或性质,而存在对此却无所表达",④他接着说,"一切的存在,以其为存在而言,都是善的。

① St.Thomas Aquinas,*Summa contra Gentiles*,III,q.112.
② See Francisco J.Benzoni,*Ecological Ethics and the Human Soul*,14.
③ See Francisco J.Benzoni,*Ecological Ethics and the Human Soul*,22-29.
④ St.Thomas Aquinas,*Summa Theologiae*,I,q.5,a.1.

托马斯·阿奎那 伦理学研究 From Nature to Grace: An Ethical Study of St. Thomas Aquinas

因为一切的存在,以其为存在而言,都是处于现实中的,都有某种程度的完美;因为凡是现实,都是某种完美。而凡是完美的,……都含有值得欲求的和善的性质"。①

本佐尼总结说,任何个别造物是值得欲求或者在本体论上是善的,意思不过是说它拥有现实性并追求现实性。换句话说,任何既定造物的圆满,作为一种目的,都是值得欲求的,但这并不是说它作为人类的目的而值得欲求,因此也不意味着造物拥有道德价值。对于阿奎那来说,任何既定造物谋求保有和增加自身存在这一"本体论之善",并不意味着人类具有看护非理性造物的道德义务。②

在本佐尼看来,正是阿奎那强调人类灵魂拥有理性自由和不朽的灵魂观,造成了人同其他物质造物产生了道德上的分离。③ 由于阿奎那认为,作为理性造物的人,拥有非物质的自立的(*subsistens*)灵魂,这不仅突出了人的优先地位,更在理性造物和非理性造物之间做出了本体论上的二分,并决定了两者在道德价值上的分离。④ 阿奎那在人这一拥有灵魂的智性实体和其他造物之间,建立了一种自由/奴役的二元性关系:

217

---

① St.Thomas Aquinas, *Summa Theologiae*, I, q.5, a.3.

② See Francisco J.Benzoni, *Ecological Ethics and the Human Soul*, 28-29.

③ Francisco J.Benzoni, *Ecological Ethics and the Human Soul*, 41.而本佐尼也指出阿奎那的人类学灵魂观本身在哲学上也是无法立足的,他所作的"物质实体"(非理性造物)与"非物质实体"(人类灵魂)的区分,在哲学上并不成立。请详参 Francisco J.Benzoni, *Ecological Ethics and the Human Soul*, 75-123.

④ See Francisco J.Benzoni, *Ecological Ethics and the Human Soul*, 12.

一个人如果对他自己的活动有主宰权(*dominium*)，他在自己的活动中便是自由的，"因为自由的人即是一个为了他自己的缘故而活动的人"。但一个人，倘若在必然状态下受到另一个人的作用，他就处于奴隶状态。因此，每一个其他受造物都自然地处于奴隶状态。只有理性受造物就本性而言是自由的。不过，在任何一种整体下，为自由人做出的规定都是为了他们自己的缘故，但为奴隶所做出的规定却都是为了让他们可以受到自由人的支配。因此，通过神意(*divina providentia*)，为理性受造物所作的规定都是为了他们自己的缘故，为其他受造物所作的规定则都是为了理性受造物的缘故。①

同时，阿奎那认为，与其他实体②不同，人类的灵魂在人

---

① St. Thomas Aquinas, *Summa contra Gentiles*, III, q.112.

② 在阿奎那的形而上学中，自立体(*subsistentia*/subsistence)是"就其本然或自立存在而非存在于他物内而言"的实体(*hypostasis*/*substantia*/substance)，这里的"实体"是属(*genus*)名，作为专(种 *species*)名的"实体"主要是"就其支撑着偶性(依附体 *accidentia*)而言"的。St. Thomas Aquinas, *Summa Theologiae*, I, q.29, a.2.从词源来看，自立体 *subsistentia* 源自动词 *sub-sistere*，与实体 *substantia* 一词所源自的动词 *sub-stare* 基本同义，但有强调"(为对抗、排斥他物而)自立、自持、自保"之意。由于作为属名的实体 *substantia* 的多义性，为避免混淆，上帝三位一体问题为表达"三位一体"之三"位(格)"(*persona*)，选择用 *subsistentia* 而非 *substantia* 来传译希腊文 *hypostasis*。阿奎那这样说："正如我们以复数的方式，说在上帝内有三位或三位格(*tres personae*)和三自立体(*tres subsistentiae*)；同样，希腊人则说上帝内有三个 *hypostases*。可是，'实体'(*substantia*)这个名称，虽然其本义原与 *hypostasis* 相吻合，但在我们这里却变成具有多义，因为它有时表示本质(*essentia*)，有时却表示 *hypostasis*；所以，为了不造成误解的机会，大家遂宁愿用 *subsistentia* 来翻译 *hypostasis*，而不愿 *substantia*。"St. Thomas Aquinas, *Summa Theologiae*, I, q.29, a.2, ad.2.然而，就灵魂观而言，阿奎那反对奥古斯丁及方济会传统所主张的

的身体消亡之后仍然存留而常存不朽，"理智是不可腐朽的。又因为人的灵魂是一个理智实体，它同样也是不可腐朽的"①，它是"理性活动之根本，……一种无形体的和自立的根本"；②而禽兽的灵魂只有觉性，没有智性或理智，没有身体，便不能独立活动，不是自立体，因而"无理性动物的灵魂就不能离开它的身体而存在，所以它就会随着身体的灭亡而灭亡"。③

在本佐尼看来，阿奎那是假定智性实体为崇高而尊贵者，他们比其他万物更肖似上帝，最接近宇宙整体之善，而其他非

"万物（包括灵魂在内）皆由质料与形式所构成"的普遍质形论（universal hylomorphism），以及中世纪阿拉伯哲学家阿威罗伊（Averroës）及拉丁阿威罗伊主义（Latin Averroism，又被称为"极端亚里士多德主义"radical Aristotelianism 或"异端亚里士多德主义"heterodox Aristotelianism）所宣称的"有一个统一的、作为独立实体而存在的理智"的统一理智论（the Unicity of the Human Intellect），他指出，灵魂是自立体，即可被称为"这一什么（或这一物）"（hoc aliquid），区别于非自立体的动植物等无智魂受造物的灵魂，它拥有专属自身而不依赖身体官能的活动——理智及意志活动，但灵魂缺乏完整的人之本性——人的本性应当是身－魂复合体，它只是人之本性的一部分，所以不是实体（hypostasis）或位格（persona）。他说："'这一什么（或这一物）'有两种意义：一种是指任何自立的东西（subsistens）；另一种是指属于某类别之本性的完整自立体。按第一种意义，其中不包括依附体及质料性形式；按第二种意义，其中也不包括不完整的部分。所以'手'按第一种意义可以说是'这一什么（或这一物）'，但按第二种意义则不是。人的灵魂既然是人性的一部分，按第一种意义可以说是'这一什么（或这一物）'，有如是自立体；但按第二意义则不是，因为灵魂与身体之组合体才是'这一什么（或这一物）'。"St. Thomas Aquinas, *Summa Theologiae*, I, q.75, a.2, ad.1.按照阿奎那的说法，灵魂在上述第一种意义上而为自立体。

① St. Thomas Aquinas, *Summa contra Gentiles*, II, q.79.

② St. Thomas Aquinas, *Summa Theologiae*, I, q.75, a.2.

③ St. Thomas Aquinas, *Summa contra Gentiles*, II, q.82; St. Thomas Aquinas, *Summa Theologiae*, I, q.75, a.3.

智性实体只是宇宙整体之善的一部分,由于部分服务于整体的圆满,因而上帝设置并看护万物,目的也是为了智性实体的福祉,为了成全其美善,因此非智性实体存在的目的,就是成全智性实体及宇宙全体。正如阿奎那所说:

> 我们并不能将智性实体受到神意(*divina providentia*)的安排是为了他们自己的缘故这样一种说法,理解为他们并非更加终极地指向上帝,指向世界的完满性。实际上,把他们说成是为了他们自己的缘故而受到神意的管理,而其他事物则是为了他们的缘故而受到神意的管理,这只是在说:他们通过上帝的善所领受到的各种善并不是为了另一种存在者的好处而赋予他们的,给予其他存在者的那些事物必定转向按照神意供智性实体使用的。①

阿奎那这里的论述旨在驳斥"人杀死无理性的动物即是犯罪"的观点,他强调,"在自然的过程中,按照上帝的照顾,动物是被安排给人享用的。因此,人享用动物是没有什么不正义的,无论是杀死它们还是以任何一种方式奴役它们,都是如此"。②

本佐尼对阿奎那思想体系在生态伦理上的应用给出了负面的评价,认为阿奎那对人类灵魂和神意的理解,既无法提供一套富有建设性的生态伦理,将道德价值赋予非理性造物,同时也难以发展出一种神学伦理,去肯定上帝造物的道德价

---

① St.Thomas Aquinas, *Summa contra Gentiles*, III, q.112.
② St.Thomas Aquinas, *Summa contra Gentiles*, III, q.112.

值。① 我们看到,这里所讨论的本佐尼的立场,与前述怀特对基督宗教生态观的批判有呼应之处。阿奎那作为基督宗教的代表思想家,同样符合怀特所做出的人类中心主义倾向及生态危机制造者的指控。

第三节 善之等阶与生态伦理:对阿奎那思想的正面发掘

与本佐尼的负面评价刚好相反,在当代的生态伦理讨论中,也有一些学者对阿奎那的生态遗产持正面肯定和欣赏的态度。

谢弗(Jame Schaefer)尝试从教父及中世纪时期神学家著作当中寻找有助于当代生态问题思考的资源,当中可归纳为九大概念:重视创造之善(valuing the goodness of creation)、欣赏创造之美(appreciating the beauty of creation)、敬畏圣事化的宇宙(reverencing the sacramental universe)、尊重创造对上帝的称颂(respecting creation's praise for God)、在创造的整一性当中合作(cooperating within the integrity ofz creation)、承认造物间的亲缘及伙伴关系(acknowledging kinship and practicing companionship)、节制而感恩地使用创造(using creation with gratitude and restraint)、合乎道德地生活在地球共同体当中(living virtuously within the earth community)、热爱地球(loving earth)等。对应这九大概念,天主教传统对人之位格的理解

---

① Francisco J.Benzoni,*Ecological Ethics and the Human Soul*,127.

也有数种范式,都是有助面对生态关切的,包括:善的创造之内在—工具性价值之评价者(the intrinsic-instrumental valuer of the good creation)、美丽和谐的创造之审美欣赏者(the aesthetic appreciator of the beautiful and harmonious creation)、上帝的临现和特性能够通过它得以感知的圣事化创造之敬畏者(the reverence of the sacramental creation, through which God's presence and character can be sensed)、造物和创造全体称颂上帝的诸多方式之敬仰者(the respecter of ways in which creatures and the totality of creation praise God)、从宇宙论—生物学连续统一体当中产生的诸实体之伙伴(the companion of entities that have emerged from the cosmological-biological continuum)、出于对上帝的感恩而对创造有节制之使用者(the restrained user of creation out of gratitude to God's generosity)、为着人类此世福祉和上帝荣耀而热爱受造的人(the lover of creation for human well-being in temporal life and God's glory)、有德性的合作者(the virtuous cooperator)。①

　　不同于本佐尼对阿奎那"非理性造物的工具性之善"的严厉批评,谢弗引述并推许阿奎那的观点,尤其是他的"善之等阶"理论,就是高等造物为生存而依赖于低等造物的"保育的秩序"(order of conservation),虽然造物各自的内在价值和能力存在明确的等级高下之分,处于低等为高等所用的工具性"等级链"当中,但均有贡献于宇宙万物整体之善,面向宇宙圆满的最终目的,并拥有着各自的价值。尽管人类在造物

---

① Jame Schaefer, *Theological Foundations for Environmental Ethics*, 279.

中拥有最高程度的善,可使用众造物以维生及获得上帝的知识,最终达致与上帝同在之真福;但人类将造物当作手段和工具加以使用,并非为着满足自身过多的欲望,而是为了上帝的缘故,为着共同之善(*bonum commune*),这也是上帝赋予一切造物的自然(本性)倾向。因此,造物之间在既定的等阶秩序下相互协作、互为关联的关系,正是上帝之善的体现,而整个宇宙不过是上帝实现自身目标的工具。[1]

谢弗肯定教父神学家和中世纪神学家的教导,包括从内在和工具性两方面来评价上帝的创造,教导基督徒们在预备与上帝一起的永恒命运时,仅仅消耗维持现世生命之所需。[2] 说事物为着他者的缘故而拥有工具性价值,同时为着宇宙圆满的缘故而具有内在价值,二者之间其实并不自相矛盾,因为阿奎那对自然万物做出上帝(神)中心论的评价,将它们视为上帝有秩序的创造。[3] 从阿奎那的思想所推演出来的生态伦理是以上帝为中心的,处于等阶链中的每一个被造物都是上帝创造的圣事化临现,一切受造均来自于上帝,拥有着上帝赋予的内在之善,并在工具性之善当中指向上帝,指向宇宙最终的圆满。

与此同时,谢弗更是着重于阿奎那对于人和其他非理性造物之间的那种使用者—被使用者关系的道德关切,虽然是

---

[1] Jame Schaefer, *Theological Foundations for Environmental Ethics*, 20-25.

[2] Jame Schaefer, *Theological Foundations for Environmental Ethics*, 29.

[3] Jame Schaefer, *Theological Foundations for Environmental Ethics*, 78-79.

肯定非理性造物对于理性造物的工具性价值，但这种肯定本身并不会对生态问题带来灾难性后果，而真正带来不良后果的，是理性造物在使用非理性造物时的态度和举动，而对于后者，阿奎那亦有所提及。阿奎那严禁过度使用上帝的造物，他指出：

> 人具有这样一种天资（*naturaliter*），他可以使用低级的事物来满足他的生活需要。不过，物质消费存在有一个确定的尺度（*mensura determinata*），符合这一尺度，对上述事物的使用便适合于人生，倘若置这样一个尺度于不顾，便会产生有害于人的结果，这一点在饕餮贪食中是很明显的。所以，有一些人的行为是本性合适的，而另外一些人的行为则是本性不合适的。①

而不适度地乱用便是犯了贪婪之罪。谢弗指出，在教父神学家和中世纪神学家看来，信仰"上帝是造物主和维护者"的人们，应当在使用其他造物时运用自己的理性能力，否则便会令自己在构成宇宙的其他造物中间尊严扫地，将自己降格到非理性造物的水平，而未能依靠自身的自然能力使用其他实体，便是违背上帝的意图。② 谢弗尤其突出了阿奎那所提及的在其他造物上有所行动时应当持有的四种德性：智、勇、节、义；谢弗认为，通过阿奎那的观点，信仰者们应当能够理解，上帝已经在他们的人性当中无偿地注入了惯于以德性的方式同其

---

① St.Thomas Aquinas, *Summa contra Gentiles*, III, q.129.

② See Jame Schaefer, *Theological Foundations for Environmental Ethics*, 196-197.

他造物相关联的能力。①

　　谢弗认为,阿奎那将友爱之爱(*amor amicitiae*)间接地拓展到了其他造物之上:非理性造物一方面可以被视作是人类为了上帝的荣耀而希望保有的美好事物而加以喜爱;另一方面也可以被看成是用来维系人类此世生命,为求与上帝同在之真福的工具而加以喜爱。关于后一方面,正如我们前面所述,其他造物在为人所用时,是被严格限制在满足生活所需的程度上,而这种对地球上的造物的友情之爱,将激发人类符合道德地对待其他造物。② 在谢弗看来,阿奎那思想反映出人作为理性造物,同造物主、非理性造物之间,是一种德性合作者的关系,造物依照上帝赋予的本性和宇宙的秩序,与上帝合作而追求个体及共同之善,执行上帝的计划,人借上帝恩典同上帝合作,而依德性处理同其他造物的关系,以实现此世之善,追求与上帝同在的永善与真福。③

第四节　上帝创造的人与生态:从阿奎那反思生态伦理

　　与谢弗相似的是,詹金斯(Willis Jenkins)也是十分正面

225

---

　　① See Jame Schaefer, *Theological Foundations for Environmental Ethics*, 245－46. 关于阿奎那所论的四种德性, See Jame Schaefer, *Theological Foundations for Environmental Ethics*, 231－246.

　　② See Jame Schaefer, *Theological Foundations for Environmental Ethics*, 260.

　　③ Jame Schaefer, *Theological Foundations for Environmental Ethics*, 269－270.

地评价阿奎那在生态伦理上的正面价值,但相对而言,詹金斯则更多是由阿奎那思想出发去反思生态伦理问题的。

詹金斯考察阿奎那如何为生态正义的战略目标——即为"人类行为符合创造之整全"——提供神学资源,他认为阿奎那思想中创造之整全与圣化的救恩论之间的关联,为生态正义战略提供了富有前景的基础,换句话说,"关于生态正义的神学思想,其核心焦点——创造之整全,在阿奎那看来,存在于一种朝向认识上帝的救恩论运动当中"。① 詹金斯指出,那些认为人类中心主义只会给生态(环境)神学带来重重问题的人们,忽略了一点,就是阿奎那是把人类置于一个具有自身整全性的造物宇宙当中的。②

阿奎那对于(超性)恩典和自然(本性)关系的论述,强调造物与上帝之间有一种特定的关系,上帝通过人对其他造物的使用而令人圆满,而人则可以运用自己作为造物所具有的能力,在恩典之下认识上帝,这令圣化之恩典和创造之整全紧密相连。按照阿奎那的观点,造物之整全无法和上帝成为人类朋友的方式分割开来,因为世界从本性上属于上帝,而上帝则利用人对(在本性上同样属于上帝的)万物的经验,而令人从属于上帝的特定方式变得圆满。阿奎那强调创造承担着上帝的自我启示,造物体现了神圣之圆满,造物实现自身本性的圆满,便是成全自己同造物主之间的真正关系。从而,"创造之整全不仅包括个别造物,也包括令它们之间相互关联的秩

---

① Willis Jenkins, *Ecologies of Grace*, 115-116.
② Willis Jenkins, *Ecologies of Grace*, 118.

序,亦包括它们一道所组成的自然整体——作为一切创造的共同之善,这便是塑造自然之圆满的生态脉络"。①

创造之整全包括自然的有序统一体和多样性,一切造物均分有上帝的尊严和美善,依其各自特定的、既有的本性而走向圆满,走向上帝这一最终目的。阿奎那说:

> 因为它(上帝)为了将自己的美善分施于受造物,并借着它们彰显自己的美善,于是产生万物,使它们存在。由于借着一种受造物不能充分彰显上帝的美善,就产生了形形色色的受造物,使一种受造物在彰显上帝的美善上所短缺的,由另一种受造物来弥补;因为上帝所有的美善是单纯的和一致的,受造物所有的美善则是复杂的和分划的。因此,宇宙整体,比其他任何一种受造物,更完美分享上帝的美善,以及彰显上帝的美善。②

上帝的美善是以一种层阶的方式体现在造物的多样性当中的:

> 最好的原因所做的,是产生自己的最好的整体效果:他并不是使整体的每一部分都成为绝对最好的,而是按照部分与整体的比例或关系。如果动物的每一部分都像眼睛那样尊贵,那么动物的美善就不存在了。所以,上帝之使整个宇宙成为最好的,也是按照整体受造物的方式,而不是使每一个受造物都成为最好的,反而是使一个优于另一个。③

① Willis Jenkins, *Ecologies of Grace*, 122.
② St.Thomas Aquinas, *Summa Theologiae*, I, q.47, a.1.
③ St.Thomas Aquinas, *Summa Theologiae*, I, q.47, a.2, ad.1.

造物的个体之善与造物主的神圣之善之间存在着一种比例或关系,体现着上帝创造的正义原则,从而也为生态正义提供了终极的根基。詹金斯指出,阿奎那的"存在之等阶链"并不是一种按道德属性排列的连续体,而是指造物对上帝之圆满层递式的参与。①

阿奎那在《驳异大全》(*Summa contra Gentiles*)中曾驳斥"事物中所发现的所有差异性都是由功劳的差异性(*diversitate meritorum*)产生出来的"的观点,他说,"事物的差异性和多样性是由第一活动主体(即上帝)的原初意向产生出来的,而不是由功劳的差异性和多样性产生出来的"。② 与佛教思想或希腊教父奥利金(Origen)的观点有所不同,③阿奎那认为,上帝创世的正义原则不同于功劳赏报的正义原则:

> ……在物的组织或构成方面,部分之间的不平等,却不是由于先前的不平等,无论是功劳的,或甚至质料配备的不平等,而是为了整体的完美。正如这在艺术工程上所指明的:屋顶与屋基所以有差别,并不是因为所用的材料不同,而是为了使房屋由于部分不同而成为完美,工程师才尽力寻找各种材料而完成它。④

由此可见,理性造物和非理性造物之间的不平等,并不是道德

---

① See Willis Jenkins, *Ecologies of Grace*, 124.

② St.Thomas Aquinas, *Summa contra Gentiles*, II, q.44.

③ 佛教的因果轮回观念,倾向于以前世作业来解释今世之成为不同形式的生命,而奥利金也倾向于认为是自由的灵体,由于误用自由而堕落,因而取得不同形式/重量的身体,成为不同种类的生命。See Origen, *De principiis*.

④ St.Thomas Aquinas, *Summa Theologiae*, I, q.47, a.2, ad.3.

上的高下有别,而都是出自于上帝的创世计划,目的是为了创造之整全的圆满。因此,詹金斯称赞阿奎那不单有助挽救对造物的"道德考量",更为尊重个体造物、生物多样性和整个生态系统提供神学上的理据。①

阿奎那把人并入到了创造之整全当中,与其他造物一样,人也参与宇宙整体之善和神圣之圆满。但不同的是,人能够藉恩典追求超出自身能力之外的超性目的和美善。而上帝亦通过与人交友,视人为上帝自我相通的一部分,藉圣化之恩典让人在创造之美善中认识上帝——通过可见的造物享见不可见的上帝,教导人以默观和实践的方式使用造物,从而让人走向圣化之圆满。在对其他造物的使用当中,人和其他造物一道进入到同上帝的友爱关系;因此,成为生态系统的一个成员,便是分享神圣的生命。② 詹金斯承认,如果依照当代标准,阿奎那之"低等造物服膺于高等造物的使用"是一种人类中心主义的观点,但这种判断将会错过他于"创造在塑造人之位格中的角色"这一问题上的神学见地;因为在阿奎那看来,其他造物亦有助于上帝对人的圣化,它们为人所用,也只是为了追求自身的善和圆满而已。③ 也就是说,上帝是通过人对其它造物的理性使用来圣化人的。而阿奎那"人与其他

①　See Willis Jenkins, *Ecologies of Grace*, 125.

②　See Willis Jenkins, *Ecologies of Grace*, 130.

③　在此也许可以加一点解释及发挥如下:借用圣经的比喻,一粒麦子落在地里死了,及后结出许多子粒来,这固然很有价值,也可以说是成就了自身的善;但若是给人或其他动物吃了也是很有价值,也意味着成就了自身的善;但若给人拿来造饼,这饼有可能成为圣餐的一部分、甚至可能成为五饼二鱼的神迹中的饼,那也许更有价值,更能成就自身的善。

造物之间使用/被使用关系"的范型,在神意下的自然秩序中,并不容许破坏行为,而是对一种潜藏着圣化动力的生态秩序的认可。①

然而,对创造的良好使用所仰仗的,不仅仅是理性审慎的态度,而是对创造的爱。詹金斯认为,阿奎那的正义及爱观念,勾画出了一种道德生态学的轮廓,可以引导我们建构基督宗教生态伦理学。② 也可以说,上帝的恩典照明了一种通过与世界建立友爱而与上帝建立友爱的道德生态学。③ 在阿奎那看来,圣爱(*caritas*)的恩典所完善成全的爱德,亦应涵摄无灵的非理性造物,"如果我们把无灵之受造物,看作我们愿意别人得到的善或利益,譬如说:我们愿意保存它们,是为了上帝的光荣以及人们的用处,那么也可以用爱德去爱无灵之受造物。上帝也是以这种方式用爱德爱它们"。④ 圣爱是人类藉以从物质上介入当下世界的形式,圣爱让人转向世界,真正地聆听和观照我们的造物伙伴,让我们在以称颂的名义荣耀上帝同时,也能够揭示我们被给予而栖居于其上的地方,并学会如何在爱的知识中对它做出回应。因此,圣爱指称一种更为广泛的正义,它积极推动创造自身之善,从而支撑着生态正义——人之外的非理性造物自身之整全。⑤ 根据阿奎那的观点,上帝的创造成全了人的圣化,而获得恩典的人类紧接着则

①　See Willis Jenkins, *Ecologies of Grace*, 132.

②　See Willis Jenkins, *Ecologies of Grace*, 134.

③　See Willis Jenkins, *Ecologies of Grace*, 138.

④　St. Thomas Aquinas, *Summa Theologiae*, II-II, q.25, a.3. 关于阿奎那对圣爱/爱德的讨论,请参考本书第五章。

⑤　See Willis Jenkins, *Ecologies of Grace*, 139–141.

协助实现创造之整全,因为上帝不仅通过人类同创造的特殊关系而令人类圆满,它也通过这一关系令创造本身圆满。①

阿奎那反对那些认为"有形体造物的受造不是为了上帝的美善,而是为了精神体造物"的观点。他说:

> ……整个宇宙是由一切受造物而组成,如同整体由部分而组成一样。……每一受造物都是为了自己所固有的行动与完美。其次,较不尊贵的受造物是为了较为尊贵的受造物,例如:人以下的受造物都是为了人。再其次,每一受造物都是为了整个宇宙的完美。再其次,整个宇宙与自己的每一部分都是归向上帝,如同归向目的一样,这是说,它们借着某种仿效或相似,彰显上帝的美善,以光荣上帝。……由此可见,上帝的美善是一切形体受造物的目的。……邻近目的并不排除最后目的。所以形体受造物的受造,多少是为了精神体的受造物,这并不排除它们的受造,也是为了上帝的美善。②

创造被予以人类使用,并不是说创造之整全被化约成人类的用品,服务于人类发展的最终目的。按此而言,宇宙是为上帝所规定的,是以上帝作为其最后目的的,所以只有在此意义上,才可以说其他造物服务于人类的最终目的。

詹金斯接着讨论了自然之恶问题,他指出,如何阐释创造、包括创造中的恶,也是生态正义战略所必需的。③阿奎那强调恶不是一种存在或本性,而"是构成道德种类的差别,它

① See Willis Jenkins, *Ecologies of Grace*, 141.
② St.Thomas Aquinas, *Summa Theologiae*, I, q.65, a.2 & ad.2.
③ See Willis Jenkins, *Ecologies of Grace*, 144.

也是与另一善之取消或缺乏（privatio）相关联的某种善"。①
在这样一种善恶观念的指导下，阿奎那认为自然当中恶的存
在，尽管令造物有所欠缺，但恰恰反衬出了上帝之善来：

> 上帝、自然，以及任何主动者或成因，是作那在整体方
> 面的更好的，而不是在每一部分的更好的，除非是就它们
> 对整体的秩序来说。……可是如果整体的某些物，在美善
> 方面能有所亏缺，而且在上帝不阻止的情况下，有时实际
> 有所亏缺，则整体，即宇宙万物的整体，就会更好和更完
> 美。一方面，因为上帝的照顾，并不是毁灭自然本性，而是
> 保持自然本性。……而物的自然本性却是可能有所亏缺，
> 以及有时也实际有所亏缺。另一方面，……上帝的大能，
> 大到能由恶中生善。因此，如果上帝不容许任何恶存在，
> 那么许多的善都将被撤除。因为除非消耗空气，就不会生
> 火；除非驴被捕杀，狮子就不会保存生命；如果没有罪恶，
> 那么，报复的正义和饱受痛苦的坚忍，都不会受到赞扬。②

阿奎那教导基督徒如何拥抱一个暴力和美善并立的世界，不
要把这个世界中对人类有害的自然运动看作是道德上的恶，
不要鄙视那些对我们有所不利的造物，不要找借口逃避对地
球满怀爱心的认识。而造物之间的互相依赖（如食物链关
系）是上帝安排的秩序，也是上帝向创造传递美善的途径。③
　　詹金斯推崇阿奎那思想在生态正义上的运用，他强调，阿

---

① St.Thomas Aquinas, *Summa Theologiae*, I, q.48, a.1, ad.2.
② St.Thomas Aquinas, *Summa Theologiae*, I, q.48, a.2, ad.3.
③ See Willis Jenkins, *Ecologies of Grace*, 145-147.

奎那关于恩典的论述,拒绝在人类和创造之间、人类中心主义和生态中心主义之间制造对立,他确立了创造的两项指导原则:人类原则和整体论(holism)原则,二者分别对应创造在人类当中(集中地)和在宇宙整体当中(广泛地)实现双重圆满。被造秩序通过将万物归并入持续性整体当中,而成为上帝保有性之善的媒介。与此同时,人类则通过审慎使用特定造物,而把它们带到人自身的圆满秩序当中。[1] 在詹金斯看来,阿奎那的思想协调了人类中心主义、神中心主义和生态中心主义,但也可以说是抵制了这种类型论的简单划分,避免被轻易地归入以上任何一者,因为他看到,透过邀请人类进入与所有造物的亲近性所塑造的友爱,上帝将受造移向祂自身,而正是在耶稣基督这一圣爱的化身当中,一切造物通过上帝与人类的友爱而走向上帝。[2]

第五节　分析对阿奎那的不同评价

相比谢弗及詹金斯对阿奎那的评价,本佐尼对阿奎那的批评便显得甚为偏颇。也许由于本佐尼认为,生态问题的症结在于对人与其他受造在价值上的对立二分(bifurcation),因此他的讨论基本上只集中在人的灵魂问题上,而他所采取的立场是褒扬怀特海(Alfred North Whitehead)而贬抑阿奎那,忽略了从阿奎那的思想作为一个整体这个更为宽广的视野去

See Willis Jenkins, *Ecologies of Grace*, 149.

② See Willis Jenkins, *Ecologies of Grace*, 150.

评价,而对阿奎那思想中比较合乎生态的思想部分,更是有意无意地略去不谈。

然而,更值得注意的是,在对阿奎那的评价上的分歧,基本上是反映了双方更根本的前设。本佐尼所预设的,是以人为中心及以生态为中心的对立二分,并且是反对以人为中心而倾向于以生态为中心的,因此凡是有以人为中心的思想的表面证据,例如阿奎那的灵魂观,本佐尼便集中火力予以批判。对阿奎那的思想作正面评价的,例如谢弗及詹金斯等,并未预设以人为中心及以生态为中心的对立二分,更未有预设以生态为中心的立场,相对来说较能持平和全面地评估阿奎那的思想。一个值得思考的问题是,是否一定要接受本佐尼的预设,即以人为中心及以生态为中心的对立二分,甚至认为只有以生态为中心才是有效的生态伦理呢?

正如环境伦理学家马利埃达(Don E.Marietta Jr.)的理论提出,环境整体主义和以关切人类福祉为核心的人本主义道德哲学之间,或说在非人类中心主义和人类中心主义之间,并不是一种必然对立。① 马利埃达所提倡的,是一种人本整体主义(humanistic holism)的立场,它一方面主张一种整体主义,肯定生态之整体有其价值,但另一方面也不忽视人类文化的角色以及人的位格价值。② 马利埃达认为,恰当的环境伦

---

① See Don E. Marietta Jr., *For People and the Planet*: *Holism and Humanism in Environmental Ethics* (Philadelphia: Temple University Press, 1995) , 79.

② See Don E. Marietta Jr., *For People and the Planet*: *Holism and Humanism in Environmental Ethics* (Philadelphia: Temple University Press, 1995) , 5.

理,应当在逻辑上连贯,合乎对自然界的科学知识,并能为所面对的环境问题提供道德上的指引,而这种也可称为整全的人类中心主义(holistic anthropocentrism)立场,才是在科学上为可信、并在道德上为恰当的人本主义。①

马利埃达更提出,如若以理性主义或普遍主义的形式去建立环境伦理的基本准则,根本是难以达到的,并且只会让人以没有普遍绝对的准则为借口,使当中的伦理要求全然失落。② 抽象的绝对主义伦理观由于过于简单,难以面对复杂的生命,且易于忽视特定处境中难以对应的部分,更未能认同嵌入特定处境中复杂的人之本性。③ 因此,马利埃达建议用一种脉络式(contextualist)及多元式(pluralist)的伦理学进路,来取代前述的伦理学普遍立场。④ 这就是说,伦理的准则不一定是绝对、普遍而定言(categorical)的,而是可以视乎行动者的世界观与道德信念的。⑤ 这一进路突出人对于自然环境

235

---

① See Don E. Marietta Jr., *For People and the Planet*: *Holism and Humanism in Environmental Ethics* (Philadelphia: Temple University Press, 1995),7.

② See Don E. Marietta Jr., *For People and the Planet*: *Holism and Humanism in Environmental Ethics* (Philadelphia: Temple University Press, 1995),195.

③ See Don E. Marietta Jr., *For People and the Planet*: *Holism and Humanism in Environmental Ethics* (Philadelphia: Temple University Press, 1995),152.

④ See Don E. Marietta Jr., *For People and the Planet*: *Holism and Humanism in Environmental Ethics* (Philadelphia: Temple University Press, 1995),196.

⑤ See Don E. Marietta Jr., *For People and the Planet*: *Holism and Humanism in Environmental Ethics* (Philadelphia: Temple University Press, 1995),181.

的脉络式义务,注重在具体处境之脉络中,道德行为对自然环境之义务的适宜性(fittingness),而个体世界观也包含在此脉络之中。① 这种脉络式和多元式的伦理体系,承认道德决断中的不确定因素,并允许可取的灵活性和创造性,以求在崭新的、复杂的处境中,觅得适当的和负责的道德行为,务求解决对个人、对社会以及对自然世界义务之间的冲突。②

参考马利埃达的观点,③也许我们可以说,阿奎那正是由于从上帝创世的视角,超越了人类为中心与生态为中心的对立。这一视角,一方面肯定一切受造在价值上各有不同,但皆贡献于受造的整全,从而肯定人对其他受造的爱与责任;但另一方面也肯定人对万物的使用,目的在于改善人的生活以至完善成全人的本性,而不是满足人无穷的欲望,因此对大自然的资源要取之有度、用之有道,更要贡献于受造的共同之善。最后,此一视角更尝试在一个爱的秩序中去处理不同层次、甚至不能并存的道德责任。

顺着马利埃达多元而处境化的进路,我们也许值得再进一步从中国文化的角度来考量阿奎那的生态伦理。

---

① See Don E. Marietta Jr., *For People and the Planet*: *Holism and Humanism in Environmental Ethics* (Philadelphia: Temple University Press, 1995),8-9.

② See Don E. Marietta Jr., *For People and the Planet*: *Holism and Humanism in Environmental Ethics* (Philadelphia: Temple University Press, 1995),10-12.

③ 有关马利埃达的观点,可进一步参见赖品超:《文化多元与生物多样:从跨文化对话的生态转向反思基督宗教的环境伦理与宗教对话》,载卓新平、许志伟编:《基督宗教研究》2006年第9辑。

第六节　中国文化语境下的生态伦理

从当代中国文化的角度观之,无论是传统文化中的儒家还是作为当代中国主导意识形态的马克思主义(Marxism),都倾向于否定生态中心主义,尤其是生态的平等主义。[①] 在这样的社会与思想环境中,高举生态为中心的伦理尤其是一种漠视经济发展的生态伦理,往往会被视为陈义过高和脱离现实。反观阿奎那式的生态伦理,虽然表面上看来颇为静态,并且似乎不够激进或彻底,但它的长处却又正是在于:它在肯定不同存在者的价值以至人对不同存在者的责任时,能正视这些不同的价值与责任的高下取舍问题。这种比较务实的态度,不单更易于落实在具体的伦理抉择上,也许更为有助于处理生态保育与经济发展的张力。

正如罗尔斯顿所提出,一些学者曾尝试从印度教、佛教和道家/道教等亚洲宗教汲取资源,以建立当代的环境伦理,但这些亚洲宗教对大自然的态度往往是浪漫及理想化有余,却未有正视自然(本性)的恶(natural evils),落实在具体实践的层面时则往往寸步难行,因为它们既肯定一切众生皆有内在价值,但又无法在实际的取舍抉择中做出主张。[②] 显然,罗尔斯顿这种对亚洲宗教的概括性批评存在不少争议之处,例如

---

① 参见王雨辰:《论生态学马克思主义的生态自然观和生态价值观》,《鄱阳湖学刊》2009 年第 2 期。

② See Holmes Rolston III, "Can the East Help the West to Value Nature?" *Philosophy East and West* 37, no.2(1987):172–190.

从生态学的角度而言,主张"天地不仁,以万物为刍狗"的道家是否真的未能正视自然的恶,便是一个有待讨论的问题。①然而更值得留意的是,罗尔斯顿的批评明显并不适用于儒家,因为儒家肯定人的特殊地位与别类生物的价值,并尝试融合这两种似乎具有一定张力的价值,更提出了一种类似于层级或秩序的观念以处理此张力。② 例如王阳明提出:

> 比如身是一体,把手足捍头目,岂是偏要薄手足?其道理合如此。禽兽与草木同是爱的,把草木去养禽兽,又忍得。人与禽兽同是爱的,宰禽兽以养亲,与供祭祀,燕宾客,心又忍得。至亲与路人同是爱的,如箪食豆羹,得则生,不得则死,不能两全,宁救至亲,不救路人,心又忍得。这是道理合该如此。③

儒家认为,自然关系的亲疏应在伦理中占据重要位置,爱应该是有区分、有差等的;仁的原则是同一,但当应用到不同关系时却有分别,此即所谓理一分殊,如此方为合乎人性。因此,儒家不会支持一种认为人与非人是绝对平等的深层生态学观点,反而会尝试在人类中心主义与生态中心主义之间寻求一种平衡。④

---

① 一个初步的讨论可参见赖品超:《休谟〈自然宗教对话录〉第十至十一章:一个跨文化的解读》,《哲学门》2006年第14辑。

② 参见赖品超:《宗教对话的生态转向:从儒耶对话到耶佛对话》,《新世纪宗教研究》2005年第12期。

③ 王阳明:《传习录·黄省曾录》。

④ 参见陈来:《道德的生态观:宋明儒学仁说的生态面向及其现代诠释》,载赖品超、李景雄合编:《儒耶对话新里程》,(香港)崇基学院宗教与中国社会研究中心,2001年,第54—55页。

依此而言,阿奎那式的进路与儒家的关注和进路是相当类似和值得比较的。虽然二者的分别仍是明显的,因为儒家、尤其王阳明一系,倾向于由人自身出发去思考或建立此种秩序,①而阿奎那式的进路较为倾向于以上帝的计划出发,但二者皆尝试在人类中心主义与生态中心主义之间取得平衡下,集中处理如何在人类与自然发生利益冲突时做出取舍的问题。而与儒家尤为相似的是,阿奎那式的进路也是尝试以一种爱的秩序(ordo amoris)来处理当中的取舍,这种爱的秩序不仅肯定人的自爱(self-love),也肯定父母子女间的爱(parental and filial love),以至对亲属、对一般人乃至对万物的爱,而这些不同的爱却又是有优次的,当然这不等于纯由生物上的亲疏联系去决定一个普遍的高下排序(ranking),但人很自然地会爱自己的家人多过其他人,而圣爱是包含而不是否定符合人自然本性的爱(natural love)的倾向和需要。② 可以说,阿奎那式的进路不仅颇能对应中国处境或曰汉语语境,并将有助促进基督宗教与儒家思想就生态议题的对话。③ 此外,近年有论者倾向于将基督宗教与儒家的思想作一个简化的比较,认为儒家思想基本上是一种血亲伦理,而基督宗教则是一种非血亲伦理或曰超血亲伦理——意味着是一种纯然无

239

---

① See Tu Wei-ming, "Confucianism," in *Our Religions*, ed. Arvind Sharma (San Francisco: Harper San Francisco, 1995), 141-146.

② See Stephen Pope, *The Evolution of Altruism and the Ordering of Love* (Washington, D.C.: Georgetown University Press, 1994), 50-76.

③ 相关的对话请参见赖品超、林宏星合:《儒耶对话与生态关怀》,宗教文化出版社 2006 年版。

差等的爱。① 对于儒家是否是一种血亲伦理,中国哲学界近年已有不少讨论,不必在此赘述;但就基督宗教方面来说,一个值得提出的质疑是,究竟基督宗教所讲的爱是否就纯粹只是一种自我牺牲的、无差等的圣爱(agape),是彻底地与欲爱(eros)对立或分离? 不错,基督新教神学家虞格仁(Andres Nygren)曾有类似的主张,②但这种主张不仅受到同为基督新教神学家的蒂利希的否定,③更是有别于荣休教宗本笃十六世(Pope Emeritus Benedict XIV)的宗座通谕《上帝是爱》(*Deus caritas est*)所代表的"圣爱与欲爱虽有分别却不分离(统合)"的天主教传统。④ 就阿奎那的例子而言,虽然他的伦理学并非全然基于血亲关系,但他也并不否定血亲关系在伦理思考中所扮演的角色和重要性,同时更不否定亲疏有别的伦理思考。若阿奎那作为基督宗教的代表,上述那种将基督宗教与儒家伦理作简化的对立二分的做法,则是值得进一步商榷的。

---

① 戴立勇:《仁爱与神学:中西慈善精神对比》,《汉语基督教学术论评》2009 年第 7 期。
② 虞格仁:《历代基督教爱观的研究:爱佳泊与爱乐实》,薛耕南等译,(香港)中华信义会书报部,第一册 1950 年;第二册 1952 年。
③ 王涛:《圣爱与欲爱:保罗·蒂利希的爱观》,宗教文化出版社 2009 年版。
④ 王涛:《圣爱与欲爱:灵修传统中的天主教爱观》,香港中文大学天主教研究中心,2009 年。

第 七 章

婚姻与性伦理

——婚姻中的两性关系：传统与挑战 ①

第一节　婚姻·圣事

婚姻是天主教会传统所尊奉的七件圣事（*sacramentum*）之一。② 天主教会的"天使博士"（*doctor Angelicus*）托马斯·阿奎那的神哲学曾被尊为天主教会官方思想，它以古希腊爱智传统精髓为基础，并在基督信仰润泽下加以整合提升，具有深厚的智慧积淀，其穿透力和深度仍可为今日情势所借鉴参考。阿奎那的婚姻伦理也构建了天主教会婚姻伦理的基础，其对于作为教会圣事之一的婚姻的理解、特别是对于夫妻性事（房事）的观点，作为教会传统立场的代表，一方面能对当今社会的新思潮、特别是处于重大转型时期的中国世俗社会的

---

① 本章节部分内容以《婚姻圣事中的性事：圣多玛斯的婚姻伦理》为题刊载于《国学与西学》2017 年第 12 期，第 81—93 页。

② 天主教会的七件圣事包括：圣洗（*Baptismus*）、坚振（*Confirmatio*）、圣体（*Eucharistia*）、告解（*Poenitentia*）、终傅（*Extrema Unctio*）、神品（*Ordo*）、婚姻（*Matrimonium*）；基督新教则取消其中五种，仅保留洗礼与圣餐礼两种，称为"圣礼"。

新处境做出回应,与此同时,在另一方面其自身也面临着诸多挑战。

晚年的阿奎那突然声称接收到启示,把自己正在编写的神哲学传世巨著《神学大全》贬称为无足轻重的"稻草",并就此搁笔。数月后,随着阿奎那的辞世,《神学大全》终成未竟之作。随后,道明会会友雷巨纳神父(Reginald of Piperno)根据阿奎那生前关于中世纪通行神学教科书——彼得·隆巴(Peter Lombard)《四部语录》(*Sententiarum Libri Quatuor*)的《四部语录注释》(*Commentum in quatuor libros Sententiarum magistri Petri Lombardi*),以《神学大全》的固有风格补全了阿奎那在《神学大全》第三部分业已展开的关于"圣事"以及"万民四末"(*Quattuor Novissima*)①的讨论,是为《神学大全·补编》(*Supplementum*),方令这部思想巨制得以全身泽被后学。而关于婚姻圣事的讨论便主要集中于该部分当中。

阿奎那指出,婚姻属于自然法(*lex naturalis*)范畴,因为人的自然本性倾向于婚姻。但婚姻并非强制性的法令,人可以选择世俗的两性婚配生活,也可选择不婚的默观生活,人人各尽其职,并无停止人类繁殖的危险可言。② 在阿奎那看来,婚姻有三重目的,其首要目的是为了子女的利益,也就是生儿育女,并使子女达到人之为人的完美境界——德性的境界,赋予子女以存在、养育和教育;婚姻的次要目的则是立足于夫妻二人的关系,夫妇彼此合作家务,度家庭生活,彼此忠信,特别

---

① "万民四末"为天主教会所指的人类最后四件事,即死亡、审判、天堂、地狱。

② See St.Thomas Aquinas, *Summa Theologiae*, Suppl., q.41, a.2, ad.4.

体现在"压伏私欲偏情"上,关于这点我们容后详述;婚姻的偶然目的,是"人类的联合与友谊的促进"。① 由此,婚姻的果效便体现在儿女的养育和夫妻连理两个方面,这也是婚姻名称的来源。② 而夫妻结合的连理关系,体现了婚姻的本质,③因为这一关系恰恰成为基督与教会关系的最佳神学隐喻。这里就夫妻连理关系,阿奎那提出了"友谊的促进"这一目的,夫妻关系在他看来,应当是一种友爱(情)的关系。在《驳异大全》第三卷讨论"戒离婚"和"戒多妻多夫"问题时,阿奎那强调了夫妻之间的友情关系。他说:

> 友情越大,它就将越是坚实和持久。不过,在丈夫和妻子之间似乎存在一种最大的情谊。因为他们不仅在肉体交媾活动中结合在一起,即使在禽兽之间也会产生这种温柔的结合,而且他们还合伙料理全部家庭生活。其表征之一即男人为了他妻子的缘故,甚至需要"离开他的父母"。……所以,婚姻完全不可拆散是非常合适的。④

------

① St. Thomas Aquinas, *Summa Theologiae*, Suppl., q.54, a.3.

② 根据阿奎那的词源学分析,就"婚姻"与"儿女"的关联,*matrimonio* 得之于拉丁短语 *matris munium*("母亲的义务"——养育子女),或 *matrem muniens*("维护母亲者"——丈夫),或 *matrem monens*("规劝母亲者"——不要离开丈夫而爱上其他男人),或 *materia unius*("育子质料"——为后代的孕育提供质料),或 *matre* 和 *nato*("母亲与儿子")——令女人成为子女的母亲);而由于婚姻中的夫妻结合是灵魂和肉体的合一,最为完美,婚姻因此也被称为"连理"(*coniugium*/conjugal union)。St. Thomas Aquinas, *Summa Theologiae*, Suppl., q.44, a.2 & ad.3.

③ See St. Thomas Aquinas, *Summa Theologiae*, Suppl., q.44, a.2.

④ St. Thomas Aquinas, *Summa contra Gentiles*, III, q.123.

由于"友情在于平等(aequalitate)",所以如果采取一夫多妻制的话,妻子和丈夫的友情便"不是自由的,而是有几分奴役性质"。①

亚里士多德曾将友爱分为"为有用的友爱"、"为快乐的友爱"和"为了彼此共同之善的友爱"三种,第一种并非真爱,第二种则因为相互性而部分是真友爱,而只有最后一种才是真正意义上恒久的友爱,才是作为德性的友爱之爱。② 亚里士多德意义上的"友爱"并不同于我们今日所谓的"朋友情谊",而是更加宽泛,涵盖人(位格)际关系的方方面面,亦包括夫妻关系在内。③ 在注释亚里士多德经典的《尼各马科伦理学注释》中,阿奎那是这样评价夫妻之间的友爱的,他写道:

> ……夫妻友爱(conjugal friendship)显然在料理家务方面是有用的。同样它也在生殖行为中提供了快感,如同其他动物那样。但是,当夫妇都是有德之士时,他们的友爱可以建立在德性基础之上。事实上,有一种适合于夫妇二人的德性,令他们的友爱愉悦彼此。显而易见,这种友爱可以建立在德性、有用和快乐之上。④

夫妻间的友爱可以说包含了亚里士多德友爱的全部含义,而有德性的夫妻自然可以将这种友爱关系提升到真实恒久的

---

① St. Thomas Aquinas, *Summa contra Gentiles*, III, q.124.

② See Aristotle, *Nicomachean Ethics*, VIII - 3, 1156a5 - b32; VIII - 6, 1158a19 - 23.

③ 关于亚里士多德和阿奎那的友爱观念,请参看本书第五章。

④ St. Thomas Aquinas, *Commentary on Aristotle's Nicomachean Ethics*, 1723.

高度。

　　阿奎那认同彼得·隆巴的观点,认为婚姻的善处在于三个方面,即"忠信、儿女与圣事"。[①] 他将前两者归为"本性的义务"。作为本性的义务,婚姻拥有的益处与其他德性一样,包括行为者的正确目的——生养和教育儿女,这一方面合乎人作为动物的目的;此外是行为本身的正当内容——"忠信"(*fides*),此一方面则合乎人作为人的目的。所谓忠信,主要体现在"人因信用而同自己的妻子性交,并不同其他的女人性交"。[②] 阿奎那强调,这里所说的"忠信",并非作为"向上帝之德"(*virtus theologica*)的"信德"(*fides*),而是"意指正义的部分,称为信用,因为遵守诺言所说的话",即婚约。[③] 恪守义务,无论是对生养教育子女尽职尽责,还是夫妻之间彼此忠信相待,本来就体现了德性,因此婚姻在作为本性义务的方面具有毋庸置疑的益处。而圣事则是婚姻的第三种益处,包括其不可拆散性(*inseparabilitas*)及其他一切意指。[④] 此一方面合乎人作为基督徒的目的,阿奎那强调,上帝亲立的作为超性恩典的圣事(*saramentum gratiae*),而非作为人类本性义务的儿女及忠信,方是婚姻的本质,是婚姻的最大益处,更为尊贵(excellent),而另两者则是"婚姻之用"(*usus matrimoni*);但人的本性之存在更是人的最本质之物,儿女及忠信相比圣事,则更具根源与原则性(principle),阿奎那这样写道:

245

---

① Peter Lombard, *Sententiarum Libri Quatuor*, IV, D.31.
② St.Thomas Aquinas, *Summa Theologiae*, Suppl., q.49, a.2; q.65, a.1.
③ See St.Thomas Aquinas, *Summa Theologiae*, Suppl., q.49, a.2, ad.2.
④ See St.Thomas Aquinas, *Summa Theologiae*, Suppl., q.49, a.2, ad.7.

第一,在"忠信"和"儿女"本身方面;这样,"忠信"和"儿女"都属于婚姻之运用,因房事而生儿育女,也遵守了婚约。可是"圣事"所包括的不可拆散性,却属于真正的婚姻本身;因为事实上,夫妻借着婚约而永恒地彼此交出自己的权利,势必不能拆散。所以,没有婚姻,也就没有不可拆散性;可是有婚姻,却能没有"儿女"和"忠信",因为物的存在并不基于物的使用。所以,"圣事"比"儿女"和"忠信",更是婚姻的本质。第二,我们可以看"忠信"和"儿女"之根源与原理;即"儿女"意指有生儿女之心愿,而"忠信"意指遵守义务之信用。没有"忠信"和"儿女",也就不能有婚姻,因为这些都是婚姻的婚约本身所产生的。所以,如果结婚所表达的同意相反这一点,那么婚姻就是无效的。这样为"忠信"和"儿女",则"儿女"是婚姻的最本质之物,第二是"忠信",第三是"圣事";如同本性的存在(*esse naturae*)比恩典的存在(*esse gratiae*),更是人最本质之物一样,虽然恩典的存在更为尊贵。①

这样的分说符合阿奎那一以贯之的"(超性)恩典使自然(本性)更为完善"的原则,夫妻之间的连理关系属于自然本性的存在,而其灵性隐喻的喻依——基督和教会之间不可拆散的结合,则属于超性恩典的存在,后者借助圣事,透过"质料行动",在前者之上产生灵性的效果,成为婚姻连理关系的终极担保,并提升和转化婚姻。阿奎那说:

---

① St.Thomas Aquinas, *Summa Theologiae*, Suppl., q.49, a.3.

每个圣事当中都有一种通过物质活动而获得指示的灵性活动;正如在圣洗圣事中,透过身体的洗涤,内在的灵性获得净化。从而,由于在婚姻中有一种内在灵性的结合,指向本性的义务和社群生活,因此神圣力量借助物质的结合,实现了灵性的结合。所以物质契约的联结产生于双方的合意,婚姻结合的效果依此同理。①

第二节 房事·夫妻关系

在西方思想传统中,我们可以分梳出两条对待两性关系的基本路向,一是以柏拉图为代表的乐观主义,另一则是以奥古斯丁和康德(Immanuel Kant)为代表的悲观主义。乐观主义立场强调性活动不仅拥有工具性价值——繁衍,亦有内在价值,即强化位格间的联结和彼此的愉悦,突出性与爱之间的连贯性;而悲观主义立场则更占据主流,它指出性活动与人的位格尊严相悖,与人存在的远大意义和崇高目标并不相容,性欲望对于和谐的社会生活、人际关系乃至族类都存在威胁,因此性活动唯有限定于以婚姻和生育为目的的框架当中,方才具有合法性和意义,这种立场在宗教范畴内十分常见。从而,我们更想先看看世俗哲学家的观点,康德说:

> 性爱令被爱者沦为嗜欲的对象;嗜欲一获满足恢复平和,位格便如同吮干汁液的柠檬般被弃置一旁。当然性爱可以与爱相提并论,并具备后者的特征,但就其自身

247

---

① St.Thomas Aquinas, *Summa Theologiae*, Suppl., q.45, a.1.

而论,它不过是嗜欲而已。就其自身而言,它是人本性的堕落;因为位格一变成他人嗜欲的对象,变成他者嗜欲的全部动机,位格便变成了物,只能被当作物而对待和利用。这是人被自然设计成为他者享乐对象的唯一个案。性欲是其根源;这就是为什么我们以之为耻的原因,也是为什么所有严苛的道德学家和那些自命为圣人的人们试图压抑和根除它的原因。①

康德认为,即便男人和女人为满足各自欲望而情投意合,但由于各自的目标是性,而不是人性,所以将人性降格到了动物水平,为淫佚和癖好而对人性做出的这种牺牲,也自然承担着道德风险。② 在康德看来,人满足性欲的道德合法性仅在对对象的整个位格拥有处置权的情况下方可确保,这种情况唯有在双方同时拥有处置对方整个位格的平等互惠权利的婚姻中才能实现。康德在这里采用"权利"(Recht)而非"权力"(Macht)的提法,强调权利—义务的一体性和事态双方的对等地位,反对将某一方视为被完全宰制的"物"。他说:

> 我们可以自由利用性欲的唯一条件仰仗于对整个位格的处置权——即处置该位格的福祉、幸福的权利,以及从总体上处置该位格一切状况的权利。如果我有权处置整个位格,那么我也有权处置其部分,并因此有权使用该位格的性器官以满足性欲。但我怎样才能获得处置整个

---

① Immanuel Kant, *Lectures on Ethics*, trans. Louis Infield (Indianapolis∕Cambridge:Hackett,1930),163-164.

② See Immanuel Kant, *Lectures on Ethics*, trans. Louis Infield (Indianapolis∕Cambridge:Hackett,1930),164-165.

位格的权利呢？唯有赋予那个位格以处置我整个位格的同等权利方可。这一情况只在婚姻中有效。婚姻是两个位格之间的协议，二者通过婚姻保障了彼此平等互惠的权利，各自都有责任将他们的整个位格与对位格的完全处置权交付给对方。……婚姻是人能够使用性欲的唯一条件。如果人将自己的位格奉献给另一个位格，他就不仅是把性而且是把整个位格奉献给了对方；二者不能分离。……因此性走向人类的联合，唯有在这一联合当中性活动才是可能的。进行性活动的条件只有在婚姻中才可以实现，它是一种道德条件。①

阿奎那同样对性持负面态度——"万恶淫为首"，所谓"淫佚"（*luxuria*），主要是指最能放纵人心的性欲的佚乐，②原因是性行为不受理性控制，"最使人害羞的事，就是性行为，……甚至于对那已经结婚后，光明正大的夫妇同房，也不无害羞之情。这是因为生殖器官的行动，不属理性控制，如其他外面的肢体的行动那样"。③ 由于强烈的快感而压制理性，且因为焦虑于俗事而"要遭受肉身上的痛苦"，婚姻内的性交或曰房事（*concubitus matrimonialis*）与奸淫属于同一种类，但由于奸淫在道德上是可耻的，而婚姻内的性交若要免于道德上的指责而成为正当的，则必须具备另一种类的道德品格以

---

① Immanuel Kant, *Lectures on Ethics*, trans. Louis Infield (Indianapolis/Cambridge：Hackett，1930)，166-167.

② St.Thomas Aquinas, *Summa Theologiae*, II-II，q.153，a.1，ad.1.

③ St.Thomas Aquinas, *Summa Theologiae*, II-II，q.151，a.4.

获得谅解。① 阿奎那首先指出,身体的器官作为灵魂的工具,使用它们都有目的,而肉体交媾本身就是性器官存在的目的,所有符合自然本性的事,都是上帝上智有目的的安排,"其本身为恶是不可能的"。② 他承认并非一切性行为都是罪,"符合自然本性的性行为"便不是罪。所谓"符合自然本性"并不是追求适当而不过度的性欲满足,而是保存人类生命,"按照人类繁殖的目的所应有的(遵照理性的)方式和秩序"的性行为,是为共同之善(*bonum commune*),不属于罪。③

阿奎那强调,夫妻房事一方面因德性之善,即履行本性的义务——生养儿女和夫妻间忠信合一,而成为善的;另一方面则因为婚姻本身的圣事性而神圣且善——象征基督与教会不可拆散的合而为一。④ 显然,夫妻房事所具有的价值,在生养儿女方面是工具性价值,但就婚姻的圣事性益处方面,阿奎那明确指出,由于圣事不属于婚姻之用,而是婚姻的本质,所以房事即便能因圣事性而体现出象征性价值,也依然无法脱罪,"圣事使婚姻本身成为正当的,却不使房事成为正当的",⑤因此就更不用提内在价值了。

阿奎那说,"夫妻性交,只有两种方式毫无罪过可言,即是为生儿育女和'尽应该尽的义务';否则总是罪过,至少是小罪"。⑥

---

① See St.Thomas Aquinas,*Summa Theologiae*,Suppl.,q.49,a.1.

② St.Thomas Aquinas,*Summa contra Gentiles*,III,q.126.

③ See St.Thomas Aquinas,*Summa Theologiae*,II-II,q.153,a.2-3.

④ See St.Thomas Aquinas,*Summa Theologiae*,Suppl.,q.49,a.4.

⑤ St.Thomas Aquinas,*Summa Theologiae*,Suppl.,q.49,a.5.

⑥ St.Thomas Aquinas,*Summa Theologiae*,Suppl.,q.49,a.5.

同为婚姻中有功劳的正义之举,生儿育女显然属于房事的工具性价值,而所谓"尽应该尽的义务",是否可以在完全脱免罪过的前提下体现出房事本身的内在价值呢？ 这里的"尽应该尽的义务"所指为何呢？ 阿奎那写道：

> 如果一切的行为都因爱德而完成,那么凡完成所命令的一切行为,都是有功劳的。房事正是如此,因为《哥林多前书》七章三节说："丈夫对妻子该尽他应尽的义务"。此外,一切德性的行为都是有功劳的。可是,婚姻中的夫妻行房却是正义的行为,因为说:"该尽他应尽的义务"。①

《神学大全·补编》第六十四题中反复提及"尽婚姻义务",从上下文判断,应该确指夫妻房事,②即夫妻在婚姻内"行夫妻之礼"满足对方的性需要。如果这样的话,这一义务如果除去向着生育开放的性活动——生儿育女的义务之外,是否还带出了房事的内在价值——性愉悦和满足乃至于其升华形式呢？ 阿奎那倾向支持这样的观点,即房事所产生的快感,其强烈程度如在理性所规定和控制的范围内,是允许的。③ 但他同时明确指出：

> 房事为那些获在恩典境界中者而言,既是有罪的,又是有功劳的。……因为,如果行房事的动机是德性,或是

---

① St.Thomas Aquinas, *Summa Theologiae*, Suppl., q.41, a.4.和合本圣经译为"丈夫当用合宜之分待妻子、妻子待丈夫也要如此","合宜之分"未如天主教思高圣经《格林多前书》译文"尽应该尽的义务"显明呈现本章节立场,所以文中采用思高圣经译法。

② St.Thomas Aquinas, *Summa Theologiae*, Suppl., q.64, a.1, esp.ad.2-4.

③ St.Thomas Aquinas, *Summa Theologiae*, Suppl., q.49, a.4, ad.3.

他们尽应该尽的义务，那么这种行为就是正义的行为；或者是宗教的行为，例如：他们为恭敬上帝而生儿育女，那么房事就是有功劳的。可是，如果房事的动机是在于婚姻的淫乐，但却没有同其他女人性交的意愿，那么就只是小罪。可是，如果房事是婚姻祝福以外的行为，即是准备同任何女人性交，那么就是大罪。①

阿奎那对于几种性事的功过做出了明确的分级，"婚姻的淫乐"被他定为小罪。在天主教会传统当中，"小罪"（*peccatum veniale*）即"可宽恕的罪"，只受暂罚，如停止罪过，便可解除惩罚，获得宽免。"小罪"相对于不能补救、"应受地狱之处罚"（即永罚）的"大罪"或"死罪"（*peccatum mortale*）。② 小罪的成因是"由于行动不是完整的，未经过理性之考虑"，③不会在灵魂上留下污点。④ 阿奎那说：

> 在婚姻范围内的夫妻，因情欲而行房，属于小罪。可是，如果婚姻中的夫妻行房是出于德性，并且具有功劳，这样的行为就不只是出于简单的同意，而是考虑过后的认可，如同认可一件小善的行为一样。所以，婚姻中的夫妻若是因这种认可而行房，都立了功劳，因为善用了上帝的恩惠。⑤

所以，纯然为满足情欲而行房并不是阿奎那所指的"义务"。

---

① St.Thomas Aquinas, *Summa Theologiae*, Suppl., q.41, a.4.

② St.Thomas Aquinas, *Summa Theologiae*, I–II, q.88, a.1.

③ St.Thomas Aquinas, *Summa Theologiae*, I–II, q.88, a.2.

④ See St.Thomas Aquinas, *Summa Theologiae*, I–II, q.89, a.1.

⑤ St.Thomas Aquinas, *Summa Theologiae*, Suppl., q.41, a.4, ad.3.

他写道:"在只因本性而冲动于房事时,并不完全免于罪过,除非本性的冲动指向圣事之利益,或实际的、或以习性方式。却也不能说,人性的冲动是恶的;而是指,人性的冲动是不完美的,除非人性的冲动再指向婚姻的其他利益。"①这"其它利益"除了养儿育女之外,便是"尽义务"。在《神学大全·补编》第六十四题第六节中,论及夫妻在圣日要求尽婚姻义务是否犯大罪的问题,阿奎那在做出"未犯大罪"的结论之虞,进而强调,"可是,如果夫妻只是为了快乐的缘故,相较于因害怕身体失控而要求尽婚姻义务,是犯更重的罪"。② 由此可见,所谓"尽婚姻义务"的目的不是为了满足性欲、追求欢愉,而是为了避免因私欲偏情(*concupiscientia*)③而犯奸淫之罪。阿奎那强调,"丈夫尽婚姻义务,是医治妻子私欲偏情的良药。……丈夫尽婚姻义务……直接地预防妻子的罪过"。④

253

回到思高圣经《格林多前书》的经文:

> 为了避免淫乱,男人当各有自己的妻子,女人当各有自己的丈夫。丈夫对妻子该尽他应尽的义务,妻子对丈夫也是如此。妻子对自己的身体没有主权,而是丈夫有;同样,丈夫对自己的身体也没有主权,而是妻子有。你们

---

① St.Thomas Aquinas,*Summa Theologiae*,Suppl.,q.49,a.5,ad.1.

② St.Thomas Aquinas,*Summa Theologiae*,Suppl.,q.64,a.6.

③ 这里台版《神学大全》将*concupiscentia*一词译为"私欲偏情"值得玩味,"欲"本为"私",无论相对为"公"的家庭,还是相对自身而言;而"情"则不仅相对理性是"偏",而且相对正当的夫妻关系同样是"偏"!关于*concupiscentia*一词我们曾译为"欲",并在本书第二章中作为核心主题集中讨论,本章节则保留"私欲偏情"的译法。

④ St.Thomas Aquinas,*Summa Theologiae*,Suppl.,q.64,a.2.

切不要彼此亏负,除非两相情愿,暂时分房,为专务祈祷;
但事后仍要归到一处,免得撒殚(撒旦)因你们不能节
制,而诱惑你们。(格前 7:2-5)

我们发现,阿奎那的阐释是忠于使徒保罗的本意的。

夫妻双方可以为了避免对方犯奸淫而"尽义务",但却不
能为避免自己犯奸淫而要求对方对自己"尽义务",阿奎那
说,"如果人借着房事而避免妻子犯奸淫罪,那么房事就不是
罪,因为这是尽应该尽的义务,属于'忠信'的利益。可是,如
果人想借着房事而避免自己犯奸淫罪,则有点是多余的,那么
房事是小罪。婚姻也是为此而建立"。① 我们知道,如果以避
免自己犯奸淫为借口而要求对方对自己"尽义务",很容易落
入纵欲的泥淖。因此,即便"尽义务",也要以节制为德性,追
求性爱愉悦并不是阿奎那所认同的房事的内在价值。房事在
防止夫妻一方因情欲不能满足而寻求婚外解决从而干犯大罪
上,仍然只是具有工具性价值,它只是医治情欲的良药。

根据今天的世俗共识,性爱的内在价值可以从两个方面
来看,一种类似于前述哲学史中对待性事的乐观主义立
场——性与爱的连贯性,即性可以升华至爱的层面,形成稳固
的位格联结,并在其中实现灵魂对美与善的追求,即通过友爱
(philia)的平等交互性达到欲爱(eros)的自我实现;另一种则
是集中在身体的感性层面,即愉悦感和幸福感。后一种容易走
向享乐主义和纵欲,但其对身体性(embodiment/corporeality)
或肉身化(incarnation)的突出,又易于强化个体的主体意识,

---

① St.Thomas Aquinas, *Summa Theologiae*, Suppl., q.49, a.5, ad.2.

以产生意志自由决断,成为实现升华的基础。阿奎那并不主张这样的内在价值,他说:

> 如果所追求的快乐超越婚姻的正当性,即是丈夫并不以为妻子是自己的妻子,而只以为妻子是女人——如果她不是自己的妻子,也准备因她做相同的事——那么就是大罪。……可是,如果人在婚姻的范围内追求快乐,即是并不在其他女人身上,而只在自己妻子身上追求这种快乐,那么就是小罪。①

在他看来,房事虽应遵守本性的冲动,但生殖能力本身只不过是维护个人生存的营养能力的"所余之能力",人唯有先维持身体的健康,才去对配偶尽婚姻义务,这里所说的"婚姻义务"主要是指"与生儿育女有关的一切"。②

但由于房事具有"义务"的特性——包括生儿育女以及满足配偶正常的性需要以避免犯罪,因此阿奎那并不支持无性婚姻,对于婚姻中的性冷感问题,他强调,婚姻中夫妻的性无能(impotentia coeundi)会令婚约变得不适当,因为夫妻身体结合是婚姻契约中所规定的义务,也是夫妻彼此交付身体的性交权利,"虽然性交的行为并不属于婚姻的本质,可是性交的能力却属于婚姻的本质"。③然而对于无生育能力的老人,阿奎那却表现出宽容,他指出,"虽然老人有时并没有生儿育女的充足热情,却有性交的充足热情。所以许可他们结婚,认为婚姻是一种良药——虽然完成本性的义务并不

---

① St.Thomas Aquinas, *Summa Theologiae*, Suppl., q.49, a.6.

② St.Thomas Aquinas, *Summa Theologiae*, Suppl., q.64, a.1.

③ St.Thomas Aquinas, *Summa Theologiae*, Suppl., q.58, a.1 & ad.1.

适于他们"。①

　　阿奎那一直强调婚姻的圣事性,这显然是在基督信仰的
范畴内对婚姻本质的规定。但非基督徒的婚姻呢? 非基督徒
的房事是否具有道德上的合法性呢? 阿奎那认为,非基督徒
的婚姻是不完美的婚姻。婚姻圣事的主要目的不只是为了生
儿育女,因为没有婚姻同样可以实现这一目的,但婚姻中的生
养儿女却可达到完美的境地,包括身体的完美和关乎灵魂的
"本性完美"(*perfectio naturae*),另一方面则是"恩典的完美"
(*perfectio gratiae*)。第一种完美相对第二种较为物质化和不
完美,基督徒和非基督徒都有第一种完美,但只有基督徒才有
更为完美的第二种完美。② 而按照习性(*habitus*),即稳定的
配备倾向(*dipositio*)而言,阿奎那承认,非基督徒的婚姻也具
有圣事性,"虽然就婚姻是由教会人员管理的圣事而言,不适
于非信徒;可是就婚姻是本性的义务而言,却适于他们。虽然
实际上,他们的婚姻并不是圣事;可是按习性,这种婚姻却似
乎也是圣事。虽然按现实,他们并没有在教会的信仰内结
婚"。③ 所以,如果非基督徒的婚姻合乎本性义务,其房事与
基督徒的情况应当是一致的,"如果非信徒为儿女的利益,或
为对妻子应该有的忠信,尽对妻子婚姻的义务,那么那与自己
妻子行房事的非信徒,并没有犯罪。因为这是正义和节德的
行为:在快乐的房事中,遵守应该有的情况;如同他完成其他

　　① St.Thomas Aquinas,*Summa Theologiae*,Suppl.,q.58,a.1,ad.3.
　　② See St.Thomas Aquinas,*Summa Theologiae*,Suppl.,q.59,a.2.
　　③ St.Thomas Aquinas,*Summa Theologiae*,Suppl.,q.59,a.2,ad.1.

公民道德的行为也没有犯罪一样"。① 阿奎那对于婚姻的论述,尽管有"圣事"的标签,却并非排他地需要基督信仰的前提。

第三节　婚姻伦理:传统与挑战

阿奎那爱的哲学的基调并非突出单方面欲望满全的欲爱,而是强调平等交互的位格关系的友爱,而他在友爱中更是突出了"彼此交互的善意"——也就是他所谓的"还爱之理"(*mutua inhaesio*),和双方"在善当中的共融"(*communicatio in bono*)。由此,"体现在友爱之爱(*amor amicitiae*)当中作为其本质的位格特征,和欲望之爱(*amor concupiscientiae*)所追求的善的非位格性特征,在友爱之爱当中以联合的样态彰显"。② 这一点主要体现在夫妻之间的忠信关系中,即共同经营家庭生活,包括子女的生养和教育,以及作为权利/义务的夫妻房事关系等等。欲望之爱以明确的目的性——繁衍后代得以"升华",以友爱的平等交互性得以满全,符合自然本性的爱的诸特性之间的张力以此方式得以平和张弛,并最终在圣爱或爱德(agape/caritas)的恩典力量规导下获得提升和转

---

① St.Thomas Aquinas, *Summa Theologiae*, Suppl., q.59, a.2, ad.5.

② 王涛:《圣托马斯与蒂利希爱观之比较研究:圣爱—欲爱和友爱的视角》,《道风基督教文化评论》2015 年第 43 期;Anthony Wang Tao, "A Comparative Study of St.Thomas's and Tillich's Ideas of Love: Integration with the Chinese Confucian Idea of Love," in *Paul Tillich and Asian Religions*, ed.Ka-fu Keith Chan and Yau-nang William Ng(Berlin: de Gruyter, 2017), 150.请另参本书第五章。

化,进入到更为完美的圣事的灵性境界。① 阿奎那的婚姻伦理,特别是对婚内两性关系的理论,依照自然法的传统伦理,认为性活动唯有在婚姻范畴内合乎自然本性地进行,方才具有伦理的正当性,性活动只具有繁衍后代的工具性价值,并无自身的内在价值,展示了典型的传统主义立场。在传统主义的观点看来,在婚内分离性与生育,其破坏性对一般意义上分离性与爱而言有过之而无不及。宣扬面向生育的夫妻房事的内在价值——即享受情欲快感,在阿奎那这样的中世纪思想家眼中,都已是干犯小罪,更不消说直接享受性爱,哪怕是夫妻间的性爱。这也部分是天主教会传统反对人工避孕、非性器性交、自慰等的原因。② 阿奎那可以宽容无法面向生育却

---

① 关于阿奎那的爱观念,请参看王涛:《圣托马斯与蒂利希爱观之比较研究:圣爱—欲爱和友爱的视角》,《道风基督教文化评论》2015 第 43 期;Anthony Wang Tao, "A Comparative Study of St. Thomas's and Tillich's Ideas of Love: Integration with the Chinese Confucian Idea of Love," 137–174. 另请参本书第五章。

② 仅能说"部分是",因为阿奎那将诸如自慰、兽交、使用性器具及其他荒唐的性交方式,也包括同性性交,都列入到作为"相反自然的罪或恶习"(vitium contra naturam/unnatural vice)的淫佚范畴,认为它们均直接违反宜于人类性行为的自然秩序,即使徒保罗所说的"索多玛的罪"。St. Thomas Aquinas, Summa Theologiae, II–II, q.154, a.11. 这些"相反自然的罪或恶习",因为破坏一切原则之源——自然法,从而位列最重大的罪恶。阿奎那指出:"正如正当理性的秩序是由人而来;同样,自然的秩序是由上帝自己而来。为此,相反自然的罪,由于它们违反自然的秩序,是侮辱上帝,自然万物的统治者。相反自然的罪,也相反上帝……赋予人性的自然秩序,比起附加的其他秩序,愈是更为原始和稳固,则相反自然的罪,就愈比亵圣的败坏更为重大。"St. Thomas Aquinas, Summa Theologiae, II–II, q.154, a.12, ad.1–2. 依罪的轻重:属于违反理性的有(由轻至重):奸淫、诱奸、通奸、强奸;属于违反自然法的有(由轻至重):乱伦、自慰、不遵循应有方式的性交(如使用不适当工具)、不用适当器官的性交、同性恋、兽交。违反自然法的罪重于违反理性的罪。

仍具性爱热情的老年伴侣,但丝毫不宽容纯为享受情欲的年轻夫妇。在这位正统的思想家看来,欲望才是最具罪性的因素,"尽应尽之义务"而满足妻子一时的情欲,其最终目的还是为了防止对方在婚外延伸欲望,以铸成大罪。

在今天看来,"性活动只具有工具性价值而不具自身内在价值"这样的观点,显然还是存在相当的保守性,其受到的挑战不仅来自于主张尊重个体自由意志的世俗伦理——这一方面毋庸赘述,而更来自于天主教会内部。

美国天主教神学家、伦理学家古道芙(Christine E. Gudorf)便对性活动的工具性提出质疑,她提倡要以人类的性活动本身而不是基督宗教的性伦理传统(基于圣经和自然法)为基础来处理性伦理问题,应参考生物科学和社会科学的既有成果,将人类性经验整合入基督宗教的性伦理当中。[1]例如,她结合生物科学的研究发现,指出基督宗教性伦理对人、特别是对于女性自然本性的认识存在局限性,人类女性的发情期远比一般动物的长,且超出生育期;此外,女性的身体构造,如阴蒂,除性愉悦之外,并无其他功用,并不服务于生育。这些方面都属于人类的自然本性,同样是上帝圣意的有意设计,符合自然法,从而令性活动同时指向愉悦和生育的双重目的,这便为性活动自身的非工具性价值提供了可能性的佐证。[2] 古道芙建议一种将生育与愉悦相分离

---

[1] Christine E. Gudorf, *Body*, *Sex and Pleasure: Reconstructing Christian Sexual Ethics* (Cleveland: Pilgrim Press, 1994), 3.

[2] See Christine E. Gudorf, *Body*, *Sex and Pleasure: Reconstructing Christian Sexual Ethics* (Cleveland: Pilgrim Press, 1994), 64-65.

的新生殖伦理(reproductive ethic),"面向更为愉悦的、更能满全灵性的、更加频繁的、与世界人口缩减相关联的性活动",以终结传统的生殖主义立场(procreationism)。① 我们知道,性爱的愉悦感及基于愉悦感的升华便是其可能的内在价值,而且,愉悦感尽管属于前道德价值(pre-moral value),但其升华则可能具有正面道德价值,如前述对性与爱的连贯性关联。

天主教会特别自从梵蒂冈第二届大公会议(简称"梵二会议")开始,便注重以开放灵活的心态和思想来承纳神圣与凡俗的张力,强调圣与俗的互动和教会的与时俱进(aggiornamento)。天主教会对于婚姻中夫妻房事的基本原则可以总结为"在真爱中相互授与(mutual self-giving)",即贞洁(Chastity)与"传生人类"两个方面,并严守性别互补原则(sexual complementarity)。梵二会议的重要文献《论教会在现代世界牧职宪章》或《盼望与喜乐》(*Gaudium et Spes*)这样表述:

> 属于夫妻生活的性行为,只要吻合真正人性尊严,应予尊重。所以,对调和夫妻之爱及负责的传生人类,其实际行动的道德性,并不仅以个人的诚意及其动机的估价为标准,而应以人性尊严及其行为的性质为客观的取决

① See Christine E. Gudorf, *Body, Sex and Pleasure*: *Reconstructing Christian Sexual Ethics* (Cleveland:Pilgrim Press,1994),33.亦有学者强调应反省天主教会传统将生殖作为婚姻首要目的的立场,如富兰(Lisa Fullam)就主张从夫妻间的友爱关系角度来评价婚姻的"德性婚姻伦理学"。See Lisa Fullam, "Toward a Virtue Ethics of Marriage:Augustine and Aquinas on Friendship in Marriage," *Theological Studies*,no.73(2012):663-692.

标准;在真正夫妻之爱的交织中,要尊重互相授与及传生人类的整个意义。①

天主教会仍以婚姻作为性活动道德合法性的保证,"淫邪是错乱的欲念,或性快感不羁的取乐。每当人排除生育和结合的目的,而只求性快感,在道德上是错乱的"。② 而所谓"行淫",指的是"有自由身份(未结婚)的男女之性交行为。它严重地违反人的尊严,并违反人的性,因为性自然地导向夫妻的幸福及儿女的生育与教育"。③ 而"男人和女人借着夫妇本有而又独特的行为,彼此互相给予的性,不纯粹是生理的事,而是关系到人最内在之处。真正合乎人性的性行为,必须包含着男人和女人彼此相许、至死不变的全部的爱"。④ 在《天主教教理》中,夫妻房事的愉悦得到了一定程度的认同,"夫妻亲密而圣洁的结合是正当且高贵的行为。以合乎人性方式将之活出来,可表达并有助于夫妻的互相交付,使二人以愉快感激的心情彼此充实。性是喜悦和快乐的泉源"。⑤ 教宗比约十二世(Pope Pius XII)更是明确说:"造物主自己……建立,使在彼此(生育的)功能中,夫妻体验到一种身体及心灵的快乐与满足。所以夫妻在追求此快乐与享受时,并没有犯任何罪过。他们接受造物主愿意他们作的事。不过,夫妻应该知道适可

261

① *Gaudium et Spes*, §51.
② *CCC*, 2351.
③ *CCC*, 2353.
④ Pope John Paul II, *Familiaris Consortio*, §11.
⑤ *CCC*, 2362.

而止。"①根据天主教会的训导,婚姻的双重意义及价值便是夫妻的忠信(结合)及生命的传递(生育),而"在保持结合和生育这两个主要观点后,夫妇性行为才完整地保全彼此真正的爱的意义,以及指向人类最高尚的作父母的圣召"。②

可以看出,现代天主教会的观点很好地综合了略为保守的托马斯主义立场和当代的新思想趋势,这得益于梵二会议里程碑式的推动。自梵二会议之后,天主教会就婚姻伦理的训导突出了三个关键词汇:伴侣关系(partnership)、亲密性(intimacy)和圣事性(sacramentality)。③ 其中的"亲密性"指的是婚姻关系中的亲近性(closeness),即夫妻之间彼此保持挚友的关系。④ 亲密性中最引人注目的是"性亲密"(sexual intimacy),包括以下四个维度:首先,婚内的性亲密是基督信仰中贞洁德性的表现,它与独身主义同等正当。性活动带出了位格的生命丰富性,持续性地为子女赋予生命,以及拓展了夫妇所服务的共同体,其贞洁德性表现在对婚外性行为的禁

---

① 请参见 Pope Pius XII,1951 年 10 月 29 日讲词;*CCC*,2362.教宗比约十二世的教宗职务在梵二会议之前(1939—1958),但援引其观点的《天主教教理》拉丁文本则颁布于 1996 年。

② Pope Paul VI,*Humanea Vitae*,§12.

③ See William P.Roberts,"Towards a Post-Vatican II Spirituality of Marriage,"in *Christian Marriage and Family*:*Contemporary Theological and Pastoral Perspectives*,ed.Michael G.Lawler and William P.Roberts(Collegeville:The Liturgical Press,1996),125.

④ See William P.Roberts,"Towards a Post-Vatican II Spirituality of Marriage,"in *Christian Marriage and Family*:*Contemporary Theological and Pastoral Perspectives*,ed.Michael G.Lawler and William P.Roberts(Collegeville:The Liturgical Press,1996),129.

绝,和对一切无益于婚姻伴侣和婚姻关系的性活动的禁绝;其次,实现健康的性亲密意味着对人类性活动馈赠的悦纳,性的美善在于它是造物主白白的、美好的、充满恩典的礼赠;再次,对于婚姻伴侣的情感体恤、关怀照顾和感同身受,是一种相互满足的性关系的根本要素,而这种平等性只能在这一亲密互动中体现出来;最后,相信婚内的性亲密是一件圣事,是上帝和基督为了我们的缘故而增添的一个超越维度的亲密之爱的征象。① 显而易见,婚姻中的性活动的内在价值在梵二之后开始明显地得到了强调。

第四节　中国的处境

中国传统文化注重"齐家治国平天下"和"家国同构"的逻辑连贯性,家庭成为社会伦理—政治议程的基本单元和出发点,其中夫妻关系更是究极根基。儒家传统强调婚姻"传宗接代"的工具性价值,《礼记》有云:"昏礼者,将合二姓之好,上以事宗庙,而下以继后世也"。② "上事宗庙"为婚姻添加了某种神圣向度,具有了些许"圣事"的意味;"下继后世"则成为"上事宗庙"之用,为家族世系传续香火,并于儒家传统的"孝"德直接关联;"合二姓之好"也体现了夫妻之间"举

---

①　See William P.Roberts, "Towards a Post-Vatican II Spirituality of Marriage," in *Christian Marriage and Family : Contemporary Theological and Pastoral Perspectives*, ed.Michael G.Lawler and William P.Roberts(Collegeville : The Liturgical Press, 1996) , 134.

②　《礼记·昏义》。

案齐眉"、"鹣鲽情深"的连理之情,尽管其中还掺杂着不少今天被广泛批评的"三从四德"、女性屈从地位等等封建糟粕。

今日的中国社会处于重大的转型时期,传统德性与自由开放的核心价值时刻处在碰撞冲突当中,婚姻家庭议题成为社会伦理领域的首要议题。婚姻,作为中国传统社会构建单元——家庭的凝结剂,越来越受到时下高度世俗化的社会风尚与其所标榜的自由主义价值的冲击和重审,对于当代中国社会的诸多领域都有着关键性的影响。其中,婚姻关系又以夫妻性关系及生育观念为重中之重,直接决定着人生的基本伦理立场和取向,以及婚姻生活的质量。中国当下社会所面临的处境异常复杂,对传统价值、特别是两性关系的颠覆程度令人侧目,无论是婚姻内部还是婚姻之外。在性事方面,随着社会风气日渐开放,一股"欲爱解放"(liberation of eros)的潮流冲击着传统的保守主义倾向,过往长期被压抑的力比多发生了并不健康的叛逆(报复)式反弹,婚外情("包二奶")、滥交("约炮")现象广为泛滥,对社会道德气候和婚姻家庭结构带来了巨大的冲击。阿奎那对于性事的保守主义或曰悲观主义立场,可以为一般性行为的伦理订立底线。而对于夫妻性事,阿奎那"本着爱德的原则"并"尽应尽之义务"的立场,突出夫妻之间对等的本性义务和相濡以沫的连理关系,甚为可取;而夫妻间的应有义务是为了让对方避免在婚外犯大罪的观点,则对于今天世俗化开放社会的处境而言,需要做出些许调整——承认夫妻性活动除过生殖后代的工具性价值之外,也具有自身的内在价值——即在爱德的提升下具有夫妻双方肉体—灵魂交互的愉悦性,甚至具有更高的超越自然本性的超性(灵性)意义。纳尔逊(James B.Nelson)建议,从把性理解为对经验上帝或为偶然附带或为有所弊害,跃迁至将性欢愉感的交互体验视作是一种内在于神—人经验当中的具有灵性力量的过程,从而建立性灵修学(sexual spirituality)的新方法。① 他说:

> 如果相信性既是沟通和共融的一种象征又是其方式,那么性与灵性之间的亲密关系是显而易见的。性的奥秘就是人需要伸手去索取来自于他人身体上和灵性上的拥抱的奥秘。性从而表达了上帝的以下意图:人们并不是在孤立的时候而是在关系当中寻找到了真正的属人性(humanness)。总而言之,性总是关乎大大超出我们性器官交合之外更多的东西。更为根本的是,正是作为身体性自我(body-selves)的我们,既从受造物的方式,也以神圣的方式,体验着亲密共融的情感、认知、身体和灵性的需要。②

纳尔逊指出,肉身化(incarnation)正是性与灵性之间的紧密联结。人的身体正是被设计为实现共融的工具,而欲爱深植于我们心中,指向亲密的关系,"物质的身体不仅被称为是好的,而且也蒙受恩典成为神圣临现的载体",上帝持续性的、重复性的肉身化正是在人的肉身当中并通过肉身实

265

① James B. Nelson, *The Intimate Connection: Male Sexuality, Masculine Spirituality*(Philadelphia:The Westminster Press,1988),116-118.

② James B.Nelson,*Between Two Gardens:Reflections on Sexuality and Religious Experience*(Eugene:Wipf & Stock Pub.,2008),6.

现的。① 有趣的是,根据阿奎那的观点,性活动对于灵性起到了严重的阻碍作用,他说:

> 我们是因着常恩、默观和爱德的行为,而与上帝结合。……世上常有合法的忙碌,使人分心、不能够实际地与上帝结合。尤其是在肉欲的性交时,因强烈的快乐使人心灵受到限制。所以,那些从事默观上帝,或施行圣事的人,在那时都禁止与妻子行房。所以,也说在行房事时,启示奥秘行为的圣灵并没有感动先知们的心灵。②

而这正是诸如纳尔逊这样的学者所要超越的对于性与灵性关系的传统理解模式。当然,我们还是应参考阿奎那的观点,将性爱的道德合法性框限在婚姻范畴内,谨防其魔魅化风险。

另一方面,在过度使用"自由意志"的情况下,当今中国社会的"闪婚闪离"现象激增,离婚③成为"二十分钟的事"④,"可一可二亦可再",神圣性缺席的婚姻变成一纸并无约束力的临时契约,随时可以任意开具或撕毁。虽然中国的语境无法在基督信仰的背景下主张婚姻的圣事性,但根据前文所述,阿奎那也同样支持婚姻的"本性义务"性亦可宣称其神圣向

---

① See James B.Nelson, *Between Two Gardens : Reflections on Sexuality and Religious Experience* (Eugene : Wipf & Stock Pub. , 2008) , 12.

② St.Thomas Aquinas, *Summa Theologiae* , Suppl. , q.41 , a.3 , ad.2.

③ 离婚也是天主教会明令反对的行为,亦具有很大的争议性,限于主题,本章节未能就此问题做进一步讨论。

④ 在中国大陆,除夫妻双方在离婚问题上存在重大分歧,需寻求相对复杂耗时的诉讼手段解决之外,若是双方自愿协议离婚,通常只需在双方户籍所在辖区的民政部门依既定程序办理,整套手续简单快捷,全程大约需时20分钟,故有此戏称。

度。这种非基督教的世俗婚姻，同样可以通过浓重的义务感及其相关德性追求，活出婚姻生活的神圣价值——即夫妻义务的交互性和婚姻的不可拆散性。另外，阿奎那对于夫妻基于德性的友爱关系的倡导，也值得今日的中国夫妇借镜与践行，夫妻之间不但有踏实务实的"柴米油盐酱醋茶"和"上侍老，下养小"的同舟共济（"为有用的"），亦有轻松愉快的"小情趣"、"小浪漫"（"为快乐的"），更有同林比翼、相濡以沫的"灵魂陪伴"（soulmate）（"为彼此共同之善的"），三个层面的友爱相辅相成，以前两层为积淀，最终面向成全最后一层。

对于生育，当今中国社会既有层出不穷的"丁克一族"（DINK）①、"无性婚姻"，乃至同性婚姻，同时又往往大量充斥将婚姻化约为繁衍后代（"完成人生任务"）而忽视夫妻关系（夫妻间零沟通、冷热暴力）的现象，或以生养作为挽救夫妻关系之手段的情况，以及传统所抱持的"养儿防老"的大众观念。生育行为在婚姻中的地位发生了实质性的变化，不再是符合自然法的纯粹目的，而沦为手段或者可有可无的"鸡

---

① "丁克"是"Double（Dual）Income, No Kids"（双薪水，无子女）的缩写音译，也译为"顶客族"，20世纪50年代源自欧美发达国家，80年代传入亚洲，特指身体健康但主动选择不生育子女、夫妻二人同心的家庭生活形态。丁克家庭是对"男主外，女主内"的传统家庭生产模式及夫妻加子女的传统"核心家庭"（nuclear family）结构的双重颠覆。这种"夫妻本位"（"二人世界"）的家庭生活模式多崇尚"拼命工作，尽情玩乐"（Work Hard, Play Hard）的生活哲学。"丁克"现象在当今中国经济较为发达的城市的年轻家庭呈现出突出的上升趋势，成为家庭生活的新风尚，也被视为是直接导致城市人口零增长或负增长的重要因素。中国大陆政府近年放宽"二胎"政策，在某种程度上也是对此现象及老龄化社会状况所做出的积极回应。需要留意的是，"丁克"生活亦强调"夫妻同心"，若缺乏此点，该生活方式则缺失原本的"家庭"特质。

肋",甚或是影响人生质量的"负累"。这样的新处境,令以阿奎那婚姻伦理学为主轴和基调的天主教婚姻伦理学不得不反思繁殖主义的时代适应性问题。在天主教会方面,过于强调婚姻的生育目的,似乎对于诸如丁克家庭等不以生育为目的的家庭难有劝勉之效,但对于以生育作为婚姻手段的工具主义态度确有强大的训诫之功,《天主教教理》有言:"生育是一个恩赐,是婚姻的一个目的,因为夫妻的爱自然地倾向于生育。孩子不是夫妻之爱的外在附加品,而是从夫妇彼此交付的核心而来的结晶与实现",①"婴儿不是该有的,而是恩赐的"(A child is not something owed to one, but is a gift)。② 前述阿奎那列举的婚姻的三个益处——忠信、儿女与圣事之间并非平行或割裂的关系,而是相互交融的关系,养儿育女源自夫妻之间忠信的连理关系,并且都彰显着婚姻圣事的灵性意义。

---

① *CCC*,2366.
② *CCC*,2378.

第 八 章

伦理学多边对话

——从基督宗教、儒家及演化论看利他主义①

第一节　演化论与利他主义

在一般人的印象中,演化论(Theory of Evolution,或译"进化论")主张"物竞天择、适者生存"的所谓"丛林法则",生物体之间是一种充满斗争、甚至可简化为"弱肉强食"——所谓"强权便是公理"(might is right)——的关系;依此而言,演化论与作为一种道德立场的利他主义(altruism)似乎是格格不入的。然而,生物体之间至少在表面上似乎存在某种利他行为。能否及如何从演化论的观点去解释动物尤其人类的利他行为甚至利他主张,便成为不少学者所关注的问题。② 对利

---

① 本章节部分内容以《从基督宗教、儒家及演化论看利他主义》,(赖品超、王涛)为题刊载于《汉语基督教学术论评》2013 年第 15 期,第 183—214 页。

② 英文词汇 altruism 既可指一种道德立场或主张,也可以指一种行为或现象;生物学上讲的"利他主义"主要是指具有利他后果的行为,有别于心理学的集中研究利他的动机。参见刘鹤龄:《所罗门王的魔戒:动物利他行为与人类利他主义》,科学出版社 2008 年版,第 vi 页。

他主义的讨论,其至已成为当代跨学科研究的一个重要课题,涉及其中的包括生物学、心理学、社会学、神学等学科;①而当中以宗教与生物学间的对话尤其兴盛。② 然而,在这些对话及研究中,宗教方面的观点主要集中在基督宗教上,偶然也提及佛教,③但很少涉及儒家的观点,而对演化论、儒家及基督教三者就利他主义的观点展开比较研究或对话就更为少见了。

美国著名汉学家孟旦(Donald J.Munro)曾提出,按照演化生物学对利他主义的理解,儒家伦理有其生物学上的基础并因此而历久不衰。孟旦尝试提出,演化生物学与儒家对利他主义的观点有三方面的相通。首先,儒家的利他主义在本质上是互惠的,而这一点呼应着生物学上对互惠利他主义(reciprocal altruism)的研究,即针对没有血缘关系者之间的利他行为的研究,当中包括对动物间的互惠利他行为的研究以及博弈论实验的量化结果;第二,针对具血缘关系者之间的利他

---

① See Stephen G. Post et al., *Research on Altruism & Love: An Annotated Bibliography of Major Studies in Psychology, Sociology, Evolutionary Biology & Theology*(Philadelphia: Templeton Foundation Press, 2003).

② See Andrew Michael Flescher and Daniel L. Worthen, *The Altruistic Species: Scientific, Philosophical, and Religious Perspectives of Human Benevolence*(Philadelphia: Templeton Foundation Press, 2007); Philip Clayton and Jeffrey Schloss, ed., *Evolution and Ethics: Human Morality in Biological & Religious Perspective*(Grand Rapids: Eerdmans, 2004); Stephen G. Poste et al., ed., *Altruism & Altruistic Love: Science, Philosophy and Religion in Dialogue* (Oxford: Oxford University Press, 2002).

③ See Ruben L. F. Habito, "Compassion out of Wisdom: Buddhist Perspectives from the Past toward the Human Future," in *Altruism & Altruistic Love: Science, Philosophy and Religion in Dialogue*, 362-375.

行为,演化生物学提出了"亲族选择"(kin selection)理论,而与之相呼应的是儒家伦理往往使用家庭类比(family analogy)并呈现出一种等级差别(hierarchy);第三,演化生物学与儒家皆肯定情感在伦理抉择中所扮演的重要角色。① 孟旦除了以朱熹为例来说明这些相通之处外,更提出对朱熹的批评,即朱熹忽略了一个重要的事实:集团内(in-group)与集团外(out-group)的区分也是以基因为基础,也就是说部族本能(tribal instinct)是伴随着利他本能(altruistic instinct)而产生的,因此集团与集团之间也会出现侵略的行为。② 孟旦所提出的对朱熹的批评,正好指向对利他主义的跨学科探讨中有关"对集团内者的利他"(in-group altruism)是否意味着"对集团外者的自利"(out-group egoism)的问题。③ 按照演化上的集团选择(group selection)观点,善待圈内者而损害圈外者,可以有助于相关物种的适应,因此"集团选择"的观点并不支持普遍的博爱(universal benevolence)。④ 正如本章节将会交代,其

---

① See Donald J. Munro, "Reciprocal Altruism and the Biological Basis of Ethics in Neo-Confucianism," *Dao: A Journal of Comparative Philosophy* 1, Iss. 2 (2002/6): 133–138.

② See Donald J. Munro, "Reciprocal Altruism and the Biological Basis of Ethics in Neo-Confucianism," *Dao: A Journal of Comparative Philosophy* 1, Iss. 2 (2002/6): 138–140.

③ See Stephen G. Post et al., "General Introduction," in *Altruism & Altruistic Love: Science, Philosophy and Religion in Dialogue*, 7–9; Graig A. Boyd, "Thomistic Natural Law and the Limits of Evolutionary Psychology," in *Evolution and Ethics*, 229–231.

④ See Elliott Sober and David Sloan Wilson, *Unto the Others: The Evolution and Psychology of Unselfish Behavior* (Cambridge, MA: Harvard University Press, 1999), 9.

实相关的问题类似中国哲学界有关"亲亲互隐"问题的论争，而论争的核心课题是儒家伦理学是否为一种"血亲情理"。有学者认为儒家传统是以血亲关系为基础的伦理观，并又提出对这种伦理观的批判；而持反对意见的学者则更多突出儒家伦理中仁爱的普遍性，并强调儒家"血亲伦理"在处境化等深层伦理意涵上的积极意义和优越性；此外，更有一些学者将儒家思想标签为"血亲伦理"的典型，并与以基督教作为代表的所谓"超血亲伦理"进行对比。

由这些讨论引申出不少值得探讨的问题：演化论对人类的道德根源的解释，是否赞同儒家的伦理并提供生物学上的支援？如果说儒家强调的是一种血亲情理，可否说真正支持儒家伦理的是"亲族选择"而不是如孟旦所突出的互惠利他主义？如果说儒家是一种"血亲情理"，而基督教则是一种"超血亲伦理"，那么是否表示基督教所讲的爱与人的生物性无关，甚至是完全相反？基督教的"超血亲伦理"，是否与儒家的"血亲情理"背道而驰，以至没有任何对话的余地？本章节尝试提出，这种对基督教"超血亲伦理"的标签或定位，虽然受到不少学者的采用，却仍有简单片面化、甚至误导之嫌。透过回溯基督教思想传统，我们将会指出，阿奎那的伦理学中，上帝的超性恩典之爱，并非"毁灭"而是"完善"那种由生物学所揭示的人类自然本性之爱，二者之间虽有分别和张力，但也是结合在一起，并可在此基础之上演绎出一种具备差等特征的"爱的秩序"。依此而言，惯常采用的儒家的"血亲伦理"与基督教的"超血亲伦理"的类型学对比，其实有偏颇乃至误导之嫌；因为基督教之爱也包含"血亲"这一自然向度，甚至可以此作为伦理学的某种起点；而基督教伦理和儒家伦理，皆可肯定某种根据自然关系亲疏程度的"差等的爱"或"爱的秩序"。阿奎那这种伦理学，不仅为基督教伦理学提供了重要的思想资源，也可以与现代科学进行对话以至结合，更与明朝新儒家大师王阳明的观点有不少相互呼应之处；在阐明基督教爱的伦理学并不脱离或否定血亲关系之虞，也可为耶儒对话的深化及开展提供一个极佳的切入点。

本章节所尝试借此而提出的是：就自然科学与宗教的关系来说，若以利他主义为焦点个案，演化论与基督教或儒家之间的关系，除了会有冲突(conflict)及反差(contrast)之外，也可以有接触(contact)和确认(confirmation)，甚至是交谈(conversation)的关系；①而基督教与儒家各自分别与自然科学的对话，也将有助促进耶儒间的对话。

第二节　演化论对利他主义的解释

根据达尔文(Charles Darwin)所说的"自然选择"或所谓"物竞天择、适者生存"的原则，那些在经历外界环境发生变化后仍能幸存者，大都是拥有适应环境变化的变异个体，而那些有助物种在竞争中生存的特性，将会得到保留。② 按照演

---

① 这里借用豪特(John Haught)提出的有关科学与宗教的关系的类型论，See John Haught, *Science & Religion: From Conflict to Conversation* (New York/Mahwah, N.J.: Paulist Press, 1995)。

② See Charles Darwin, *The Origin of Species* (Harmondsworth: Penguin, 1968), 115.

化论这种强调生物体为了个体的生存而竞争的观点,不同的生物体之间,应当是自私地互相竞争的关系;然而,至少就表面证据而言,不同的生物体、甚至不同的物种之间似乎也有某种利他行为,而这将会对达尔文的演化论构成挑战。[1] 其实,达尔文自己也留意到,他的理论很难解释动物的利他行为,即一些动物可以做出一些只会有利于别的生物繁殖后代的行为,而对自己繁殖后代却是无益甚至有损。[2] 如何从演化论的观点去解释生物体(包括人类)的利他行为,尤其是跨物种的利他行为,成为后世生物学家不断探讨的问题。

维恩—爱德华兹(V.C.Wynne-Edwards)曾对达尔文的演化论提出了一个十分重要的修订,他强调自然选择的单元不是个体而是团体。在此团体选择的理论基础上,汉密尔顿(William David Hamilton)提出了他的亲族选择理论。[3] 根据汉密尔顿的观察,动物直系亲属间的利他行为,虽然不利于做出利他行为的个体,却有利于与自己有一定亲属关系的生物体(或曰在遗传基因上有一定相似程度的亲属),而且,利他行为出现的强度或频率,基本上是与亲属之间的近亲程度成正比。[4] 按照这一所谓"汉密尔顿定理"(Hamilton's Rule)或"汉密尔顿公式"(Hamilton's Equation),生物体对于在遗传基因或血缘上越接近

① See Philip A. Rolnick, *Person, Grace, and God* (Grand Rapids: William B. Eerdmans Publishing Company, 2007), 65–66.

② See Lee Alan Dugatkin, *The Altruistic Equation: Seven Scientists Search for the Origins of Goodness* (Princeton/Oxford: Princeton University Press, 2006), 6.

③ 参见刘鹤龄:《所罗门王的魔戒》,科学出版社 2008 年版,第 21、28 页。

④ See Lee Alan Dugatkin, *The Altruistic Equation*, 86–106.

者,越倾向于做出利他行为,而这种利他行为的最终目的是相关物种的繁衍。① 这种近亲间的利他既是以相关物种的繁衍为目的,那就意味着为了同一个目的,生物体会对异类生物体做出恶意(spiteful)行为。正如普莱斯(George Price)所指出,汉密尔顿公式的数学模型,不单可以用来解释以至预测生物间的利他行为,并且也可以用来解释以至预测生物体之间的恶意行为。②

以上的理论所处理的,基本上是有血缘关系者之间的利他行为,至于没有血缘关系者的利他行为,特里弗斯(Robert Trivers)提出一种互惠或相互利他的理论。他认为,物种之间的利他行为,从长远的时间来看是相互的利他,因为那些合作的、参与利他行为的物种,将有更大的机会幸存;而那些"欺骗(作弊)"(cheating)的物种,就是那些在得到别的物种的帮助后没有做出回馈的,将不再继续受惠,并会在自然选择中慢慢被淘汰。这种观点通过博弈论尤其是著名的"囚徒困境"(Prisoner's Dilemma)实验,证明相互合作、信任而不出卖对方的话,会有更大机会实现"双赢",而重复参与该实验的人,更愈加倾向于采取相互合作的手段。换言之,那些拥有互惠倾向的行为特征的,会比拥有单纯自私、甚至不守规矩的行为特征的,更容易存活下来,并将此特质传递到下一代。③ 根据此

---

① 参见刘鹤龄:《所罗门王的魔戒》,科学出版社 2008 年版,第 31—35 页。

② See Lee Alan Dugatkin, *The Altruistic Equation*, 109–110.

③ See Alexander J. Field, *Altruistically Inclined? The Behavioral Sciences, Evolutionary Theory, and the Origins of Reciprocity* (Ann Arbor: The University of Michigan Press, 2001);刘鹤龄:《所罗门王的魔戒》,科学出版社 2008 年版,第 72—91 页。

种观点,物种间的互惠或相互利他,说到底仍是为了个别物种自身的繁衍,并且基本上也是演化的产物;可以说,利他行为是"自然选择"所选取的,二者之间并不矛盾。①

无论是近亲利他还是互惠利他,似乎都是自觉或不自觉地以相关物种的繁衍或遗传基因的传播作为目的;依此而言,在表面行动上的利他,其实背后仍是利己,只是这个"己"不是指个别的生命体,而是整个物种或这个物种的遗传基因,这正是道金斯(Richard Dawkins)在他的《自私的基因》(*The Selfish Gene*)一书中所试图突显的。② 他的理论与达尔文有一个非常重要的差异,就是将基因作为主角代替了生物体,进而提出自然选择中最终极的幸存者是基因而不是个别的生物体。道金斯所说的,不是人的基因中包含某种自我或自私自利的基因(gene for selfness),而促使相关的生物体做出自私自利的行为;他只是用一种较为生动的形象去讲,基因就好像求生机器一样,致力于不断复制自己,而很多生物体、包括人类所做出的种种利他行为,其实都只是基因在作祟,目的是让种族得以繁衍,相关的基因可以存留下去。按照这种观点,人类的利他行为、甚至宗教及道德的出现,都可以用自然选择的理论来解释;也就是说,宗教与道德上种种利他的主张,基本上都是演化的产物,是因为有利于基因的传播而得以幸存;而个别生物体的利他行为,其实是反映基因的"自私"。简而言之,自然选择可以解释利他行为,甚至可以说它直接产生出利

① See Philip A.Rolnick,*Person*,*Grace*,*and God*,70–73.

② See Richard Dawkins, *The Selfish Gene*, the 30th anniversary edition (Oxford:Oxford University Press,2006).

他行为、乃至于产生出人类的宗教及道德。① 除道金斯外,威尔逊(Edward Osborne Wilson)以及瑞德里(Matt Ridley)均尝试采取社会生物学(sociobiology)的进路,透过观察不同生物的社会行为,尝试解释人的道德以至宗教的起源及功能,认为人的道德与宗教皆为演化之产物,是因为有利于种族或物种的繁衍才得以保存。②

由对互惠的利他的解释可见,这种利他的出现,并非单纯地由基因所决定,而且也在与其他生物的互动中形成;换言之,利他行为是基因与环境的共同产物。③ 利他行为的现象更可进一步说明,人类的演化一方面是由生物上的遗传基因所左右,另一方面也是受文化上的遗传所影响,而基因与文化也在演化中互动,或曰二者在协同演化。④

由以上简略的介绍已可见,在某些当代学者、特别是道金斯的论述中,本来是对动物利他行为的具体解释,却变成一种对人类的道德、文化及宗教等的出现及演化所做出的通盘解释,这不单假设了一种带有自然主义色彩的世界观或信仰,甚至成为无神论者用来攻击有神论的武器。这种论述自然地吸

---

① 相类似的观点,See Donald M. Broom, *The Evolution of Morality and Religion* (Cambridge: Cambridge University Press, 2003).

② See Edward O. Wilson, *On Human Nature* (Cambridge, MA: Harvard University Press, 1978); Matt Ridley, *The Origins of Virtue* (Harmondsworth: Penguin Books, 1997).

③ 刘鹤龄:《所罗门王的魔戒》,科学出版社 2008 年版,第 133—145 页。

④ See Peter J. Richardson and Robert Boyd, *Not by Genes Alone: How Culture Transformed Human Evolution* (Chicago: University of Chicago Press, 2005).

引了神学界的广泛回应,而其中比较能集中讨论利他主义问题的,要算是葛兰特(Colin Grant)了。他一方面提出,演化生物学对利他行为的解释存在局限性,它除了能提供可观的反面证据之外,却无法直接对利他主义的观念做出清晰明确的解释,令其依然难以捉摸,这导致一些当代学者的论述中渗入了某些意识形态前设,尤其是对自利(self-interest)的变相肯定;另一方面,他也指出,对利他主义世俗化的或自然化的看法,虽然在历史上是演变自基督教的圣爱(agape)观念,但却与之相左。① 当然,正如本章节将会指出的,这并不是基督教的唯一一种回应。

第三节　儒家与演化生物学

近年学界曾围绕孔孟儒学原典中所涉的"亲亲互隐"问题展开了激烈的论争,论辩儒家伦理是不是一种"血亲伦理"以及血亲伦理的优劣问题,并尝试挖掘儒家伦理学的深层内涵,以推动儒学走向现代化。②

刘清平提出,由孔孟所奠定和坚持的是一种血亲情理精神,这种精神"把建立在血缘关系基础上的血亲情感,看成是人们从事各种行为活动的本原根据,并且由此出发论证人的

---

① Colin Grant, *Altruism & Christian Ethics* (Cambridge : Cambridge University Press, 2001) , xiii-xix, 3-88.
② 论争成果收录于郭齐勇编:《儒家伦理争鸣集:以"亲亲互隐"为中心》,湖北教育出版社 2004 年版。

行为活动的正当合理性"。① 孔孟的这种血缘亲情,"不仅赋予亲情以'本原根据'的意义,而且赋予它以'至高无上'的地位,实际上就构成了儒家所特有的区别于其他各家思想的根本精神"。② 这种血亲情理在深层的文化心理结构以至社会生活中,形成一种所谓"血亲团体性"的特殊人际关系纽带,影响了人的个体性及社会性的整体自然发展;换言之,个体性(道德小我通过文化陶冶的实现)、社会性(人文大我通过仁爱外推的实现)和孝爱(血亲之爱)三个维度之间的矛盾关系构成了儒家思想一个无法化解的悖论。③ 这种伦理的一个负面效应是,"为某些把特殊性团体情感置于普遍性群体利益之上的腐败现象的产生,提供适宜的温床"。④ 这 主要体现为在社会生活、主要是社会利益分配中,特别是在权力架构中蔓延开来的徇情枉法、任人唯亲的家族—亲信裙带关系,而这一流弊违反了儒家"正义宗法、任人唯贤"的政治伦理初衷,造成了儒学的深层内部矛盾。基于血亲伦

---

　　① 刘清平:《论孔孟儒学的血亲团体性特征》,载郭齐勇编:《儒家伦理争鸣集:以"亲亲互隐"为中心》,湖北教育出版社 2004 年版,第 855 页。

　　② 刘清平:《美德还是腐败?:析〈孟子〉中有关舜的两个案例》,载郭齐勇编:《儒家伦理争鸣集以:"亲亲互隐"为中心》,湖北教育出版社 2004 年版,第 891 页。

　　③ See Liu Qingping, "Filiality versus Sociality and Individuality: On Confucianism as 'Consanguinitism'," *Philosophy East & West* 53, no. 2 (2003): 234-250.

　　④ 刘清平:《论孔孟儒学的血亲团体性特征》,载郭齐勇主编:《儒家伦理争鸣集:以"亲亲互隐"为中心》,湖北教育出版社 2004 年版,第 853—887 页;刘清平:《美德还是腐败?》,载郭齐勇主编:《儒家伦理争鸣集:以"亲亲互隐"为中心》,湖北教育出版社 2004 年版,第 895 页。

理,儒家的仁爱便主要体现为以孝爱为出发点和基底的差等之爱,如果血亲之爱能深植于人心,那么其他所有的德性便可以此为源头生发而出。① 一方面,"父慈子孝"这种血亲关系成为儒家伦理的基点、至高道德目标和众德目之最优,② 而仁爱由此以差等的秩序外推,可实现"老吾老以及人之老,幼吾幼以及人之幼"的普遍之爱;但另一方面,由孝爱为核心的仁爱作为差等之爱,也可以对爱的外推带来反效果,即成为"谋亲属之利而损他人",落入"以仁爱之独一来源——孝爱来否定人文之爱"的"深层悖论"。③ 刘清平认为,正是由于孔孟儒学之重孝多于重仁,因而"陷入了一方面试图以孝为本实现仁、另一方面为了维护孝又不惜牺牲仁的深度悖论,并在现实生活中产生了滋生腐败、压抑公德、轻视法制、不重人权等一系列严重的负面效应"。④ 刘清平强调,要坚决否定原儒家和新儒家的血缘亲情本根至上论,并提倡"以传统儒家的普遍性因素作为至高无上的本原根据"的"后儒家"理论架构,就是"充分肯定四端之心的本根意义和仁爱理想的至上地位,同时将父慈子孝的特殊性规范建立在这种普遍主义的基础之上,由此消解传统儒

---

① Liu Qingping, "Filiality versus Sociality and Individuality," 236.

② Liu Qingping, "Filiality versus Sociality and Individuality," 238.

③ Liu Qingping, "May We Harm Fellow Humans for the Sake of Kinship Love?: A Response to Critics," *Dao: A Journal of Comparative Philosophy* 7 (2008):311.

④ 刘清平:《再论孔孟儒学与腐败问题:兼与郭齐勇先生商榷》,载郭齐勇编:《儒家伦理争鸣集以:"亲亲互隐"为中心》,湖北教育出版社2004年版,第920页。

家的深度悖论"。①

　　针对刘清平的观点,郭齐勇提出反驳,认为儒家伦理并非狭隘的"唯亲"之爱,而是以"亲亲"为起点实行外推的普遍之爱,从而具有内在的丰富性。他提出,应把"亲亲互隐"个案放在超越法律层面,从"社会与个体道德、公德与私德,乃至宗教信仰、终极关怀的层面考虑问题";也就是说,儒家伦理虽具有普遍性原则,但却不失为处境化伦理,它是"仁者爱人"的普遍主义在"父慈子孝"的特殊性上的体现,当中存在"经"与"权"之间的张力和弹性。② 郭齐勇进一步质疑刘清平将血亲情理作为儒家伦理学根基的做法,他指出,天赋的道德心或人之本性方是儒家伦理的唯一终极根源,③刘清平的偏颇之处在于他忽略了儒学中人之存在的道德宗教性,反而只是片面地强调了人的社会性以至原子式的存在。④ 按照郭齐勇的理解,儒家伦理只是将"亲亲"视作实现儒家道德理想的"起点",并由此实现外推,但绝不框限于此界阈,甚或以之

281

　　① 刘清平:《再论孔孟儒学与腐败问题:兼与郭齐勇先生商榷》,载郭齐勇编:《儒家伦理争鸣集以:"亲亲互隐"为中心》,湖北教育出版社 2004 年版,第 927 页。

　　② 郭齐勇:《也谈"子为父隐"与孟子论舜:兼与刘清平先生商榷》,载郭齐勇主编:《儒家伦理争鸣集:"亲亲互隐"为中心》,湖北教育出版社 2004 年版,第 12—20 页。

　　③ See Guo Qiyong, "Filial Piety: The Root of Morality or the Source of Corruption? Is Confucian Ethics a ' Consanguinism ' ? ," *Dao: A Journal of Comparative Philosophy* 6(2007) :24.

　　④ See Guo Qiyong, ' Filial Piety: The Root of Morality or the Source of Corruption? Is Confucian Ethics a ' Consanguinism ' ? ," *Dao: A Journal of Comparative Philosophy* 6(2007) :26.

为最高判准和终极目标。①

如果按照刘清平提出的对血亲情理的观点,儒家的利他主义是以血缘关系为基础,并呈现一种亲疏有别的格局,那么与此理论最为相应的应是演化论中的亲族选择理论,而不是如孟旦所突出的互惠利他主义,甚至可以说,演化生物学上的亲族选择理论,正好解释为何儒家会出现刘清平所说的深度悖论。然而,按照对利他行为的博弈论实验,稳定的关系和频密的交往,例如在家庭成员间的,更加有利于互惠利他关系的建立,②那么儒家伦理之强调以有血缘关系的家庭开始,可以说是一条建立互惠的利他主义切实可行的途径。换言之,以血亲情理作为某种道德修养的起点,不单在原则上并不否定互惠利他,甚至有利于将利他行为从有血缘关系者之间的亲族利他,扩展至与无血缘关系者之间的互惠利他。于此而言,演化生物学的观点也可以被视作支持郭齐勇的观点,即始于有血缘关系者之间的利他行为可以成为一个实践上的基础,帮助人与无血缘关系者建立互惠的利他。③

值得注意的是,论争双方的主要分歧,在于如何评价孔孟

---

① See Guo Qiyong, 'Filial Piety: The Root of Morality or the Source of Corruption?: Is Confucian Ethics a 'Consanguinism'?,"*Dao: A Journal of Comparative Philosophy* 6(2007):35.

② 参见刘鹤龄:《所罗门王的魔戒》,科学出版社 2008 年版,第 87 页。

③ 此观点也可以在社会科学尤其是社会心理学的一些理论及/或实验结果中获得某些支持,当中包括:一般人不论社会阶层也有关爱利他的心理倾向甚至行为,而幼童在成长阶段的经历,包括在家庭中受到的关爱,有助于日后发展出利他的人格,而将关爱的范围扩展至无血缘关系者。See Thomas Jay Oord, *Defining Love: A Philosophical, Scientific and Theological Engagement*(Grand Rapids:Brazos Press,2010),65-96。

儒学的"血亲差等之爱",多过讨论儒家是否包含一种血亲伦理。对儒家的血亲情理采取批判态度的一方,在对儒家作为一种血亲情理做出批判时,也倡议以仁爱理想之普遍性来克服和超越血亲伦理的流弊与局限。至于采取同情态度的一方,则强调儒家伦理孝悌之爱的"亲亲"向度可作为外推之理想目标的起点,而血亲情理本身不仅体现了仁爱的处境化深度,更构成了儒家伦理的优越之处,使之远胜墨家(Mohism)或基督教的无差等之普遍主义的利他之爱。① 换言之,论争双方皆假设,血亲之爱是儒家伦理的基本特征,甚至认为对血亲情理的重视,是儒家伦理区别于其他伦理学的一项根本特征。尤其在与代表西方传统的基督教伦理展开比较和对话当中,不少学者倾向于采用一种类型学的区分,即突出儒家伦理作为"血亲伦理",并对比基督教所谓的"超血亲伦理",借此突出儒学的特色甚或优越性,也就是将儒家的"差等之爱"对比于基督教的"平等之爱",甚或以儒家的"利己(族)之爱"对比基督教的"利他之爱"。②

黄勇在对儒家的仁(爱)观与基督教的爱观进行比较时指出,儒家反对爱无等差,并非认为对于不同的爱的对象应当有不同程度的爱,而是指在爱的外推过程中,其程度应当

① 战国时与儒家同为显学的墨家思想主张"兼爱"(universal love),反对以"别"(利己而"相恶"他人)的方式处理人际关系,特别反对儒家的"仁爱",认为后者偏狭,与"兼"相对,是一种"体爱"(partial love)(《墨经·经上》)。

② 类似的类型学区分,除了广泛出现于郭齐勇主编的《儒家伦理争鸣集》内的一众文章,也可见于戴立勇:《仁爱与神爱:中西慈善精神对比》,《汉语基督教学术论评》2009年第7期;尤西林:《基督教超血亲伦理及其起源:从〈旧约〉到〈新约〉》,《江苏社会科学》2007年第2期。

逐级减轻。① 在黄勇看来,儒家的这种差等之爱是建立在物有差等的基础之上的,因此儒家有差等的仁爱是考虑到被爱者的特殊性,是"根据不同对象的不同情况以不同的方式来体现我们普遍的爱",而"如果我们用相同的爱去爱不同的对象,或用不同的爱去爱相同的对象,我们的爱就是一种不恰当的爱",所以,"儒家的仁爱观,由于强调爱有差等,恰恰可以避免基督教所提倡之爱与公正概念之间的冲突"。② 黄勇的观点,除了肯定儒家的爱存在一种依照爱的对象之差等而体现出的内在秩序,更表达了对基督教的爱作为一种"毫无偏见、不加分别的爱"的定性与批判。③ 在近年的耶儒对话及相关研究中,不少学者仍是倾向于用"平等之爱"与"差等之爱"来对比基督教的爱与儒家的仁;他们对于基督教与儒家二者之间的高下、是否可以融合会通以至互补等,持有不同的意见,但整体来说仍是倾向于认为基督教所讲的是一种"平等之爱"而儒家所讲的是一种"差等之爱"。④

---

① 黄勇:《儒家仁爱观与全球伦理:兼论基督教对儒家的批评》,载郭齐勇主编:《儒家伦理争鸣集:以"亲亲互隐"为中心》,湖北教育出版社 2004 年版,第 803—804 页。

② 黄勇:《儒家仁爱观与全球伦理:兼论基督教对儒家的批评》,载郭齐勇主编:《儒家伦理争鸣集:以"亲亲互隐"为中心》,湖北教育出版社 2004 年版,第 807—810 页。

③ 参见黄勇:《儒家仁爱观与全球伦理:兼论基督教对儒家的批评》,载郭齐勇主编:《儒家伦理争鸣集:以"亲亲互隐"为中心》,湖北教育出版社 2004 年版,第 806—807 页。

④ 例如:陈建明:《平等之爱与差等之爱》,载陈声柏编:《对话:中国传统文化与和谐社会》,中国社会科学出版社 2011 年版,第 159—170 页;张锦青:《孟学仁爱的本质》,载罗秉祥、谢文郁编:《耶儒对话:问题在哪里?(上)》,广西师范大学出版社 2010 年版,第 113—131 页。

刘清平在批判儒家之虞,也曾经提出对基督教的批判,他认为基督教对邻舍的爱也有与儒家的血亲情理相类似的深度悖论,尤其是对不信者的排斥。[①] 对于刘清平的论点,周伟驰特别对其方法论上存在的问题提出了质疑,其中一点是刘清平在引用《圣经》中提及"恨父母"、"动刀兵"一类的话时,是否参考基督教中较为公认的权威诠释。[②] 对于此一评论,刘清平一方面承认这是中肯的批评,另一方面也提出难以确定基督教内哪一种解释才算是权威的问题。[③] 刘清平与周伟驰的讨论带出一个问题:就是如果随意地在《圣经》中寻章摘句,便以为足以代表基督教的立场,这恐怕会忽视了基督教丰富的神学传统对同一问题可具有颇为不同的观点。以刚才提及的问题为例,就基督教是否为一种"平等之爱"而截然不同于儒家的"差等之爱",不少学者在进行这种对比时,往往将基督教的爱等同为上帝对人的圣爱,其所忽略的非常重要的一点是,基督教所说的爱不仅是在神学上谈论上帝如何去爱,也同时在伦理学上讲述人如何去爱,当中除了

285

---

① 刘清平:《论普遍之爱的可能性:儒家与基督宗教伦理观比较》,载罗秉祥、谢文郁编:《耶儒对话(上)》,广西师范大学出版社 2010 年版,第331—351 页;刘清平:《论宗教普爱与宗教仇恨的深度悖论:佛教与基督宗教之比较》,载吴言生、赖品超、王晓朝编,《佛教与基督教对话》,中华书局 2005 年版,第 348—363 页。

② 周伟驰:《对刘清平〈论普遍之爱的可能性:儒家与基督宗教伦理观比较〉的评论》,载罗秉祥、谢文郁编:《耶儒对话(上)》,广西师范大学出版社 2010 年版,第 345 页。

③ 周伟驰:《对刘清平〈论普遍之爱的可能性:儒家与基督宗教伦理观比较〉的评论》,载罗秉祥、谢文郁编:《耶儒对话(上)》,广西师范大学出版社 2010 年版,第 348—349 页。

涉及多种不同的对象之外,也使用了多个不同的对于爱的概念。①

在爱的对象上,基督教除了在"爱人如己"的诫命中肯定对邻舍的爱以外,其实也已预设了自爱(self-love);此外,基督教也有谈及对朋友以及亲人的爱,尤其是对父母的敬爱或孝敬;而在对非血亲关系者的爱上,基督教除了突出爱仇敌外,也强调对具相同信仰者之间的超越种族及社会阶层的爱,然而当中却也用上了似与血缘有关的"弟兄(姊妹)"的称呼。至于在概念上,基督教除了有涉及友爱(philia)的概念(例如:约 21:15-18),也有对欲爱(eros)的讨论。至于圣爱与欲爱的关系,二者之间是即是离、是抑此是扬彼的互相对立、还是可以互相统合以至相互成全,正是基督教伦理学的一个重要而具争议性的课题。

在基督教思想史中,不少神学家认为,圣爱不仅是基督教伦理学的核心,更是基督教的独特之处,而圣爱的特征是自发的、无条件的、不计较的、自我牺牲的、以上帝为中心而非以自我为中心,并与反映人自然本性的、索取式的、自我中心的欲爱,不仅有所区别,更是相互对立并且更应相互分离。② 然而,在基督教神学传统中,亦有不少神学家认为圣爱与欲爱之间虽有分别(distinction)却不分离(separation),不仅可以并且

① Thomas Jay Oord, *Defining Love: A Philosophical, Scientific and Theological Engagement*, 31-63.

② See Anders Nygren, *Agape and Eros*, trans. Philip S. Watson(Chicago: University of Chicago Press, 1982);王涛:《圣爱与欲爱:保罗·蒂利希的爱观》,宗教文化出版社 2009 年版,第 12—71 页。

应该予以统合。① 那么,基督教除了主张平等之爱的传统外,是否也有主张"差等之爱"甚至支持"亲亲互隐"的伦理呢?

第四节　基督教伦理中的血亲关切

在基督新教中,著名神学家朋霍费尔(Dietrich Bonhoeffer)也有讲论一种"父为子隐"的伦理;②此外,著名伦理学家莱茵霍尔德·尼布尔(Reinhold Niebuhr)更认为,个体的人可以具有同情心、正义感、甚至可舍己为人,但是由这些个人所组成的群体却会将个人的无私转化成一种集体的自我中心主义(collective egoism),而这正好展示出一种"爱国主义的伦理悖论"(ethical paradox in patriotism)。③ 这种观点可以说在某种程度上与道金斯的"自私的基因"以及刘清平的"深度悖论"遥相呼应。然而,若关乎血亲之爱的讨论,也许仍未及在天主教神学中举足轻重的阿奎那对爱的秩序的论述那样广泛而细致。

阿奎那首先分析了上帝对万物的爱。他指出,万物作为存在之物均是善的,因此上帝爱一切存在者或万有,并以其爱

---

① 参见王涛:《圣爱与欲爱:保罗·蒂利希的爱观》,宗教文化出版社2009年版;王涛:《圣爱与欲爱:灵修传统中的天主教爱观》,香港中文大学天主教研究中心,2009年。

② 参见邓瑞强:《一个"父为子隐"的伦理个案:论潘霍华的伦理学的后现代性》,载曾庆豹编:《朋霍费尔与汉语神学》(香港)道风书社2006年版,第283—307页。

③ See Reinhold Niebuhr, *Moral Man and Immoral Society* (New York: Charles Scribner's Sons, 1932).

"注入和创造万物之善",从而愿欲其拥有善。彰明上帝本质的爱,作为意志行动显然是"同一而单纯的",无深浅程度之别,但从上帝愿欲造物所拥有之善来看,由于"善有深、浅或多、少之分",而"上帝更爱更善之物,……愿欲这物有更大之善",因此上帝"爱一些物甚于另一些物"也是合理。① 上帝之爱因被爱者的美善品级和生存程度而有差等之分,但就爱的热切程度,即爱活动的活力(vigorum)而论,相较我们"更加爱我们意欲其具有更大的热情和功效的人",上帝则对各类高下不齐的物体及其美善一视同仁,怀有同等深厚至极的爱,并无厚薄之别。综合而言,"在上帝身上,不仅有真正的爱,而且也有最完满的和最持久的爱"。②

阿奎那认为,上帝为了宇宙整体的完美,让万物有区别而不平等,这种区别是"依等级而有秩序",这一秩序"并不是使整体的每一部分都成为绝对最好的,而是按照部分与整体的比例或关系","使一个优于另一个"。"繁多的"受造物之"平等",是"比例的或相称的平等"(aequalitas proportionis)。③这样的话就意味着,上帝对万物的爱,也是依照万物美善在程度上的等级秩序,而形成爱的等级秩序(ordo amoris)。阿奎那说,根据爱德(caritas)的对象和爱德的根源(上帝)之间的关系,爱德必然存在次序。④ 上帝之善作为一切善的根源和全体的善,是爱的秩序中最高的对象。而爱的等级秩序的衡

① See St.Thomas Aquinas, *Summa Theologiae*, I, q.20, a.2-4.
② St.Thomas Aquinas, *Summa contra Gentiles*, I, q.91.
③ St.Thomas Aquinas, *Summa Theologiae*, I, q.47, a.2 & ad.1.
④ See St.Thomas Aquinas, *Summa Theologiae*, II-II, q.26, a.1.

量标准,是爱的对象同上帝之间的相似程度(善的程度),以及爱者与被爱者的亲疏关系。①

阿奎那以友爱和欲爱来区分爱,其中友爱之爱(*amor amicitiae*)被视为是为了朋友获益的"单纯之爱",而欲望之爱(*amor concupiscentiae*)则是为了自己的善的缘故的"相对的爱",若友爱受欲望之爱牵动,则"有失于真友爱之意义",友爱之爱在阿奎那这里便是一种典型的利他之爱。② 阿奎那指出,基督教的爱德正体现为一种友爱,而这一利他之爱的来源和目标是人与上帝之间爱的关系,"爱上帝的行为,以及爱邻舍的行为,是种类相同的行为",③"愿意一个人得福而爱他"的"相互之爱",是"人对上帝的一种友谊"。④ 爱德不是我们的自然本性能力,而是超性恩典与人自然本性的结合,"是靠圣灵的赐予或灌输"。⑤ 而爱德以上帝之善为唯一目的,包含宗族间基于自然关系的友谊,因为上帝的缘故,邻舍方才成为爱德的对象。⑥

阿奎那认为,从爱的强度上讲,爱己是最核心的,由此核心向外辐射,形成爱的秩序。在向度上,爱己也是优先于且强烈于爱邻舍;因为作为一种结合,人对自己的爱"是友谊的形

---

① See St.Thomas Aquinas, *Summa Theologiae*, II-II, q.26, a.9.

② See St.Thomas Aquinas, *Summa Theologiae*, I-II, q.26, a.4 & ad.3.但需注意,"友爱"本身便具有强烈的交互特征,绝非单边式的爱!

③ St.Thomas Aquinas, *Summa Theologiae*, II-II, q.25, a.1.

④ St.Thomas Aquinas, *Summa Theologiae*, II-II, q.23, a.1.

⑤ St.Thomas Aquinas, *Summa Theologiae*, II-II, q.24, a.2.

⑥ See St.Thomas Aquinas, *Summa Theologiae*, II-II, q.23, a.5 & ad.1.关于阿奎那爱观的基本理论,请看本书第五章。

式和根源",更胜于单单的友谊。① 爱己是分有上帝之善,而爱邻舍是与邻舍在上帝之善内结合,单一胜过合一,独享高于共用,因此,"在上帝之后,人应该以爱德去爱他自己,胜于爱任何其他人"。② 爱己虽然是对象化的爱,但这一对象并非"他者";而爱邻舍作为伦理学关切的重点,当中也有次序可言。由于恩典的倾向(爱德的情感强度)与事物的自然本性相适合,因此,"对于那些我们理应更加恩待的人,我们也要有更强烈的爱德的情感",而这一情感的强度取决于被爱者与爱的根源(上帝)以及与爱者本身的关系亲疏程度。③ 阿奎那指出,爱的强度的决定因素,一是被爱者是否更接近上帝而享有更大的善,即考虑被爱者自身的自然状况(善的程度),另一是被爱者与爱者是否更为亲近,其中特别是以血缘之天然纽带为最亲近而特殊的关系,而阿奎那特别强调,这类爱的行为拥有超出爱德的友谊之外的更多爱的方式;因此,我们应当"以自发的和出命的爱德,用多种方式去爱那些与我们更为亲近的人"。④

阿奎那对爱的秩序的建构,可以说是为血亲之爱保留了空间,而他的论述也考虑到了演化论者们所关切的自然因素。按照阿奎那的理解,血亲关系是指"以自然繁殖之生育行为作基础,在自然交往时的相近程度",当中主要分为三种:父子(下延直系)、子父(上溯直系)、兄弟关系(旁系),而血亲

① St.Thomas Aquinas, *Summa Theologiae*, II–II, q.25, a.4.
② St.Thomas Aquinas, *Summa Theologiae*, II–II, q.26, a.4.
③ See St.Thomas Aquinas, *Summa Theologiae*, II–II, q.26, a.6.
④ St.Thomas Aquinas, *Summa Theologiae*, II–II, q.26, a.7.

关系这一天然的感情纽带具有更大的爱的强度。① 阿奎那指出,"爱的主体与他所爱的对象越是紧密地合二而一,他们爱得就越是热烈",②因此,爱的强度和稳定性主要基于血亲情理以及互惠式的伙伴关系。

> ……我们对那些在血缘关系,或生活方式和品质方面与我们关联在一起的人的爱无疑要甚于对那些仅仅由于人类本性共同体与我们关联在一起的人的爱。再者,统一的源泉对于爱的主体越是亲密,爱也就变得越是强烈。因此,有时由某种情感产生出来的爱比出于自然根源或某种习性的爱更为亲密。③

阿奎那的这种观点,与我们上述的当代演化论的观点,基本上并无二致。

阿奎那主张,爱的强度既然取决于被爱者与爱者的联系,那么就应该按照不同种类的联系来衡量对不同人的爱;而"那由自然的出生而来的联系,显然先于其他所有的连系,也比它们更为稳定。因为它是根据一些与本体直接有关的东西。……为此,血统的友谊更为稳定",④因此血亲关系这种特殊的联系更为人所爱。此外,阿奎那更加详细地讨论了血亲情理中子女对父母的孝爱并加以提倡,他指出孝爱或孝敬(*pietas*)是"报本反始的敬和爱",是一种义务性的爱,它首先是对上帝、其次是对父母(亲族)和祖国(同胞及友人)表示效

① See St.Thomas Aquinas, *Summa Theologiae*, Suppl., q.54, a.2.

② St.Thomas Aquinas, *Summa contra Gentiles*, I, q.91.

③ St.Thomas Aquinas, *Summa contra Gentiles*, I, q.91.

④ St.Thomas Aquinas, *Summa Theologiae*, II-II, q.26, a.8.

劳和敬爱。而对父母(亲族)应有的恭敬则关乎我们的生存之源。① 孝爱属于一种特殊的德性,是对"生养和管理的自然根源的一种特殊义务"。② 阿奎那认为,孝爱同宗教德性(*religio*)应当为两种相互一致的德性,二者不应相互抵触;一方面,"如果恭敬父母使我们离弃恭敬上帝,那么坚持要恭敬父母而相反上帝,这已不是孝敬父母了";同样另一方面,除特殊情况(父母反对我们孝敬上帝)之外,不应为宗教而放弃孝敬父母。③ 当然,阿奎那也赞同爱上帝的优先性,对上帝的孝爱是圣灵的恩赐,而对父亲的孝爱则是一种自然德性,对上帝的孝爱(视上帝为父)这种恩典优于宗教之德,而宗教之德则优于对父母的孝爱之德。④

通过对阿奎那思想的考察,我们发现,基督教伦理学并非单一地主张一种以超性恩典之圣爱为根本特征的所谓"超血亲"情理,而是也有主张圣爱恩典在人类自然本性状况基础之上、在伦理生活的各个向度中发挥着作用,与自然本性相统合、相成全,特别体现在伦理学对血亲关系和情理的处理上,因此基督教爱的伦理学并不排斥血亲维度。基督教之爱虽然有它的普遍性,但也是根据爱的对象的自然状况以及爱的主客体之间的自然亲疏关系而存在差等;在人类伦理生活中则形成以血亲关系为基点,并依照爱的秩序向外辐射,超性恩典与自然本性在这一秩序中实现了统合;而基督教伦理学则因

---

① See St. Thomas Aquinas, *Summa Theologiae*, II-II, q.101, a.1.
② St. Thomas Aquinas, *Summa Theologiae*, II-II, q.101, a.3.
③ See St. Thomas Aquinas, *Summa Theologiae*, II-II, q.101, a.4.
④ See St. Thomas Aquinas, *Summa Theologiae*, II-II, q.121, a.1, ad.2.

为对自然状况的关切,从而增加其伦理学上的厚度以及在实践上的具体起点,不至于沦为一种陈义高远、流于形式的伦理空想,而缺乏在现实处境中切实推行的基础。

第五节 爱的秩序:阿奎那与演化论

表面上看,由演化论解释利他行为,甚至将道德及宗教视为演化的产物,似与基督教信仰南辕北辙,因为即使是接受创造与演化并不互相矛盾的神学家,基本上仍是倾向于从对上帝的信仰去解释演化,但如今一些学者却是由演化去解释对上帝的信仰。然而,就利他主义的问题来说,也有神学家依照阿奎那"(超性)恩典并不毁灭自然(本性),而是使自然(本性)更为完善"的基本进路而提出,阿奎那的自然法道德(natural law morality)是可以融合并超越演化论、包括社会生物学对利他主义以至道德的解释的。[1]

珀普(Stephen J.Pope)曾尝试指出,演化论对生物行为、尤其是利他主义的解释,可以与阿奎那伦理学尤其是当中对爱的秩序的观念进行对话及结合,继而有助匡正当代天主教伦理学的一些偏颇。[2] 珀普相信,有鉴于真理的统一性,基督教伦理与演化论在原则上应当是相容和呼应的,在某些要点上亦可以相互启发,关键在于如何对二者加以阐释,而自然科

---

① See Graig A.Boyd,"Thomistic Natural Law and the Limits of Evolutionary Psychology,"221-237.

② See Stephen J.Pope,*The Evolution of Altruism and the Ordering of Love* (Washington,D.C.:Georgetown University Press,1994).

学、特别是关于人类演化的知识,可以有助阐明基督信仰所宣称的真理。① 具体而言,自然科学的演化论思想有助于理解奠定人类道德和宗教基础的生物学因素,可以帮助我们更好地理解人类本性的重要方面以及人类繁荣的一些持久性要素。因此,对于重视人类本性的当代基督教伦理学而言,关于人类演化的知识是一个重要的思想资源。②

在珀普看来,在理解人类的社会化行为上,演化论与基督教伦理学存在会合之处,基督教爱的伦理学可以建立在这些思考之上,但前提是对自然人性的思考必须清除不适当的化约主义倾向。③ 珀普认为,按照演化论的主张,人类的文明行为与自然选择是分不开的,即使与人类利己本性相对的利他行为,在另一意义下仍是自我主义的行为。④ 利他主义的首要表现,是针对与自己的基因相似的生物体的爱,即所谓"亲亲"之爱,并又以血亲关系为基础,再延伸至作为文化共同体的小范围的群体;而在演化论者看来,即使是可能超出血亲范畴的合作性(互惠式)利他关系,也是人类根据自身利益(包括种群的基因益处)的需要,在长期自然选择下情感机制演化的结果。可以说,表(phenotypic)为利他主义行为,隐(gen-

① See Stephen J. Pope, *Human Evolution and Christian Ethics* (Cambridge/New York:Cambridge University Press,2007),2-3.

② See Stephen J. Pope, *Human Evolution and Christian Ethics* (Cambridge/New York:Cambridge University Press,2007),4-5.

③ See Stephen J. Pope, *Human Evolution and Christian Ethics* (Cambridge/New York:Cambridge University Press,2007),215.

④ See Stephen J. Pope, *Human Evolution and Christian Ethics* (Cambridge/New York:Cambridge University Press,2007),221.

otypic）为利己（种群）的自我主义行为。① 按照这种观点，利他主义实际上是一种自我主义，而自然选择的机制是不会选择严格意义上的利他——也就是对生物体或整个物种完全没有好处的利他行为。

珀普承认，演化论所强调的血亲情理、互惠关系等，是基督教传统中不为重视的"爱的自然根基"，但也是基督教伦理所无法回避的。珀普这样说：

> 基督教爱的伦理学不能从而被认为源自于关于人类演化的科学知识，或为后者所证实。与此同时，由于我们是深嵌入自然当中的演化生物，拥有一系列复杂的演化能力，因此我们无论怎么去言说我们被创造的爱的能力，它都以某种方式与这一自然根基相关联。关于演化的知识对于我们理解基督教之爱做出了适度而真切的贡献。②

以"亲亲"为表现的血亲情理，并不是基督教圣爱的根本特征，但基督教爱的双重诫命——"爱主你的上帝"（太22：37）和"爱人如己"（太22：39），当中虽然没有明确提及"血亲之爱"，但如果硬性划分的话，血亲情理可以被划归入"爱邻舍"范畴，而如果考虑到爱的自然根基的话，则又与自爱有一定关系。无论如何，"亲亲"属于符合人类本性的爱的起点，反映了人类从自然状况上最为亲密以及最基础的关系，演化

---

① See Stephen J. Pope, *Human Evolution and Christian Ethics* (Cambridge/New York: Cambridge University Press, 2007), 215-221.

② Stephen J. Pope, *Human Evolution and Christian Ethics* (Cambridge/New York: Cambridge University Press, 2007), 248-249.

论也是以此讨论利他主义的。因此,借重于演化论对血亲情理的强调,基督教伦理学可以从血亲之爱出发,以构建符合人类本性的爱的秩序。正如珀普提出:

> 基督教伦理学可以给予婚姻及家庭一个特殊的位置,视其为"人类之爱的自然根基"在宗教及社会方面的发展,它继而为更广泛的利他主义提供了情感和认知的资源。如果利他主义的圈子有望拓展,那么它必须在人际生活的亲密领域中的情感、心理学和道德资源基础上进行。①

换言之,对自然根基的重审,令我们能够更加明确地把握基督教伦理的基础、界阈,以及自然本性与超性恩典之间的张力,从而寻求其间的相容性和一体性,令超性恩典得以落实,自然本性得以完善成全,基督教伦理学在对自然因素的覆盖和关切下恢复了真实的伦理厚度。

然而,珀普也指出,持演化论主张的社会生物学家对利他主义的解释,往往忽视文化—信仰因素,即文化—信仰的熏陶教化作用,而一味以生物学演化论将人类复杂的道德义务及个体的情感心理因素化约为单一的自然原因,甚至提出人类具有某种"自我主义基因"来主导其行为。这种试图以生物学的方法解释人类精神性活动的做法,是将共同的基因性、生物性动机凌驾于行为主体的其他动机之上,认为这些才是构成并潜在于其他动机的真正原因。② 珀普指出,演化论在探

---

① Stephen J.Pope,*Human Evolution and Christian Ethics*(Cambridge/New York:Cambridge University Press,2007),246.

② Stephen J.Pope,*Human Evolution and Christian Ethics*(Cambridge/New York:Cambridge University Press,2007),216,223.

讨人类的利他行为上具有很大的局限性,它虽然能够对以血亲纽带所形成的裙带关系做出解释,但却难以对超出血亲情理以及互惠关系以外的爱的外推予以支持,于是在自然状况与伦理义务之间形成了断裂。[1] 反观基督教伦理学,它在深入探讨人类于演化当中关切自我、家庭、友人的自然倾向时,完全具备由此类关切拓展开来的能力,而将爱的对象全面涵盖社会生物学家所称作的"非血亲"以及"非互惠者"。[2]

由以上的讨论可见,基督教爱的伦理学并不能简单地标签为一种不计较自身利益的利他主义、甚或一种无差等的普遍之爱,以及一种单边而非互惠式的奉献—牺牲之爱,因为基督教也有神学传统提倡:爱并不排斥自我实现的向度、有秩序性的等级以及交互性的共融,[3]而圣爱的恩典介入自然秩序,与体现人类本性的欲爱[4]相统合,并又涵摄伦理生活的各个不同向度。正如珀普提出,超性恩典作用于人的自然本性之上,并在其范畴内运作,二者之间的关系是一种张力而非对立,甚至是一种相通。[5] 在此,演化论恰恰有助于我们理解人类与其他动物有着诸多共同之处的原因,而这些共同之处则

---

① Stephen J.Pope, *Human Evolution and Christian Ethics*(Cambridge/New York:Cambridge University Press,2007),241-242.

② Stephen J.Pope, *Human Evolution and Christian Ethics*(Cambridge/New York:Cambridge University Press,2007),214-215.

③ 王涛:《圣爱与欲爱:保罗·蒂利希的爱观》,宗教文化出版社2009年版,第112—113页。

④ 王涛:《圣爱与欲爱:保罗·蒂利希的爱观》中所论述的"欲爱"更多侧重于形上层面的自然之爱,而本章节则强调形下——生物学意义上的自然之爱,即以基因相似性为基础的近乎自然本能的爱及其拓展。

⑤ Stephen J.Pope, *Human Evolution and Christian Ethics*,229.

大大超出基督教传统所承认的范围。① 可以说，基督教伦理学既可受惠于演化论对利他行为的讨论，也可以对相关讨论做出贡献。

第六节 爱的秩序作为耶儒会通的切入点

阿奎那这种对具有差等的"爱的秩序"的论述，对于儒家传统来说，一点也不陌生。在宋明理学有不少对"仁者与天地万物成为一体"的论述，这些论述不仅肯定了对与人并无血缘关系的万物的道德责任，更是往往与"爱有差等"联结在一起。② 例如王阳明主张人心与万物同体，而"其发窍之最精处，是人心一点灵明"，也就是人的良知。③ 在这作为至善的心之本体的"一体"与"造化之精灵"的"良知"的前提下，王阳明更肯定人对草木瓦石也皆有顾惜之心。由此，万物之间形成爱的关系。

> 大人者，以天地万物为一体者也，其视天下犹一家，中国犹一人焉。若乎间形骸而分尔我者，小人矣。大人之能以天地万物为一体者也，非意之也，其心之仁本若是，其与天地万物而为一也。岂为大人，虽小人之心亦莫不然，彼顾自小之耳。是故见孺子之入井，而必有怵惕恻隐之心焉，是其仁之与孺子而为一体也；孺子犹同类

① Stephen J.Pope，*Human Evolution and Christian Ethics*，228.

② 参见赖品超、林宏星:《儒耶对话与生态关怀》，宗教文化出版社2006年版。

③ 参见王阳明:《传习录·黄省曾录》。

者也,见鸟兽之哀鸣觳觫,而必有不忍之心焉,是其仁之与草木而为一体也;草木犹有生意者也,见瓦石之毁坏而必有顾惜之心焉,是其仁之与瓦石而为一体也;是其一体之仁也,虽小人之心亦必有之,是乃根于天命之性。①

以此为基础,王阳明更根据《大学》中"其所厚者薄,而其所薄者厚"的"厚薄"之分,在这复杂的世间万物关系当中建立起了一种伦理抉择上的优次秩序。

唯是道理,自有厚薄。比如身是一体,把手足捍头目,岂是偏要薄手足,其道理合如此。禽兽与草木同是爱的,把草木去养禽兽,又忍得。人与禽兽同是爱的,宰禽兽以养亲,与供祭祀,燕宾客,心又忍得。至亲与路人同是爱的,如箪食豆羹,得则生,不得则死,不能两全,宁救至亲,不救路人,心又忍得。这是道理合该如此。及至吾身与至亲,更不得分别彼此厚薄。盖以仁民爱物,皆从此出;此处可忍,更无所不忍矣。大学所谓厚薄,是良知上自然的条理,不可逾越,此便谓之义;顺这个条理,便谓之礼;知此条理,便谓之智;终始是这条理,便谓之信。②

王阳明依照此"良知上自然的条理",构建了具儒家特色的"爱的秩序",这一秩序仍然是以"吾身"和"至亲"作为"于心不忍"的爱的首要对象。这种"自然的条理"所根据的,也

299

---

① 王阳明:《大学问》。
② 王阳明:《传习录·黄省曾录》。

正是演化论者在讨论利他主义时所考虑的自然因素,而儒家所讲的普遍主义的"仁民爱物"也应是以此为出发点,并依此"条理"所呈现的"爱的秩序"而实现外推。王阳明以树木生根抽芽发枝散叶为喻,指出在这种具差等的普世之爱中,血亲情理是其发端之处,而对这一点的肯定,正是儒家之异于墨家的"兼爱"之处。

> ……若无芽,何以有干有枝叶? 能抽芽,必是下面有个根在。有根方生,无根便死。无根何从抽芽? 父子兄弟之爱,便是人心生意发端处,如木之抽芽。自此而仁民,而爱物,便是发干生枝生叶。墨氏兼爱无差等,将自家父子兄弟与途人一般看,便自没了发端处;不抽芽便知得他无根,便不是生生不息,安得谓之仁? 孝弟为仁之本,却是仁理从里面发生出来。①

换言之,仁需要有一个栽培的起始点,方能再加以扩充推广,而"父子兄弟之爱"正是此一起点。也就是说,血亲情理正是"以天地万物为一体"之普世关爱的"人心生意发端处",这点不仅与演化论对利他主义的解释相通,也与阿奎那的基本立场相互呼应。二位先哲皆一方面提出具有差等的爱的秩序,而另一方面也将某种普世之爱延伸至非人类,乃至非动物界。王阳明讲的是对"草木瓦石"有"顾惜之心",阿奎那讲的则是,我们虽无法与无灵受造物建立爱德关系,但仍可以用爱德去爱无灵之受造物。② 二者在基本精神上是相通的,均为

---

① 王阳明:《传习录·陆澄录》。

② See St.Thomas Aquinas, *Summa Theologiae*, II–II, q.25, a.3.

当今的生态伦理学提供了丰富的参考。至于能否及/或如何由亲族选择或互惠利他去解释人对"草木瓦石"所具有的"顾惜之心",则有待进一步的探讨。

第七节　耶、儒、演化论三边对话

由以上的讨论可见,演化论、儒家以及基督教对利他主义的观点,具有可以开展进一步双边乃至三边对话的诸多空间。以下仅列出数点。

演化论对利他主义的解释,不仅为儒家之肯定人有利他的自然倾向,提供了一种生物学上的支持,而且又支持了儒家所肯定的进路,即以有血缘关系者构成的家庭作为培育的起点,将有利于与无血缘关系者之间互惠利他关系的建立。此外,演化论对利他主义的解释更为当代有关"亲亲互隐"问题的论辩,提供了一个新的思考视角;依此视角,种种有关利他的行为及主张,包括"对集团内者的利他"与"对集团外者的自利",皆可视为进化之产物,而儒家伦理所主张的爱有差等,以至某些被视为反映儒家伦理"深度悖论"的主张与行为,可以被视为一个十分自然的现象。正如姚新中也曾提出,儒家的仁与基督教的圣爱,虽然在理想上应该是以爱包容所有人,然而在实践上无论儒家或基督教对之均呈现出不同的排斥性。①

---

① See Yao Xinzhong, *Confucianism and Christianity*: *A Comparative Study of Jen and Agape*(Brighton:Sussex University Press,1997),218-220.

对于演化论对利他主义的解释,基督教不一定予以全盘否定,而是也可以一方面对演化论的自然主义解释提出质疑,质疑其能否充分解释种种利他主义主张与行为的出现,但另一方面也可加以肯定,在一定程度上,上帝也可以借着演化的自然过程、包括基因与文化的互动去塑造人的道德,甚至以演化论对利他主义的解释作为切入点,批判地反思基督教的伦理学传统(类似珀普所作的),提出圣爱完善而不是毁灭以基因相似性为基础的亲亲之爱,或是从基督教伦理学提出对集体自我主义的批判(类似尼布尔所作的),包括从对集团外者的排斥反思罪与人性,再继而回到与儒家就利他主义以至人性论的对话。

就耶儒对话而言,(以王阳明为代表的)儒家与(以阿奎那为代表的)基督教伦理学,皆不否定演化论对利他主义的解释;此外,在二者的伦理学中,除了肯定仁/爱的普世性外,也提倡某种"秩序"或说"差等",而"血亲伦理"在二者的整体伦理上扮演重要的角色。虽然"血亲伦理"在基督教伦理中所扮演的角色,未能与儒家的情况相若,但基督教也肯定对父母的孝爱,也肯定信徒应要照顾亲族尤其是自己家里人(提前5:8),可见"亲亲"并非儒家伦理学的专利。此外,在王阳明等宋明理学家对"仁者与天地万物成为一体"的肯定中,确立了人对万物、包括植物以至非生物的道德责任,这已足可见儒家伦理也有其超血亲的向度。依此观之,儒家与基督教是不能简单地截然划分成为"血亲伦理"与"超血亲伦理"两个类型,因为儒家和基督教皆有讲"血亲伦理"及"超血亲伦理",只是二者各具擅长,儒家讲"血亲伦理"相对来说更为明确,而基督教在阐释"超血亲伦理"上相对来说更为彻底。①

在耶儒对话中,学者不时对儒家及基督教作某种类型学上的划分,这种做法也许在讨论上带来一些便利,例如可能容易突显出儒家伦理的特点以及与基督教伦理的相对差异。然而,这种类型学上的对比却又容易将个别的传统简单地定型(stereotype)并化约为一个单一的模式,忽视了相关传统内因长期的发展而呈现出的多样性,甚至低估了两个传统之间的某些相同或相通之处,而这一局限也需要我们正视。

如何在肯定"血亲伦理"之虞,而又不至于陷入集体自我主义或对集团外者的排斥,是演化论对利他主义的解释所突显的一个问题,同时也是基督教与儒家所要面对的一个理论上的,也是实践上的问题。有别于儒家强调与具血缘关系者的互动(家庭)作为对互惠利他主义的培育场所或起点,基督教也许会更加强调教会的角色。一个由对利他主义有相似的信念而并非有血缘关系的人所构成——其成员来可能自不同国籍、种族以至社会阶级——的团体,对于培育互惠的利他主义以至更严格意义上的利他(有意识地只为别人而毫不为

_____

① 这是参考徐松石的讲法,所谓人间三爱"亲亲、仁民、爱物",儒家、佛教及基督教皆肯定这三者,但在表述上各有擅长,儒家的强项在亲亲,佛教在爱物,基督教在仁民。参见徐松石:《基督教与中国文化》,修正二版,(香港)浸会出版部1979年版,第331—341页。

己）有何作用或意义，①也许是一个值得再从基督教、儒家以及演化论展开三边对话的课题。

托马斯·阿奎那

From Nature to Grace: An Ethical Study of St. Thomas Aquinas

伦理学研究

① 本书第三章曾将利他主义视为非基督教的"异教德性"的最高道德成就。也有观点认为利他主义并不具备道德评判，不能等同于道德之善，作为利他主义极端形式的自我牺牲（舍己为人），在如蒂利希这样的思想家看来，具有非常明显的含混性。同时，以耶稣在十字架上的自我牺牲为最高榜样的基督教圣爱，作为全然利他之爱，实与体现人类自然（本性）特征——服务于人自我实现的欲爱并无根本上的冲突。请参见王涛：《圣爱与欲爱：保罗·蒂利希的爱观》，宗教文化出版社 2009 年版，第 112—113 页。关于自我牺牲问题，可参看本书第五章。

第 九 章

生命伦理

——胚胎发生哲学

从规范伦理学角度,无论是目的论,还是自然法(*lex naturalis*)理论为代表的义务论,都支持尽最大可能地、无条件地保存生命或生命优先这一符合人自然本性的首要指令,中世纪哲学家托马斯·阿奎那(St.Thomas Aquinas)强调:"每一实体皆求保存合于其本性的现实。按这倾向,凡能用以保存人之生命并能阻止其相反者,皆属于自然法"。① 尊重并保存生命,被视为是最具尊严和优先性的伦理律令,在当代复杂、多元而要求紧迫的伦理处境中,正如阿奎那突出"每一实体","生命"概念的外延早已拓展至超出人之位格生命之外的一切生命形式,乃至于与有生命者息息相关的无生命的无机物。

围绕"生命"主题开展伦理学研究的应用伦理学学科——生命伦理(bioethics),作为当代蓬勃发展的新兴学科,在广义上包含主张与人同属的动物之解放与权利的"动物伦理"(animal ethics);强调人有义务维护生态系统完整性与稳

---

① St.Thomas Aquinas, *Summa Theologiae*, I–II, q.94, a.2.

定性的"生态伦理"(eco-ethics)或"环境伦理"(environmental ethics);以及展现对人的位格生命之特殊伦理关切[①]的狭义生命伦理,也就是所谓的医学或医疗伦理(medical ethics)。其中前二者关切对象涵盖一切有生命者或有"魂"体(animated),甚至扩及与这些有魂生命体相互依存共处的无生命体及其共同形成的自然环境—生态圈;而后一者则以人为中心,探讨位格生命在重大"生命事态"——生、老、病、死等境遇中所关涉的伦理意义。

在"生"的处境下,生命伦理首要确立的是人类胚胎的位格身份(personhood),即人类胚胎在不同的发展阶段是否成为"位格"的所谓"人化"(hominization)问题。根据当代胚胎发生科学的诸多成果,人化并非指称降生后或已成熟的状态,无论是胎儿(fetus/foetus,受孕八周之后至出生前),还是胚胎(embryo,受孕二十天至第八周),乃至于受精卵(zygote)本身,均有可能被视作"人之位格"(human person),从而获得人道意义下的保存。[②] 阿奎那以古典人类学灵魂观为框架,通过对胚胎赋魂过程的论述,提出了有别于早期教会所主张的"即刻赋魂—人化说"的"相继赋魂"及"延后人化"经典学

---

① 动物伦理学家辛格(Peter Singer)批评此一倾向为"物种主义"或曰"人类优越论"(speciesism)。See Peter Singer, "Speciesism and Moral Status," *Metaphilosophy*, Vol. 40 (2009): 567 – 581. 狭义"生命"伦理("位格"伦理?)——医疗伦理因滥觞于人之生命,且以其位格身份作为核心伦理判准,实难逃此嫌。

② 在社会实践层面,有因应著名的罗诉韦德案(*Roe v. Wade*, 1973),美国联邦最高法院所制定的"三孕期框架(Trimester Framework)"中对二十四至二十八周具"母体外存活性"(viability)胎儿的法律保护,相当于在法律上承认处于该孕期胎儿的位格身份。

说,代表了基督信仰传统中举足轻重的胚胎发生哲学。这一处于前科学时代的胚胎理论,却仍能与当代胚胎发生科学存在关联与呼应,也可以在天主教会范畴内积极推动生命伦理的深入探讨与长足发展。

第一节　胚胎的相继赋魂[①]

基督信仰传统自早期教父始便明确将胚胎视为"形成中的"或"潜在的"人,从而认为剥夺胎儿生命便等同于"杀人",其中以德尔图良(Tertullian)为典型代表,他说:

对我们(基督徒)来说,凶杀永远是禁止的,就连母腹中的胎儿,即使在它还要从人体的其他部分吸取血液供其生存时,我们也不能除灭它。阻止其出生只不过是更快地杀人;至于是剥夺一个已经出生的生命,还

---

① "赋魂"对应两个英文术语:ensoulment 和 animation,从词源来看,前者出自日耳曼语系,后者源于拉丁语系,为同义词。鉴于后一用法已缺失英文 soul 之词干,通常亦被物理学(唯物主义)还原论(reductive physicalism/materialism)作为"赋予或获得生命"而使用,此一涵义将灵魂等同于某种一般性的生命原则,并非专指古典哲学灵魂观的讨论对象。故此,本章节为突出阿奎那人类学灵魂观论述,避免与非灵魂观意义上的"获得生命"产生混淆,选择使用 ensoulment 来表达胚胎被赋予或获得灵魂的含义。此外,根据帕斯瑙(Robert Pasnau)的观点,"灵魂"在赋予生命(animate)的意义上,并无英文词准确传达希腊义 psychē 和拉丁文 anima 的内涵,soul 附带太多多余的意义,而英文词 quicken 有近似 animate 所表达的"恢复生机",他因而建议将亚里士多德《论灵魂》(De Anima)译为 On the Quick 而非 On the Soul。See Robert Pasnau, *Thomas Aquinas on Human Nature: A Philosophical Study of Summa Theologiae Ia 75-89*(Cambridge: Cambridge University Press, 2002),112.有趣的是,quick 亦有"胎动"之古义。

是除灭一个将要出生的生命,这倒无关紧要。这是一个正在形成中的人;它的果实已经包含在其种子之中。①

阿奎那并未如一众教父单纯而直接地将受精卵或胚胎视为位格,他更为严谨地从人类学灵魂观角度,清晰地表述人之为位格的"人化"过程,从而被视为是提供了区别于早期基督信仰所推举的"即刻人化说"(immediate hominization)的"延后人化说"(delayed hominization),并以"相继赋魂"(successive en-soulment)的观念对人化过程加以详细解说,将人化与智魂的赋予在人类学形而上学层面直接关联。

阿奎那灵魂观当中一个比较耐人寻味的理论便是"三级魂"说,它将有生命的质形受造物的灵魂区分为植物灵魂——生魂(anima nutritiva)、动物灵魂——觉魂(anima sensitiva)和构成人实体性形式(forma substantialis)的智魂(anima intellectiva)三级机能,体现于人身上,最高贵、最完善的智魂在机能上最终包含较低级的觉魂和生魂,并呈现为一个魂。"人内的觉魂、智魂和生魂,是同一个魂。……智魂在能力上含有无灵动物之觉魂,及植物之生魂所有的一切。……所以,苏格拉底也不是因了一个魂而为人,因了另一个魂而为动物,而是由于同一个魂。"②阿奎那也正是利用三级魂在时间线上的相继赋予来解释人胚胎的发生,他的胚胎发生哲学主张,首先,灵魂并非先于身体受造,而是在注入身

----

① Tertullian, *Apologeticum*, IX.
② St. Thomas Aquinas, *Summa Theologiae*, I, q.76, a.3.

体时受造的。① 人的生成不是单一的过程,而是一个面向最终形式,其间经历"生殖和腐朽,前后相继,彼此相接"的诸多中间阶段的发生过程(*multae generationes intermediae*),②这一过程便体现为主要是三级魂之较高完善度者对较低完善度者逐级相继取代的过程,直至胚胎拥有完整的实体性灵魂形式而成为人之位格。阿奎那这样描述该过程:"……先有生魂存在,但它在生成的过程中被另一个灵魂所取代,该灵魂不仅是生魂而且是觉魂;接下来这个灵魂又被另一个灵魂所替换,它同时即是生魂,又是觉魂,也是智魂。"③这种相继赋魂理论所展示的延后人化说,从理论外观上已明显比起即刻赋魂——人化说更为细致复杂,以德尔图良的观点为例,他主张:"我们承认生命始于受孕,因为我们主张灵魂也始于受孕;生命与灵魂在同一时刻、同一地点开始"。④"铁板一块"的灵魂整体在受孕当下一劳永逸地赋予胚胎完成人化,令所谓胚胎的"发生"与人位格身份的确立"化线为点",流于浅表。而我们随后也会看到,即刻人化说与当代科学绝大多数成果存在较大分歧,且在处理伦理问题上缺乏张力与弹性。

那么,在不同阶段与胚胎相继结合的诸魂从何而来,由谁所赋予呢? 在阿奎那看来,人的成形有两个来源,一是造物主上帝的创造,二是传殖生命的生物学本原——含有精

---

① See St.Thomas Aquinas,*Summa Theologiae*,I,q.118,a.3.

② See St.Thomas Aquinas,*Summa Contra Gentiles*,II,q.89.

③ St.Thomas Aquinas,*Quaestiones Disputatae de Anima*,q.11,ad.1.

④ Tertullian,*De Anima*,XXVII.

子(胚种)的精液。① 在这两个来源中,体现人实体性形式的灵魂(智魂)源自上帝,而精液仅提供灵魂之潜能。他这样写道:

> 人的身体的形成,同时既依靠上帝的能力,又依靠精液的能力,前者是首要的第一活动主体,后者只是次级活动主体(*agentis sencundi*);不过是上帝的作用造生

① 对于胚胎赋魂的双重来源,神学家拉纳(Karl Rahner)指出,上帝在创造人的智魂上,显示出一种"例外情形",祂不再作为一切受造物全部活动的超越性根基,而是以造物主(demiurge)的身份介入尘世与人"并肩"创造,这样的创造显得颇为"窘迫"(predicamental)。Karl Rahner, *Hominisation: The Evolutionary Origin of Man as a Theological Problem*, translated by W.J.O'Hara (New York: Herder and Herder, 1965), 96.这也许不仅是上帝的"窘境",也是生殖者的窘境,唐希尔(Joseph F.Donceel, S.J.)指出,如果在本体论层面强调上帝"一开始"就对胚胎形成施加创造力量,那么在某种程度上"贬低了父母在传殖子女上的贡献"。Joseph F. Donceel, S.J., "Immediate Animation and Delayed Hominization," *Theological Studies*, Vol.31, No.1(1970), 85.拉纳说:"上帝在人类灵魂起源上所采取的行动,只有在该起源不被归因于尘世原因的情况下,方才不得不称作'窘境'。但如果受造物的运作在原则上被视为一种自我超越,自我超越的效果非源自于受造物行动的本质,但该效果仍必须被看作是该行动主体所产生的。可以毫不担心地说,如果设定这样的'生成'及'运作'的一般概念,那么父母则是整个人、也包括其灵魂的原因,……那么不仅不排除,而且主动地包括如下事实:父母只能是人的原因,凭借上帝的力量令他们的自我超越成为可能,上帝的力量也内蕴于他们的因果性当中,而无须归为他们本质的构成要素。这样的话,宣称上帝直接创造了一个人的灵魂,并不意味着任何对'父母传殖人之统一体'这一表述的否定。" Karl Rahner, *Hominisation: The Evolutionary Origin of Man as a Theological Problem*, translated by W.J.O'Hara(New York: Herder and Herder, 1965), 98–99.这样的理解将人类传殖过程中上帝对智魂的赋予,理解为通过自我超越的一种生成(becoming through self-transcendence),对赋魂说"上帝干预尘世事务"之"神迹"或"窘境"的理论尴尬便迎刃而解。Karl Rahner, *Hominisation: The Evolutionary Origin of Man as a Theological Problem*, translated by W.J.O'Hara(New York: Herder and Herder, 1965), 100.

了人的灵魂,而生殖力不能产生人的灵魂,只是趋向于产生(disponit)它。……人所生的胎儿与自己的种相同,他的生殖力的活动,以一种倾向性的(dispositive)方式,朝向最终的形式,而他的种的本性正是出自这终极的形式。①

在对胚胎发生过程中男性(父亲)和女性(母亲)角色的定位上,阿奎那并没有展现出相较"恩师"亚里士多德所处时代的古希腊医学更为实质性的进步。亚里士多德在《动物的生成》(De Generatione Animalium)中,确立了父亲提供胚胎形式(灵魂),母亲提供质料(身体)的基本立场。② 阿奎那也基本延续了这一论调,强调在胚胎的发生当中,"女性不是主动本原,而毋宁是被动本原"。③ 阿奎那胚胎发生哲学的重要出处之一便是他对基督诞生的神学讨论,可见于早期的《四部语录注释》(Scriptum Super Sententiis)及成熟的《神学大全》当中,以后者第三集三十一题至三十四题的表述最具参考价值。当中,阿奎那便论及了女性的角色。他指出,女性的"种子"(semen)属于不适于生殖的不完善种子,"不是为受孕或成胎所必须有的质料",原因是女性生殖能力未如完善。④ 而不完善的生殖能力,决定"女人的生殖能力也准备质料,而男人的主动生殖能力使准备好的质料成形,或获得形式"。⑤ 阿奎那

311

---

① St.Thomas Aquinas, *Summa Contra Gentiles*, II, q.89.
② See Aristotle, *GA*, II-4, 738b20.
③ St.Thomas Aquinas, *Quaestiones Disputatae de Anima*, q.11, ad.2.
④ See St.Thomas Aquinas, *Summa Theologiae*, III, q.31, a.5, ad.3.
⑤ St.Thomas Aquinas, *Summa Theologiae*, III, q.32, a.4.

接着说，"要成为母亲，女人不但需要供应质料，即是月经之血，而且也需要供应种子，种子与男人的种子混合，才有生殖的主动能力。……所以，整个主动的能力是出自男性方面，而被动的能力则是出自女性方面"。① 在此方面，我们发现阿奎那时代的医学观点，似已超越亚里士多德"生殖是精子与经血结合"的旧理论，它承认在生殖当中，女性同样提供了类似于男性的"精子"，然而仅限于此而已。我们要知道，这里 semen 的哲学意涵多于今日医学的之所指，更接近于拉丁教父奥古斯丁种质论"种子理性"（rationes seminales）的"种子"，甚至于古希腊前苏格拉底哲学家阿那克萨戈拉（Anaxogoras）的"种子"（spermata），而与现代医学自 1677 年荷兰科学家列文虎克（Antonie van Leeuwenhoek）透过自制显微镜所发现的人类雄性生殖细胞精子（sperm/spermatozoa）存在相当的距离，更谈不上今日胚胎学男性精子与女性卵子（ovum）的"配子"（gamete）角色，其最好的译名其实应当是"种子"或"胚种"。

包括阿奎那在内的古典思想家，均突出父亲在生殖过程中的绝对主导地位，生殖中的亲代相似性并非源自母亲所提供的质料，而是源自主导生殖者的形式——父亲的灵魂，而该形式的传殖（traductio）则是通过父亲精液泡沫中的主动生殖力量，②后者为胚胎提供了赋予生命的"精气"（spiritus/vital

---

① St.Thomas Aquinas, *Summa Theologiae*, III, q.32, a.4, ad.2.

② 亚里士多德指出，精液之所以是泡沫状的，因为它由热气"普纽玛"（pneuma）和水构成。See Aristotle, *GA*, II-2, 736a1.

spirit)①以及在这一精气基础之上形成身体的"成形力"（*virtus formativa*）。由此，胚胎的发生，既不得之于胎儿自身的灵魂——生殖是（父亲）成熟个体为种群保存而非个体（胚胎）自我实现所拥有的能力，亦不归因于胚胎自身的生长——生长属数量而非形式的变化，而是受之于父亲灵魂通过精液所提供的生殖力——精气及成形力。② 成形力"对身体的形成负责"，它"不是灵魂，也不会在生殖的过程中变成灵魂"。③

阿奎那以三级魂详细分述，指出充当人身体之实体性形

① 阿奎那称称"精气"所用的术语 spiritus，"在形体物内意指一种冲动和推动"，无形的气和风也被称为 spiritus，从而它也可意指"（上帝实体的）非物质性"。St.Thomas Aquinas, *Summa Theologiae*, I, q.36, a.1 & ad.1. 而依照阿奎那的观点，上帝位格的两种发生（ *processio* ）：圣言的发生（ *processio verbi* ）——生育（ *generatio* ）与爱的发生（ *processio amoris* ）——"嘘气"（ *spiratio* ）或气或精神（ *spiritus* ），前者生成圣子位格，后者则生成圣灵位格。从而教会用 spiritus 来指称"圣灵"。See St.Thomas Aquinas, *Summa Theologiae*, I, q.27, a.1-5. 这里的"气或精神"指的是"一种富于活力的意气激扬和冲动，就如说某人是受了爱的推动和冲击，而去做某事"。St. Thomas Aquinas, *Summa Theologiae*, I, q.27, a.4. 在谈及人的传殖时，阿奎那用 spiritus 来表达父亲精液中的"生命元气"，即推动生命运动发展的内在动力，英文译作 vital spirit，对应中医术语便是"精气"。

② See St.Thomas Aquinas, *Summa Contra Gentiles*, II, q.89. 帕斯瑙便将阿奎那所谓的"精液中包含的成形力"的运作方式在某些方面类比为人身体发展完整蓝本的 DNA。See Robert Pasnau, *Thomas Aquinas on Human Nature: A Philosophical Study of Summa Theologiae Ia* 75 - 89 (Cambridge: Cambridge University Press, 2002), 103.

③ St. Thomas Aquinas, *Summa Contra Gentiles*, II, q.89. 阿奎那强调："……精子不是从原来的现实整体分出来的，它是潜能性的整体，具有形成整体的能力。……这能力是源自生殖者之魂。"St. Thomas Aquinas, *Summa Theologiae*, I, q.119, a.2.

式、体现人本性的智魂并非先于身体而存在,①在智魂被赋予之先,生魂和觉魂通过身体的生殖,即借助精液的传送产生。② 他说:"精液在分离之初仅仅是潜在地有生命,所以它那时还不是现实地、而仅仅是潜在地拥有一个灵魂。在生殖过程中,精液依靠自己的能力,赋有一个生魂和一个觉魂,这些灵魂并不长存,只会死亡,继之以一个智魂。"③简单来讲,生魂存在于母体所提供的胚胎质料当中,随着胚胎的生长发育,精子内的潜能推动觉魂在胚胎中生成;而自立的(subsistens)智魂则并非以精子传殖,乃上帝之创造与外在注入。

生魂作为植物性灵魂,来自于作为提供质料的被动本原——母亲的精子或胚种,阿奎那这样说:

> ……在以交媾方式生殖的完善动物中,积极能力是在雄性的精子或胚种内;胚胎之质料则是那由雌性供给的。在这质料中,从一开始立刻就有生魂,但不是以次要

---

① See St.Thomas Aquinas,*Summa Contra Gentiles*,Ⅱ,q.83-84.

② See St.Thomas Aquinas,*Summa Contra Gentiles*,Ⅱ,q.86.

③ St.Thomas Aquinas,*Summa Contra Gentiles*,Ⅱ,q.89.从本质上讲,阿奎那三级魂的等阶性取决于各自与理性的关系,生魂完全是非理性的,而觉魂则部分拥有理性,智魂本身即为理性。"人的觉魂并非一种非理性的魂,而同时为觉魂及智魂。事实上觉魂中至少有某些机能,本身是非理性的,但在折服于理性的意义上分有理性。然而,生魂的机能则完全是非理性的,因为这些机能不再理性的掌控之下。"St.Thomas Aquinas,*Quaestiones Disputatae de Anima*,q.11,ad.15.在阿奎那看来,觉魂作为"感觉的",既不是理性的,亦不是非理性的,"毋宁说,人的觉魂是理性的,而动物的则是非理性的"。St. Thomas Aquinas,*Quaestiones Disputatae de Anima*,q.11,ad.19.三级魂的等阶性由各自来源所确立。

实在(*actum secundum*)的方式存在,而是以首要实在(*actum primum*)的方式存在,就像在睡眠者内的觉魂一样。

在它开始吸收营养的时候,开始有现实的活动。[①]

动物性灵魂——觉魂则是"由生殖者之魂产生的",或曰是"由精子内源自生殖者之魂的力量产生的"。[②] 这种生殖力就是上文提及的父亲精液里的精气及成形力,它既不是魂,也不是魂的一部分,而是指向魂的一种潜在动力,阿奎那用"就如在(打造床的)刀锯中没有床之形式"来类比"在父亲的生殖力中没有胚胎之形式(魂)",因此,他指出这种主动生殖力"不必有现实的身体器官,而是以精子内的精气为基础"。[③] 觉魂源自父亲精子中的潜能,但并非由之转变而是经之推动而在胚胎中形成,觉魂的形成也伴随着父亲精子内的精气及成形力消失殆尽,阿奎那是这样描述的:

315

> ……这种(胚胎之)质料受雄性之精子的力量之改变,直到产生现实的觉魂;并不是原来在精子内的力量变为觉魂。因为如此的话,生殖者与被生殖者便是同一个东西了;这样的过程倒比较像似营养及生长作用,而不像生殖作用。……等到藉由精子内积极根本之力量,在被生殖者身上产生了觉魂的主要部分后,胎儿之觉魂便开始起作用,以营养及生长之方式成全自己的身体。精子分解和其内的精气,消失以后,原来在精子内的积极能力

① St.Thomas Aquinas, *Summa Theologiae*, I, q.118, a.1, ad.4.
② St.Thomas Aquinas, *Summa Theologiae*, I, q.118, a.1.
③ St.Thomas Aquinas, *Summa Theologiae*, I, q.118, a.1, ad.3.

*便停止存在。*①

那么,最后一级魂——作为人的实体性形式的智魂是否也源自于精液呢?在《驳异大全》中,阿奎那列举了人的智魂可能创生于精液传送的两种方式:一种方式是智魂"现实地"(*actu*)存在于精液中,"就好像它是偶然地从具有生殖能力的活动主体的灵魂里分离出来的一样",类似环节动物如蚯蚓的分裂;另一种方式是智魂"在机能上"(*virtute*)而非现实地存在于精液里,即认为"精子具有一种创生智魂的能力",阿奎那对二者均予以驳斥:"说智魂是随身体的分裂而分裂,或说它可由一种形体能力自然地产生,都是相互矛盾的。……人的灵魂是一种理智实体。因此,不能说灵魂能够由于精液的分裂而分裂,也不能说它产生于精液里的一种能动的能力。因此,人的灵魂完全不可能通过精液的传送而开始存在"。②质料性力量无法拓展出非质料的效果,因此智魂无法产生于精子内的力量,它只能是外来的。"智魂既然有不系于身体的活动,所以是自立的;因此,它有独立的存在及产生。又因了它是非质料性的实体,不能由生殖产生,只能由上帝创造。若说智魂是生殖者产生的,就等于说它不是自立的,因而它与身体同朽。所以,主张智魂是以精子传殖,乃是一种异端。"③对于智魂的来源,亚里士多德也曾推断它应当是"从外部进入的",因为它"神圣",且"与身体活动无关"。④ 到了阿奎那

① St.Thomas Aquinas, *Summa Theologiae*, I, q.118, a.1, ad.4.

② See St.Thomas Aquinas, *Summa Contra Gentiles*, II, q.86.

③ St.Thomas Aquinas, *Summa Theologiae*, I, q.118, a.2.

④ Aristotle, *GA*, II-3, 736b27-28.

则明言其来自上帝。上帝赋予智魂,在地位和力量上彻底取代觉魂,三级魂归而为一,成为胚胎最终的实体性形式,完成胚胎个体的"人化"。

根据《神学大全》第三集第三十三题中与基督赋魂的比照,阿奎那也清楚地展示了人智魂的赋予。区别于人,基督属于"即刻赋魂"(immediate ensoulment),"上帝圣言是借着灵魂摄取身体,并借着灵(spiritus),即是理智,摄取了灵魂。所以,应该是在成孕的第一时刻,基督的身体就获得智魂"。① 阿奎那强调"嘘入灵魂"是身体一经成形便当下立即进行的,无论基督还是常人均应如此,但相比之下,人的身体状况与基督不同,"基督身体的完整成形时间较早,所以它获得灵魂的时间也较早",② 而人的身体成形则需要一个过程,从而须循序渐进,阿奎那写道:

> 关于一般人的生育,……因为身体是以连续的方式形成和为灵魂做准备。所以,它先是有如准备不完全的身体,领受不完全的魂;后来及至准备完全时,才领受完全的魂。可是,基督的身体由于主动者的无限能力,在顷刻之间就已经准备完全。所以,它在第一时刻就立即获得完善的形式,即是智魂。③

质料(身体)条件的不完善,决定胚胎的赋魂必须是一个过程,待胚胎的质料条件满全,赋魂方可同步实现,阿奎那质形论(hylomorphism)灵魂观强调这种身体与灵魂的"同步"复

317

---

① St.Thomas Aquinas, *Summa Theologiae*, III, q.33, a.2.

② St.Thomas Aquinas, *Summa Theologiae*, III, q.33, a.2, ad.1.

③ St.Thomas Aquinas, *Summa Theologiae*, III, q.33, a.2, ad.3.

合。由于胚胎是"发生中"的,那么赋魂也就相应是"相继的"而非"一蹴而就的",而最高完善度的智魂也就因此是"延后赋予的"。而即便从神学上来看,关于智魂的"即刻赋魂"也未必是基督信仰传统所一致信守的原则。中世纪早期教会大思想家安瑟伦(St.Anselm of Canterbury)便从神学角度反对胚胎受孕时便被赋予智魂的立场,他在《论童贞成胎》(*De Conceptu Virginali*)中写道:"……人的理智无法接受婴孩在受孕一刻起便拥有智魂的观点。因为认同该观点等于承认:无论人类胚种在获取人之形式前的任何时候——即便在受孕的那一时刻——被摧毁,该胚种中的灵魂都将受到诅咒,因为它无法通过基督获得和解——这一推论彻头彻尾荒诞不经。"[1]

如上所述,觉魂形成时,父亲精子的生殖力已届使命,此时胚胎的赋魂进入专属胚胎个体的全新阶段,其生命维持与演进不再由父亲精子所提供的精气及成形力推动,而是由属于胚胎自己的觉魂主导,直至智魂赋予实现最终人化。三级魂从低到高绝非前一个是后一个的潜能,或者高级对低级的机能加添,因为"实体性形式无所谓增长或缩小";也不是同一灵魂实体由低级向高级的转化,否则,"动物之生殖便是个连续无间的动态,是从不完善者到完善者的逐渐过程,就如在变化中的情形一样了",而实在中的变化,并不符合生殖的"从非存在到存在"、"从潜在到实在"的意义。同时,如果将胚胎发生过程中的魂理解为独一连续实体,那么若承认源自上帝的智魂为自立体,而继之于源自精子的生魂、觉魂,则

---

[1] Anselm of Canterbury, *De Conceptu Virginali*, 7.

"三级魂"则沦为"三个(或两个)魂";若认可智魂非自立体，则只能视之为其余二者经由提升转化之最终成果，将难逃与身体及其他二魂共同腐朽之命运。① 三魂连续性的提升转化，预设了三魂拥有共同的实体，这一立场即便承认智魂为来自外在本原(上帝)的无形实体，也无法与源自有形实体精子传殖的生魂与觉魂，在实体上保持一致性。②

从而，阿奎那的相继赋魂说强调，三魂相继的演进并非同一实体的转化，尤其是智魂由上帝自外而内的注入绝不仅仅是完善化力量之提升，三魂相继是低者腐朽而高者替代，是实体的更迭，以智魂的赋予为人之实体性形式的最终确立：

> 在一个动物和一个人的生殖中，存在着一种最完满的形式(*forma perfectissima*)，又有许多中间形式和生殖——因此也就有许多腐朽，因为一物的生殖正是另一物的腐朽。这样，生魂最先出现，(当胚胎过着一种植物的生活的时候。)它灭亡了，继之以一个更加完满的灵魂，既有营养特征又有感觉特征，这时胚胎过着一种动物的生活；这种灵魂也灭亡了，就继之以一个外部来的智魂，而前面的灵魂都是依靠精液存在的。……所以，无论是人或其他动物，都是经过许多次产生和腐朽，以达到最后的实体性形式。这在由腐烂物中产生的动物身上是显而易见的事。所以该说，在人产生之终局，由上帝

---

① See St.Thomas Aquinas, *Summa Theologiae*, I, q.118, a.2, ad.2.

② See St.Thomas Aquinas, *Quaestiones Disputatae de Anima*, q.11, ad.1.

创造智魂,原先之形式都消灭,但智魂同时具有生长及感觉能力。①

因此,胚胎的人化——"理性(拥有智魂的)动物"之本性的实现,并非早期教父所认为的那样在成胎一刻一蹴而就,人的生殖也不是"从不完善者到完善者"——生魂、觉魂、智魂"连续无间的动态",而是一个前后相继且非连续的(successive but discontinuous)过程——较不完善魂面向较完善魂的腐朽与重建。帕斯瑙也指出,阿奎那相继赋魂说所突出的"腐朽"(*corruptio*)并不意指"毁灭"(destruction),而更像是"在不同实体中的重构(reconstitution)"。②

第二节　胚胎之人化:位格身份问题

阿奎那强调伦理学的研究对象是人的"行为举止"(conduct),即"人性的行为"(*actus humanus*),③而应用伦理学作为对时下迫切的实际伦理议题的道德评估,以自然法为判准,以人道主义(humanitarianism)为关切原则,围绕人而展开,其中特别是生命伦理,即狭义上的医学伦理,更是直接以人的位格身份为理论基点,关切人在生命重大事态上的尊严与福祉,可谓是伦理学门类中最为"人类中心的"(anthropocentric)。

① St. Thomas Aquinas, *Summa Contra Gentiles*, II, q. 89; *Summa Theologiae*, I, q.118, a.2, ad.2.

② Robert Pasnau, *Thomas Aquinas on Human Nature*: A Philosophical Study of Summa Theologiae Ia 75−89 (Cambridge: Cambridge University Press, 2002), p.128.帕斯瑙也接着指出,这也正是阿奎那三级魂说的含混之处。

③ St.Thomas Aquinas, *Summa Theologiae*, I−II, q.1, a.1.

从哲学角度来看,成"人"即成"位格"(human person),位格具有鲜明的形而上学本体论内涵——成为拥有人之本性的独一无二的个体存在,具有仅能被视为目的的伦理主体地位,区别于自然科学物理主义还原论单纯生物学意义上,据其物质条件判断,拥有区别于其他物种的(基本的但不一定整全的)人之生理构造及机能的人/人之存在(human being)。人之位格身份的确立,我们用一个较少含混性且较为中立的概念称之为"人化"(hominization),在阿奎那基于古典灵魂观的胚胎发生哲学中,也就是拥有人之实体性形式(本性)——而"被赋予智魂"(成为"理性的动物"),这样一来,人化的过程便是赋魂的过程,而实现人化,获得位格身份便是以赋魂的最终成果——智魂的注入为标志。①

对于以攸关人之生命的重大事态为中心论题的生命伦理,对人之位格身份的界定显得尤为关键。位格身份或位格性问题,成为当代生命伦理的核心问题之一。② 厘清胚胎在

---

① 这里需要注意的是,时常有生命伦理讨论提及"immediate animation",这一理论所涉及的 animation 并不一定是我们在探讨阿奎那时所谓的"赋魂",前文我们曾澄清,animation 常泛指一般性的生命原则,可能确指灵魂,但也可能是一般意义上的生命化,即具有"活着"的表征,如有机体的新陈代谢等等。所以通常我们译为"即刻生命化",显然它不能直接等同于即刻人化(immediate hominization)。以古典灵魂观的理论框架来看,胚胎自受精卵开始便起码拥有生魂的观点似被普遍接受,分歧主要在胚胎于何时拥有智魂——而这才是真正的人化。

② 另一大核心问题是自主性原则,包括自由主体(或其所属共同体)自主选择的"出生权"及"死亡权"等关乎生命的权利,以及医学实验及治疗中对抗卫生保健系统家长制作风的"个体知情同意权"(individual informed consent),该原则究其本质不过是位格身份确立之后的进一步深化及应用,即关乎位格主体性尊严的实践性问题。此外,胚胎的位格身份在阿奎那的语

生长发育各个阶段中处于何种身份,便成为以人为中心的生命伦理对"生"的关注,如堕胎、胚胎干细胞研究等伦理议题的道德合法性准绳。① "位格"在希腊文中本意为"面具"(*prosopon*),指称希腊戏剧中为实现舞台效果而为主要角色佩戴的大型面具,通过夸张放大的面部表情刻画,突出该角色的情感及内在性格。近代心理学等实证性学科将位格客体化为"人格"(personality)。在原初意义上,位格可视为人个体

境中,也直接牵涉到实际应用论题,那便是基督宗教的洗礼问题,即母胎中的婴孩是否可以领洗的问题。阿奎那指出,婴儿在母胎中是不应该以任何方式领受洗礼的。他说:"一方面,因为婴儿的灵魂不同于母亲的灵魂,而圣洗或洗礼是为了它的圣化。另一方面,因为已获赐灵魂的婴儿的身体已经成形或取得形式,所以也与母亲的身体有别。所以,使母亲受洗的洗礼,不能洋溢或推展到在胎中的婴儿。"St.Thomas Aquinas, *Summa Theologiae*, III, q. 68, a.11.显然,阿奎那在这里已经承认了胎儿的独一个体性——拥有专属自身的灵魂和身体。在同一节当中,他也进一步讨论了胎儿濒死的特殊情况,"为给婴儿付洗,应等待婴儿完全由胎中生出,除非是面临死亡的危险。在面临这种危险时,如果先生出的,是为种种觉官之根基的头部,应该使它受洗;而且婴儿不应该重新受洗,假使他以后全部平安出生。如果在死亡危险中先生出的是其他任何部分,似乎也应该采取同样措施。……在外表部分中,没有任何一部分像头部一样,奠立身体的完整性(*integritas*)"。St. Thomas Aquinas, *Summa Theologiae*, III, q.68, a.11, ad.4.这里,对代表位格实体性形式——智魂的头部(智魂虽并非居于头部,但在希腊古典灵魂观、特别是柏拉图的灵魂观中如是)在洗礼中核心地位的认可,在某种程度上体现了阿奎那对位格"人化"当中智魂临现的实质强调。

① 生命伦理涉及"死"的议题,如关乎持续/永久性植物人(persistent/permanent vegetative state,简称 PVS)的安乐死(euthanasia)或"医助自杀"(physician-assisted suicide)的道德性问题,均深度维系位格身份问题。在阿奎那的灵魂观当中,似突出了生与死的"对称性",阿奎那这样描述死亡过程中魂的分离过程:"在腐朽的过程中,首先,理性的运用丧失殆尽,但生机与呼吸尚存;随后生机与呼吸消失,但仍还是一个存在者,因为它还没有腐朽为虚无。……当人之存在被移除时,动物性之存在并没有随即被移除。"St.Thomas Aquinas, *Super Librum de Causis Exposition*, 1, 20–21.

灵魂的自我展示。作为一个形而上学概念,位格在哲学史上获得了诸多的定义。

论及位格的定义,古典哲学家波埃修(Boethius)对位格的经典定义——位格是"拥有理性本质的个别实体"(*rationalis naturae individua substantia*)①自然不可忽视,但这一界定抽象而僵硬地表达了位格"自在的"(thing-in-itself)存在,并没有以任何可能的方式充分描述位格,从而无法运用任何定性的判准来理解位格之所是。② 因此,这个所谓的"经典"界定,其实并不适合介入深层的伦理学讨论。此外,多数哲学家突出理性及其相关机能对于位格身份的决定地位,如康德视位格为具有道德性的理性存在者(rational being);斯温伯恩(Richard Swinburne)则概括位格所包含的五个方面的精神属性:感知、思维、目的或意向性活动、欲求和信念。③ 近代哲学最具代表性的位格身份理论来自洛克(John Locke),他指出"位格"概念区别于强调身体性实体的生物学、生理学概念的人(man/human being),突出精神性实体特质,即位格是有自我意识、思想着的智慧存在,它可以回溯过往、计划未来,意识构成位格身份的同一性,

> ……所谓位格就是一个思想着的智慧存在,它有理性、能反省、并且能在异时异地认自己是自己,是同一个

① Boethius, *De Persona et Duabus Naturis contra Eutychen et Nestorium*, III.

② Tom Miller, "The Folly of Attributional Personhood," *Ethics in Brief*, Vol.18(2012):1-4.

③ See Richard Swinburne, *The Evolution of the Soul*(Oxford:Oxford University Press), 1997.

思想者。它在考虑自身时,只能借助于与思维不可分离的意识,而且在我看来,意识是思维的本质。……由于意识总是伴随着思维,而且正是意识令人人成为他所谓的自我,并因此将自身与其他思想者区分开来,单只这一点构成了位格身份,也就是一个理性存在的同一性。①

从而位格更在意识同一性基础之上被赋予了法理学(forensic/legal)内涵,

> 位格是一个法律名词,专来表示行动和行动的价值。因此,这个名词只能属于有智慧的主体,而且那个主体是能受法律所支配,是能感受幸福或苦难的,这个位格所以能超过现在,而扩及过去,只是因为有意识。借着这种意识,它便可以关心过去的动作,对过去的行动负责,并且把过去的动作认为是自己的,一如其在现在的动作方面所可能的那样。②

洛克不但以理性机能——意识作为位格的定义,又在伦理学和法学框架中确立了位格是权利/责任主体(rights-holder-and-duty-bearer),从而位格身份具有了道德与法律的实践性意义。

当代天主教神学家拉纳也根据他著名的神学人类学方法,在拥有智魂的人与拥有觉魂的兽的区别中,指出了人化(位格化)的判准,即理智超越性(intellectual transcendence)的出现,他说:"如果出现这种理智超越性,便有人存在,如果

---

① John Locke, *An Essay Concerning Human Understanding*, II-27-9.
② John Locke, *An Essay Concerning Human Understanding*, II-27-26.

没有的话,则只是动物,无论牠怎样'在理智上'掌控其生物学意义上的生命。但是,觅得超越性之处,便存在上帝的知识——无论其有多么的隐晦和潜匿,以及自由。"①无论是作为内蕴于人的上帝之超性,还是人的固有本性,人的理性本质都一无例外地被视为人化(位格化)的唯一标准。

在拉丁文中,人 homo 与位格 persona 同样存在差异。阿奎那指出,"人"既可指基体(*suppositum*),亦可指本性(*natura*);②"位格"则是"自立存在于人的本性内者"(*omne subsistens in humana natura*),"属于每一个人"。③ 针对波埃修所定义的位格是"个别实体",阿奎那阐释为"与其他实体分离,而本身自立存在的已完成实体(*substantia completa*)"。他进而以手为反例,手是"存在于他物内的个别实体",故而

---

① Karl Rahner, *Hominisation*: *The Evolutionary Origin of Man as a Theological Problem*, translated by W.J.O' Hara, New York: Herder and Herder, 1965, 106.

② St.Thomas Aquinas, *Summa Theologiae*, III, q.16, a.10.

③ St. Thomas Aquinas, *Summa Theologiae*, III, q. 16, a. 12, ad. 1. 佩恩(Craig Payne)便突出阿奎那对于人和位格的等同,他认为阿奎那在人和人之位格之间做区分的唯一情况在其死后状态——无身体的灵魂是一个自立的"人"(subsistent "human being"),区别于拥有身体完整性的"位格"。Craig Payne, *Aquinas and Bioethics*: *Contemporary Issues in the Light of Medieval Thought*(Iowa: Vision Pub., 2014), 62-63.佩恩接着说,"因而,上帝造(以及父母传殖)'人',也就是上帝造(以及父母传殖)'位格';其他关于位格性的定义看来都过于偏狭。另言之,如果任何理性实体都是位格的话,受孕体(conceptus)便是有形体的理性实体,那么该受孕体便也是有形体的人之位格(因其形体拥有智人 DNA 的基因本性而为'人';因其实体性形式的本性而为'位格')。"Craig Payne, *Aquinas and Bioethics*: *Contemporary Issues in the Light of Medieval Thought*(Iowa: Vision Pub., 2014), 65.

不能称为位格。① 那么,在此意义上,人之本性——"理性(拥有智魂的)动物"的实体性形式——智魂尚未赋予之前的胚胎,便不能被视为是位格。以此推论,以脐带连接母体维生,但凭借自身潜能面向明确目的发生的胚胎,如果已经被赋予智魂,则已然自立存在,虽尚未"与其他实体(母体)分离",但仍可视为位格,因为它与母体的关系,同手与身体的关系有着实质的区别,它潜在地并即将在量上成为"已完成实体"。② 胚胎与成人(full-fledged man)的区别在于成熟度,而非位格性,换句话说,位格并不一定代表人个体在生物学意义上的机能整全,它更具形而上学内涵——即有自身属人的本质特性,在阿奎那看来,就是人作为"理性的动物"或拥有"实体性形式"——智魂。

有学者强调阿奎那的相继赋魂说进路,与当代自然科学范畴内的胚胎发生学成果存在明确的会通。如唐希尔就指出,阿奎那的胚胎理论运用"腐朽"一词来描述胚胎中生魂、觉魂、智魂的"本体跃迁"(ontological shift)过程,是"奇特而古雅的说法,但其观念却十分现代"。③ 他进而认为,虽然阿

---

① St.Thomas Aquinas, *Summa Theologiae*, III, q.16, a.12, ad.2.

② 类似于对人与位格的区分,有学者也提出受精(fertilization)与受孕(conception)的区分,前者同样是生物学概念,而后者则具有形而上学的意涵。受孕"在一种形而上学现象的意义上界定了开始存在的意义,即一种新本性、一个有组织的统一体的出现,它不是其宿主的一部分,而是利用其宿主以实现自身目标——自我引导而发展为所属种群的成熟成员的个体,……从而,受孕是一种形而上学现象,而受精只是受孕的一种生物学表现而已"。David S.Oderberg, "The Metaphysical Status of the Embryo: Some Arguments Revisited," *Journal of Applied Philosophy*, Vol.25, No.4(2008):266.

③ Joseph F.Donceel, S.J., "Immediate Animation and Delayed Hominization," *Theological Studies*, Vol.31, No.1(1970):82.

奎那缺乏今日的医学知识,但这"并没有影响他的哲学立场"。① 唐希尔根据阿奎那的理论,具体描述了觉魂向着智魂的跃迁:

> 被赋予觉魂后,胚胎继续生长,其组织飞速发育,复杂程度增加。感觉器官继续成长。人较高级的、灵性的机能不具备自身的器官,因为它们是非质料性的,从本质上独立于质料。但它们需要最高感觉机能、想象力、记忆力的协作,作为其行动的必要条件,经院哲学称之为"思量力"(cogitatio)。其行动预设了大脑已充分发育,大脑皮质已成形。这才是下一次本体跃迁阶段展开之时,现在高度组织化的质料足以接纳最高级的实质性形式——灵性的、人的灵魂,它由上帝所创造。②

智魂赋予胚胎的时刻,正是大脑皮质(cerebral cortex)成形的时刻,此时的胚胎已然具备被称为"理性动物"的质料条件。

在诸多主张阿奎那胚胎理论与当代胚胎学成果存在良性关联的学者当中,埃伯尔(Jason T. Eberl)是最为活跃和富于成果的一位。在他看来,人化指的正是发育中的胚胎将智魂作为其实体性形式或组织化原则。③ 埃伯尔总结了阿奎那胚胎发生哲学的两个基本立场:"所有的人都是位格";"生长中

---

① Joseph F. Donceel, S. J., "Immediate Animation and Delayed Hominization," *Theological Studies*, Vol. 31, No. 1 (1970):83.

② Joseph F. Donceel, S. J., "Immediate Animation and Delayed Hominization," *Theological Studies*, Vol. 31, No. 1 (1970):82-83.

③ See Jason T. Eberl, "Aquinas's Account of Human Embryogenesis and Recent Interpretations," *Journal of Medicine and Philosophy*, Vol. 30, Iss. 4 (2005):380.

的胚胎既不是位格,也不是人(human being),直至其质料为智魂所充满"。① 他也指出,对于人的"生命"何时开始,在科学及哲学团体中并不存在太大的争议,"生命始于精子与卵子所包含的遗传信息相结合,形成一个在基因方面独一无二的细胞那一刻"。但在其获得位格身份,即实现人化的时刻上则存在重大分歧。② 在埃伯尔看来,精卵结合(受精)的那一刻所形成的拥有完整染色体 DNA 基因信息的受精卵,只是在基因上(genetically)独特的生物实体,而尚且不是本体论意义上(ontologically)的位格个体,它只能算是作为"人类生物学物质"(human biological material)的一个细胞簇。③ 而真正独一无二的个别实体(unique individual entity)——位格,"作为一个个别的、拥有完整生物学有机体,具备生命、感知和理性思维机能(即一个既有身体又有人类智魂的存在者),其具现化(instantiation)时刻在于开始形成原线(primitive streak)、有机体的分离(即双胞胎)不再可能、形成真正意义上的胚胎的细胞群确定独一结果之时"。④

前文提到人化问题的两种基本立场:即刻人化说与延后人化说。根据阿奎那的观点,唯有耶稣基督实现了即刻人化,

① Jason T. Eberl, *Thomistic Principles and Bioethics* (London/New York: Routledge, 2013), 25.

② See Jason T. Eberl, "The Beginning of Personhood: A Thomistic Biological Analysis," *Bioethics*, Vol.14, No.2(2000): 135.

③ See Jason T. Eberl, "The Beginning of Personhood: A Thomistic Biological Analysis," *Bioethics*, Vol.14, No.2(2000): 151.

④ Jason T. Eberl, "The Beginning of Personhood: A Thomistic Biological Analysis," *Bioethics*, Vol.14, No.2(2000): 150.

原因不在于智魂,而在于他身体的完整性。于是,身体质料的条件成为胚胎人化的核心变量。换句话说,智魂的最终赋予,并非取决于上帝的意志,而同样取决于胚胎的质料对于智魂的接纳性。这一观点有利于与当代胚胎科学实现会通,后者普遍认为,胚胎大脑皮质的形成,为人理性思维的开展提供了实质性的质料条件,那么用阿奎那的哲学语言来说,便意味着"智魂充满",上述唐希尔也认同这一观点。但埃伯尔不支持唐希尔的立场,他指出受精卵或早期胚胎并不是如阿奎那所说的仅具有"被动的(成为有理性机能的人的)潜能"(*potentia passiva*),而是在其内部(不需假外部力量)已具有发展出理性机能的,从而成为真正意义上的人的主动潜能(*potentia activa*),"……一个受精卵或早期胚胎在形成功能健全的大脑皮质之前,便拥有理性思维的主动潜能,它当下已具有展开这一运作之能力的自然潜能"。[1] 因此,在埃伯尔看来,在受精后约两周所形成的单细胞受精卵或早期胚胎,作为"受精的实时产物","可以恰当理解为已被注入智魂"。[2]

329

根据阿奎那的理论,胚胎的成形力是通过父亲的精子传递到胚胎的,而非来自受精卵本身。埃伯尔则结合当代医学及基因学成果,对阿奎那的理论进行了重新阐释,他指出,与其设定成形力存在于父母的配子(父亲的精子)中,不如认为成形力源自(而非等同)父母的基因,而出现于胚胎当中。进

① Jason T. Eberl, *Thomistic Principles and Bioethics* (London/New York: Routledge, 2013), 29.

② Jason T. Eberl, *Thomistic Principles and Bioethics* (London/New York: Routledge, 2013), 31.

而言之,"与其说胚胎的基因仅体现了成形力,不如说它标志着智魂的出现,一旦合适的感觉及想象器官形成并开始运作,智魂便作为主动的'蓝图'开始运作,引导胚胎从一个具有理性思维之主动潜能的人,发展成为一个能进行实际理性思维的人"。① 帕斯瑙也对阿奎那的"成形力"概念略有微词,认为它不过是对某种我们知道其存在但却无法解释的对象的"占位符"(placeholder),虽对精子的运作做出了一些叙述,但并未给出实质性的界说。帕斯瑙还指出,成形力与 DNA 最为关键的差异在于后者"存在于每个细胞当中",消除了设定"建造大师"(master builder)的需要。② 我们也可以站在埃伯尔的立场上,认为"成形力"是对"基因"不明就里的阿奎那所借助的一个替代性的哲学理解工具。

埃伯尔所建议的胚胎人化时刻为"开始形成原线、有机体的分离(即双胞胎)不再可能、形成胚胎本身的细胞群确定独一结果之时",该时刻在胚胎科学研究中被认为是胚胎发生的一个关键性时刻。原线(或称"胎线原条")的形成处于胚胎原肠胚形成(gastrulation)的初期,紧随胎囊(blastocyst)着床(implantation),器官开始发生。着床意味着胚胎开始与母体实现营养"对接",基本上可以对应阿奎那意义上从母体获得质料与生魂的胚胎开始具备进一步迈向觉魂赋予的质料

---

① Jason T. Eberl, "Aquinas's Account of Human Embryogenesis and Recent Interpretations," *Journal of Medicine and Philosophy*, Vol. 30, Iss. 4 (2005):389–390.

② See Robert Pasnau, *Thomas Aquinas on Human Nature: A Philosophical Study of Summa Theologiae Ia 75–89*(Cambridge: Cambridge University Press, 2002),104.

条件时期。此时,胚胎干细胞的全能性(totipotency)开始实现分化,不再拥有成为"任何个体"的可能性,胚胎内物质与胚胎外物质也开始分离,为日后进一步形成胎儿(fetus)及胎盘、脐带做准备。福特(Norman M.Ford)也强调,受孕两周之后的胚胎便可称为"人",因失却多胞胎的可能性(不再是不同实体的混合物)及全能细胞特性,方才成为真正的单个有机体。① 而可以证伪即刻人化说的同卵双生(monozygotic twins)现象,也在此一时刻基本呈现出来,不会出现在着床前"单一潜在位格"分裂成"两个实在位格"的矛盾。②

第三节　从位格伦理到生命伦理

一直以来,天主教会官方对于胚胎位格身份的关注,主要是针对现实伦理问题,其中以堕胎问题为至重。在实践层面,新旧天主教法典均对堕胎实施自科绝罚(*latae sententiae*)的

---

① See Jason T. Eberl, *Thomistic Principles and Bioethics* (London/New York:Routledge,2013),31.

② 也有学者指出,以类似理由将着床之前的胚胎视为"前位格"(pre-person)的立场,夸大了胚胎干细胞全能性作为科学"假说"的可能性以及同卵双生的可能性。John R.Meyer, "The Ontological Status of Pre-implantation Embryos," in Jason T. Eberl (ed.), *Contemporary Controversies in Catholic Bioethics*(Cham:Springer,2017),18.梅尔(John R.Meyer)特别指出,"当孪生确定在进行时,它可以很好地归因于一个克隆胚胎的全能性潜能。同时,并不存在非人为的生物学指示,能够将一簇细胞同初生胎区分开米,而分离单细胞受精卵和多细胞胚胎的模糊界限,也令关于本体论之个体的清晰生物学标识这一观念变得不太合乎情理。"John R.Meyer, "The Ontological Status of Pre-implantation Embryos," in Jason T.Eberl(ed.), *Contemporary Controversies in Catholic Bioethics*(Cham:Springer,2017),31.

严厉处置。① 在理论上以前述早期教父德尔图良等的即刻赋魂—人化说为典型代表,强调胚胎自受孕便已成人,从而以笼统的"生命"覆盖了位格身份问题。教宗格里高利十四世(Pope Gregory XIV, 1590 - 1591)曾沿用亚里士多德对"有(智)魂"胚胎和"无(智)魂"胚胎的区分,支持针对后者的堕胎行为无须受绝罚。教宗庇护九世(Pope Pius IX, 1792 - 1878)则强调赋魂可能在受孕时已经发生,1869 年他明文反对区分有(智)魂胚胎与无(智)魂胚胎,主张在任何孕期堕胎都应受绝罚。② 而梵二会议之后的教宗约翰保罗二世(Pope John Paul II, 1978-2005)则亲承教会的训导并未"正式介入"(expressly committed itself)与人类胚胎有关的科学争论以及哲学方面的讨论。③ 同时,天主教神学家拉纳也同样强调,天主教会除过谴责认为"赋魂发生在婴孩出生后的某一具体时间点"的观点之外,就胚胎在发生过程中获得上帝创造的个体灵性灵魂(即智魂)的确切时间,并未给出官方的声明。④

我们可以说,天主教会官方对于胚胎生命伦理的立场,更多是出于道义(人道)或基于神学方面的理由,而非基于哲学形而上学或自然科学成果。相比之下,阿奎那的中世纪思想遗产,反而能兼顾多方,并特别在跨时代的意义上实现了古典

---

① See *1917 CIC*, 2350, §1; *1983 CIC*, 1398.

② See John R. Connery, S. J., *Abortion: The Development of the Roman Catholic Perspective* (Chicago: Loyola University Press, 1977), 148, 307.

③ See Pope John Paul II, *Evangelium Vitae*, §60.

④ See Karl Rahner, *Hominisation: The Evolutionary Origin of Man as a Theological Problem*, translated by W. J. O'Hara (New York: Herder and Herder, 1965), 94.

哲学思辨与当代自然科学的呼应和同步。我们无意夸大阿奎那思想的前瞻性,必须承认,其胚胎发生学单以自然科学的标准来看,仍然是十分落后的,处于"前科学"阶段,以阿奎那在《四部语录注释》(*Scriptum Super Sententiis*)中描述成胎具体时间为例,他指出男婴需 40 天,而女婴则需 90 天,并仍在沿袭古希腊"医学之父"希波克拉底(Hippocrates of Kos)在《论孩童的本性》(*De Natura Pueri*)中提到的"6 日为乳,9 日化血,12 日成肉,18 日具人形"的古旧理论。① 福特也就此批评阿奎那的胚胎学知识未出亚里士多德之右,这也标志了自古希腊以来千余年的生物学及科学水平仍未有实质进步。② 对此,从前文论述早可窥见一斑。但阿奎那的"相继赋魂说"及"延后人化说"的胚胎发生哲学,以哲学的概念与方法,明确而详细地在时间序列上分解胚胎赋魂——人化,视之为一个循序渐进、清晰可辨、有章可循的过程——该过程魂一体同步,

333

① See St.Thomas Aquinas, *Scriptum Super Sententiis*, III, dist.3, q.5, a.2.原文为:"*In aliis (scil. a Christo) autem haec successive contingunt, ita quod maris conceptio non perficitur nisi usque ad quadragesimum diem, ut philosophus in 9 de animalibus dicit, feminae autem usque ad nonagesimum. Sed in completione corporis masculi videtur Augustinus superaddere sex dies, qui sic distinguuntur, secundum eum in epistola ad Hieronymum. Semen primis sex diebus quasi lactis habet similitudinem; novem diebus vertitur in sanguinem; deinde duodecim diebus solidatur; decem et octo diebus formatur usque ad perfecta membrorum lineamenta; et hinc jam reliquo tempore usque ad tempus partus magnitudine augetur; unde versus: sex in lacte dies, ter sunt in sanguine terni, bis seni carnem, ter seni membra figurant. In Christi autem conceptione materia quam virgo ministravit, statim formam et figuram humani corporis accepit, et animam, et in unitatem divinae personae assumpta est.*"

② See Norman M. Ford, S.D.B., *When Did I Begin? Conception of the Human Individual in History, Philosophy and Science* (New York/Cambridge: Cambridge University Press, 1988), 39.

本性与超性(神圣性)协作并举,并前瞻性地将人位格化的时刻置于降生之前、胚胎的相应身体机能满全之后,且并不偏离西方哲学传统对人之本性——"(拥有智魂的)理性动物"一以贯之的立场。这得益于阿奎那对质形论形而上学的坚持,一方面强调实体性形式(智魂、理性)对于人的本体论意义,另一方面也丝毫不忽视生物学意义上人之为人的质料条件,令他的胚胎发生哲学具有跨越时代、学科而与当代医学、胚胎学、遗传学等自然科学成果会通的纵深度与开放性。唐希尔便大胆声称,阿奎那的胚胎理论是"错误的生物学信息与合理的哲学之混合体"。① 这显然是对阿奎那哲学非常之高的评价。

同时,阿奎那的质形论灵魂观,不仅体现为灵魂的赋予与身体质料条件的同步,更是凸显了身体对于灵魂的接纳对灵魂本身所具有的积极意义,成为对亚里士多德质形论的进一步发展,例如他指出,尽管智魂作为自立体可独立自存,但亦可与身体质料结合而以新的方式发挥自身机能,特别反映在智魂通过身体感官形成明晰知识上。② 因此,身体在位格定义中理应占有一席之地,而身体因素在生命伦理中的重要性,尤其体现在诸如胚胎、持续/永久性植物人这些理性机能不甚明确的特殊情况当中。在众多的位格定义中,我们推举斯特劳森(Peter F. Strawson)意识与身体的位格双重性理论,在其

① Joseph F. Donceel, S.J., "Immediate Animation and Delayed Hominization," *Theological Studies*, Vol.31, No.1(1970):79.

② See St. Thomas Aquinas, *Summa Theologiae*, I, q.76, a.5; I, q.77, a.8; I, q.84, a.7.

代表作《个体：描述性形而上学论》(*Individuals: An Essay in Descriptive Metaphysics*)中，斯特劳森定义位格如下：

> 我所说的位格概念是一种实体(entity)的概念，它既指称意识状态(states of consciousness)，又指身体特征(corporeal characteristics)、物质状况(physical situation)等等，二者对于该单一类型的单个个体同等适用。……这里所说的意识状态，其必要条件根本就是：它们应当与身体特征、特定的物质状况所指为相同的东西。……我们试图将位格思考为两种主体的复合物——一方面是经验主体(纯粹的意识、自我【ego】)，另一方面则是身体属性(corporeal attributes)的主体。①

335

位格身份关乎人的尊严，在前文所列举的位格身份的诸多定义中，我们看到突出的功能主义立场(functionalism)占据主导，这些立场均强调位格需具备某些机能，其中最关键的便是理性机能。由此，包括胚胎及持续/永久性植物人的位格身份便面临某种不确定性。在实践当中，同样需要位格拥有超出法理学内涵之外的形而上学意义，洛克的位格身份定义显然只能支持位格作为权责主体的法理学地位，但作为一个"存在者"的本体论尊严与价值，却更是生命伦理所关注的核心，在法理学意义上作为非责任能力主体，胚胎(乃至未成年人)、持续/永久性植物人等，在伦理学实践层面仍为拥有起码是生存权的权利主体。身体、特别是"活的"(living)身体

---

① Peter F. Strawson, *Individuals: An Essay in Descriptive Metaphysics* (Garden City, NY: Doubleday Anchor Books, 1963), 98.

的位格身份,应得以确立。与此同时,辛格定义位格是"至少在最低程度上拥有我们物种特有能力的存在者,包括意识、感知周遭的能力、关联他者的能力,也许甚至包括理性和自我意识"。① 对于这里提到的"关联他者的能力",我们可以稍作发挥引申,辛格本意是指位格"主动"与他者的沟通与关联,我们也可以把这种关联理解为"被动的"关联,即在所属共同体的关系中"被视为"是一个位格,体现在具体伦理境遇中,即家庭—社会共同体对胚胎、持续/永久性植物人位格身份的认同,于是,在关乎胚胎的伦理问题上,胚胎位格身份的确立也可以考虑胚胎的"位格际身份"(inter-personhood),这样的位格身份界定才能真正体现人道主义的伦理精神。②

当代西方世界风起云涌的"保护生命运动"(Pro-Life Movement),伊始以"反堕胎运动"(Anti-Abortion Movement)的形式开展,反对人工流产的社会运动及思潮,成为当今生命伦理中强调无条件生命权,主张生命优先的急先锋,而天主教会便是典型的"保护生命"旗手,与世俗人文社会所主张的"选择为先"(pro-choice)原则相映成趣且针锋相对,在多个问题域中构成当今伦理生态的核心内在张力。"生命伦理"这一概念最早由德国神哲学家雅尔(Fritz Jahr)以德文术语

① Peter Singer and Deane Wells, *The Reproductive Revolution: New Ways of Making Babies*(Oxford: Oxford University Press,1984),90.

② 近些年,香港多处公众墓园陆续开放"天使花园",为未满24周而不幸流产的胎儿遗骸设立安灵丧葬服务,既将这些胎儿视为逝世"位格"加以纪念,更有安抚其家庭成员("失胎父母")哀恸之人道效用。"天使花园"可以视为尊重位格生命的人道精神在生命伦理领域一个非常值得欣赏的践行个案,更突出了位格际身份在家庭共同体中的重要性。

Bio-Ethik 提出,他倡议"尊重每个有生命者,原则上以其自身为目的"的所谓"生命伦理律令"(Bioethical Imperative)。①词前缀 bio 源自希腊文 βios,意思即为"生命"。从字面上看,生命伦理就是关乎生命的伦理学,但作为应用伦理学门类,它却必须先以关怀"生命"为名,以人道主义为本,以人之位格为基点,重点探讨人的生命重大事态,实现对人类位格生命在各个阶段的关怀,成为一门"位格伦理",其后由人类位格再进一步外推至对包括动植物在内,乃至于以类比或关系性(共同体)方式涵括无灵存在物在内的广义生命的尊重与关怀,借此建立起当代精神生态所崇尚的所谓"生命共同体",走向保存广义生命的终极精神旨归。而对生命的保存本身便符合自然法而成为合乎伦理的基本行为准则,正如阿奎那自然法理论中说强调的"每一实体皆求保存合于其本性的现实"。阿奎那对生命的定义也体现了生命的无所不包,生命就是存在,

> 生命(*vita*)这个名称是取自物的一外在现象,即自己推动自己(*movere seipsum*);然而这个名称原本所要标示的,却不是这一现象,而是一个依其本性应会自动或者促使或启动自己从事各种活动的实体。依此,生活(*vivere*)无非就是在此种本性中的存在(*esse*),而生命则是以抽象的方式来表示此点。②

---

① See Fritz Jahr, "Bio-Ethik: Eine Umschau über die ethischen Beziehungen des Menschen zu Tier und Pflanze," *Kosmos: Handweiser für Naturfreunde*, 24 Jahrgang, Heft 4(1927): 2-4.

② St. Thomas Aquinas, *Summa Theologiae*, I, q.18, a.2.

上帝的生命是生命"至极的方式"（*vita maxime proprie*），而一切在上帝之内的受造物都是生命，也都是上帝的生命本身。①

胚胎的位格身份在形而上学的意义上实有争议，但其作为一个潜在的或行进中的"生命"，对它的保存，于它自身以及与它同属共同体的其他位格而言，绝对无条件地符合自然本性，在此意义上，无论抱持即刻人化说，还是延后人化说，都在自然法的框架内，负有尊重和保存处于任何阶段的胚胎的伦理义务。同样也正是在此意义上，位格身份或人化的判准问题，不再是有关讨论的分歧之所在，而不过是自亚里士多德—阿奎那哲学以来的知识传统，与当代医学及生命科学等自然科学学科的研究成果尝试建立接合从而实现良性互动的理论基础。生命伦理"尊重生命"、"保存生命"的主张，应当最好建立在"位格伦理"的基础之上，在学理知识层面先厘清和确立位格身份及其伦理价值，并与其他相关学科展开良性的交叉对谈与会通，为后者在人类生活实践领域的健康发展提供符合人自然本性的、温和而人道的调适，进而越出人类中心主义，外推并拓及广义的生命，在"爱的秩序"下循序渐进，实现对生命的终极关怀，方为生命伦理之正道，否则所谓符合人自然本性的"保存生命"之自然法律令，只会成为缺乏深度和基础的"空中楼阁"。

---

① See St. Thomas Aquinas, *Summa Theologiae*, I, q.18, a.4.

参考文献

阿奎那著作

《反异教大全》(四卷五册:《论上帝》、《论创造》、《论运筹(上)、(下)》、《论救赎》),段德智译,北京:商务印书馆,2017年。

《论真原》、《论万物》、《论万事》、《论奥理》(《驳异大全》),吕穆迪译述,台北市:台湾商务印书馆,2010年。

《神学大全》(十九册),刘俊余、陈家华、高旭东、周克勤、胡安德、王守身译,台南市:碧岳学社/高雄市:中华道明会,2008年。

Commentary on Aristotle's Nicomachean Ethics. Translated by C.I.Litzinger, O.P. Notre Dame: Dumb Ox Books, 1993.

Commentary on the Book of Causes. Translated by V.Guagliardo, C.Hess & R.Taylor. Washington D.C.: Catholic University of America Press, 1996.

De malo(On Evil). Edited by Brain Davies and translated by Richard Regan. Oxford/New York: Oxford University Press, 2003.

Disputed Questions on the Virtues. Edited by E. M. Atkins & Thomas Williams. Translated by E. M. Atkins. Cambridge/New

York: Cambridge University Press, 2005.

Disputed Questions on the Virtues. Translated by Jeffrey Hause & Claudia Eisen Murphy. Indianapolis/Cambridge: Hackett Publishing Company, Inc., 2010.

Quaestiones Disputatae de Veritate. Edited by Joseph Kenny, O. P. and translated by Robert W. Mulligan, S. J., James V. McGlynn, S. J., and Robert W. Schmidt, S. J. Chicago: Henry Regnery Company, 1952–1954.

Questions on the Soul. Translated by James H. Robb. Milwaukee: Marquette University Press, 2009.

Summa Contra Gentiles. Edited by Joseph Kenny, O. P. New York: Hanover House, 1955–1957.

Summa Theologiae. Translated by Fathers of the English Dominican Province. Cincinnati: Benziger Bros., 1947.

Summa Theologicae (Latin Edition). Paris: L. Vivès, 1856.

Treatise on the Virtues. Translated by John A. Oesterle. Englewood Cliffs: Prentice Hall, 1966/Notre Dame: University of Notre Dame Press, 1984.

外文书目

Allen, Prudence. "Where Is Our Conscience?: Aquinas and Modern and Contemporary Philosophers." *International Philosophical Quarterly* 44, no.3 (2004): 335–372.

Amerini, Fabrizio. *Aquinas on the Beginning and End of Human Life*. Translated by Mark Henninger. Cambridge: Harvard University Press, 2013.

Anscombe, Gertrude Elizabeth Margaret. " Modern Moral Philosophy."*Philosophy* 33, no.124(1958) :1-19.

Aristotle.*Nicomachean Ethics*.Edited and translated by Roger Crisp;Translated by David Ross & Lesley Brown.Cambridge/New York:Cambridge University Press, 2000 [2009].

Aristotle.*The Complete Works of Aristotle* (2 Vols.). Edited by Jonathan Barnes.Princeton:Princeton University Press, 1995.

Aristotle.*The Works of Aristotle*.Translated by William David Ross.Oxford:Clarendon Press, 1952.

Audi, Robert, ed.*The Cambridge Dictionary of Philosophy*, 2nd edition.Cambridge/New York:Cambridge University Press, 1995 [1999].

Augustine of Hippo, St.*De diversis quaestionibus octoginta tribus*.Edited by Lorenzo Perrone, Jean Pépin & Francesca Cocchini.Roma:Città Nuova, 1996.

Augustine of Hippo, St.*The Works of Saint Augustine: A Translation for the 21st Century*. New York: New City Press, 1991-2012.

Baker, Robert and Frederick Elliston, ed.*Philosophy and Sex*.Amherst, N.Y.:Prometheus Books, 1994.

Barnwell, Michael. " Aquinas's Two Different Accounts of Akrasia." *American Catholic Philosophical Quarterly* 84, no. 1 (2010) :49-67.

Bejczy, István P, ed.*Virtue Ethics in the Middle Ages: Commentaries on Aristotle's Nicomachean Ethics, 1200 – 1500. Leiden/Boston: Brill, 2008.

Benzoni, Francisco J.*Ecological Ethics and the Human Soul: Aquinas, Whitehead, and the Metaphysics of Value.* Notre Dame, Indiana: University of Notre Dame Press, 2007.

Berlin, Isaiah.*Four Essays in Liberty.*London/New York: Oxford University Press, 1969.

Black, Peter. "The Broken Wings of Eros: Christian Ethics and the Denial of Desire." *Theological Studies*, no.64 (2003) : 106–126.

Boland, Vivian O. P. " Aquinas and Simplicius on Dispositions: A Question in Fundamental Moral Theory." *New Blackfriars* 82, Issue 968(2001):467–480.

Bonner, Gerald. " Libido and Concupiscentia in St. Augustine."*Studia Patristica* 6(1962):303–314.

Bouchard, Charles E., O. P. " Recovering the Gifts of the Holy Spirit in Moral Theology."*Theological Studies*, no.3(2002): 539–558.

Boyd, Craig."Is Thomas Aquinas a Divine Command Theorist?"*Modern Schoolman* 75(1998):209–226.

Bradley, Denis J. " Thomas Aquinas on Weakness of the Will." In *Studies in Philosophy and the History of Philosophy: Weakness of Will from Plato to the Present*, edited by Tobias Hoffmann. Washington, DC.: Catholic University of American Press, 2008, 82–114.

Broad, Charlie Dunbar. *Five Types of Ethical Theory.* London/New York : Harcourt, 1930.

Broom, Donald M. *The Evolution of Morality and Religion.* Cambridge : Cambridge University Press, 2003.

Brugger, E. Christian. " The First Principles of the Natural Law and Bioethics." *Christian Bioethics* : *Non-Ecumenical Studies in Medical Morality.* Vol.22, Iss.2, (2016) : 88-103.

Buber, Martin. *I and Thou.* Translated by Walter Kaufmann. New York : Scribner, 1970.

Bulman, Raymond F. and Frederick J. Parrella, ed. *Paul Tillich* : *A New Catholic Assessment.* Collegeville : The Liturgical Press, 1964.

Cessario, Romanus, O.P. *The Moral Virtues and Theological Ethics.* Notre Dame : University of Notre Dame Press, 1991.

Clayton, Philip and Jeffrey Schloss, ed. *Evolution and Ethics* : *Human Morality in Biological & Religious Perspective.* Grand Rapids : Eerdmans, 2004.

Connery, John R.S.J. *Abortion* : *The Development of the Roman Catholic Perspective.* Chicago : Loyola University Press, 1977.

Coolman, Boyd Taylor. " Gestimmtheit : Attunement as A Description of the Nature-Grace Relationship in Rahner's Theology." *Theological Studies* 70(2009) : 782-800.

D' Arcy, Eric. *Conscience and Its Right to Freedom.* London/New York : Sheed and Ward, 1961.

Darwin, Charles. *The Origin of Species.* Harmondsworth : Penguin,1968.

Dawkins,Richard.*The Selfish Gene.*The 30th anniversary e-dition.Oxford:Oxford University Press,2006.

De Finance,Joseph,S.J.*An Ethical Inquiry.*Rome:Gregorian & Biblical Press,2011.

DeYoung, Rebecca Konyndyk, Colleen McCluskey, and Christina Van Dyke, ed.*Aquinas's Ethics:Metaphysical Foundations,Moral Theory,and Theological Context.*Notre Dame:University of Notre Dame Press,2009.

Di Blasi,Fulvio,Joshua P.Hochschild & Jeffrey Langan,ed. *Virtue's End:God in the Moral Philosophy of Aristotle and Aquinas.*South Bend:St.Augustine's Press,2008.

Dodds,Michael J."Thomas Aquinas,Human Suffering,and the Unchanging God of Love." *Theological Studies* 52(1991): 330-344.

Dombrowsky,Thomas A.& Jennifer Gray."Continence and Incontinence: A Concept Analysis." *Journal of Theory Construction & Testing* 16,no.2(2012):31-36.

Donceel,Joseph F.S.J."Immediate Animation and Delayed Hominization."*Theological Studies.*Vol.31,No.1(1970):76-105.

Dugatkin,Lee Alan.*The Altruistic Equation:Seven Scientists Search for the Origins of Goodness.* Princeton/Oxford:Princeton University Press,2006.

Dulles,Avery Cardinal, S. J. "Love, the Pope, and C. S. Lewis."*First Thing* 169(2007/1):20-24.

Eberl, Jason T. (ed.). *Contemporary Controversies in Catholic Bioethics. Cham*: *Springer*, 2017.

Eberl, Jason T. " Aquinas's Account of Human Embryogenesis and Recent Interpretations." *Journal of Medicine and Philosophy.* Vol.30, Iss.4 (2005) :379–394.

Eberl, Jason T. "The Beginning of Personhood: A Thomistic Biological Analysis." *Bioethics.* Vol.14, No.2 (2000) :134–157.

Eberl, Jason T. *Thomistic Principles and Bioethics*, London/New York: Routledge, 2013.

Elders, Leo. " The Aristotelian Commentaries of St. Thomas Aquinas." *The Review of Metaphysics* 63, no.1 (2009) :29–53.

Eliade, Mircea. *The Sacred and the Profane*: *The Nature of Religion.* Translated by Willard R. Trask. New York/London: Harcourt, Inc. , 1987.

Eschmann, Ignatius Theodore, O. P. *The Ethics of Saint Thomas Aquinas*: *Two Courses.* Toronto: Pontifical Institute of Mediaeval Studies, 1997.

Field, Alexander J. *Altruistically Inclined? The Behavioral Sciences, Evolutionary Theory, and the Origins of Reciprocity.* Ann Arbor: The University of Michigan Press, 2001.

Flannery, Kevin L. S. J. " Can an Aristotelian Consider Himself a Friend of God?" In *Virtue's End*: *God in the Moral Philosophy of Aristotle and Aquinas*, edited by Fulvio Di Blasi, Joshua P. Hochschild & Jeffrey Langan. South Bend: St. Augustine's Press, 2008, 1–12.

Flescher, Andrew Michael and Daniel L. Worthen. *The Altruistic Species: Scientific, Philosophical, and Religious Perspectives of Human Benevolence.*Philadelphia: Templeton Foundation Press, 2007.

Ford, Norman M.S.D.B.*When Did I Begin? Conception of the Human Individual in History, Philosophy and Science.* New York/Cambridge: Cambridge University Press, 1988.

Fox, Thomas C. *Sexuality and Catholicism.*New York: G. Braziller, 1995.

Fullam, Lisa. "Toward a Virtue Ethics of Marriage: Augustine and Aquinas on Friendship in Marriage." *Theological Studies*, no. 73(2012):663–692.

Gahl, Robert A. Jr. "Who Made the Law? God, Ethics, and the Law of Nature." In *Virtue's End: God in the Moral Philosophy of Aristotle and Aquinas*, edited by Fulvio Di Blasi, Joshua P. Hochschild & Jeffrey Langan. South Bend: St. Augustine's Press, 2008:113–123.

Gallagher, David M. "Thomas Aquinas on Self-Love as the Basis for Love of Others." *Acta Philosophica* 8 (1999), fasc. 1: 23–44.

George, Marie I. "Aristotle vs. the Neo-Darwinians: Human Nature and the Foundation of Ethics." In *Virtue's End: God in the Moral Philosophy of Aristotle and Aquinas*, edited by Fulvio Di Blasi, Joshua P. Hochschild & Jeffrey Langan. South Bend: St. Augustine's Press, 2008, 44–66.

Gilson, Etienne. *Thomism : The Philosophy of Thomas Aquinas.* Translated by Laurence K. Shook and Armand Maurer. Toronto : Pontifical Institute of Mediaeval Studies, 2002.

Grabowski, John S. *Sex and Virtue : An Introduction to Sexual Ethics.* Washington, D. C. : Catholic University of America Press, 2003.

Grant, Colin. *Altruism and Christian Ethics.* Cambridge : Cambridge University Press, 2001.

Gudorf, Christine E. *Body, Sex and Pleasure : Reconstructing Christian Sexual Ethics.* Cleveland : Pilgrim Press, 1994.

Guevara, Daniel. "The Will as Practical Reason and the Problem of Akrasia." *The Review of Metaphysics* 62, no.3 (2009) : 525-550.

Guo, Qiyong. "Is Confucian Ethics a 'Consanguinism'?" *Dao : A Journal of Comparative Philosophy* 6 (2007) : 21-37.

Haldane, John and Patrick Lee. "Aquinas on Human Ensoulment, Abortion and the Value of Life." *Philosophy.* Vol. 78, Iss. 2 (2003) : 255-278.

Haught, John F. *Science & Religion : From Conflict to Conversation.* New York/Mahwah, N.J. : Paulist Press, 1995.

Hause, Jeffrey. "Aquinas on Non-Voluntary Acts." *International Philosophical Quarterly* 46, no.4 (2006) : 459-475.

Hause, Jeffrey. "Aquinas on the Function of Moral Virtue." *American Catholic Quarterly* 81, no.1 (2007) : 1-20.

Heaney, Stephen J. "Aquinas and the Presence of the

Human Rational Soul in the Early Embryo." *The Thomist.*Vol.56, No.1(1992):19–48.

Hershenov, David & Rose Hershenov. "The Potential of Potentiality Argument." In Jason T. Eberl(ed.).*Contemporary Controversies in Catholic Bioethics.*Cham:Springer,2017,35–52.

Hibbs, Thomas.*Aquinas, Ethics, and Philosophy of Religion Metaphysics and Practice.*Bloomington/Indianapolis:Indiana University Press,2007.

Hick, John.*An Interpretation of Religion:Human Responses to the Transcendent.*New Haven:Yale University Press,1989.

Horner, David A."Is Aquinas and Act-Ethicist or an Agent-Ethicist?" *The Thomist* 70(2006):237–265.

Inglis, John. "Aquinas's Replication of the Acquired Moral Virtues:Rethinking the Standard Philosophical Interpretation of Moral Virtue in Aquinas." *Journal of Religious Ethics* 27, no.1 (1999):3–27.

Jahr, Fritz. "Bio-Ethik:Eine Umschau über die ethischen Beziehungen des Menschen zu Tier und Pflanze."*Kosmos:Handweiser für Naturfreunde.*24 Jahrgang,Heft 4(1927):2–4.

Jenkins, Willis.*Ecologies of Grace:Environmental Ethics and Christian Theology.*Oxford:Oxford University Press,2008.

Kaczor, Christopher Robert. "The Divine in Thomas's Commentary on Aristotle's Nicomachean Ethics:In What Sense Can We be Good without God?"In *Virtue's End:God in the Moral Philosophy of Aristotle and Aquinas,*edited by Fulvio Di Blasi,Joshua

P. Hochschild & Jeffrey Langan. South Bend: St. Augustine's Press, 2008, 13-26.

Kaczor, Christopher Robert. "Thomas Aquinas's Commentary on the Ethics: Merely an Interpretation of Aristotle?" *American Catholic Philosophical Quarterly* 78, no.3 (2004): 353-378.

Kaczor, Christopher. " Exceptionless Norms in Aristotle?: Thomas Aquinas and Twentieth-Century Interpreters of the Nicomachean Ethics." *The Thomist* 61, no.1 (1997): 33-62.

Kant, Immanuel. *Lectures on Ethics*. Translated by Louis Infield. Indianapolis/Cambridge: Hackett, 1930.

Keenan, James F. S. J. " Distinguishing Charity as Goodness and Prudence as Rightness: A Key to Thomas's Secunda Pars." *The Thomist* 56 (1992): 407-426.

Kent, Bonnie. "Disposition and Moral Fallibility: The Unaristotelian Aquinas." *History of Philosophy Quarterly* 29, no. 2 (2012): 141-157.

Kent, Bonnie. "Evil in Later Medieval Philosophy." *Journal of the History of Philosophy* 45, no.2 (2007): 177-205.

Kent, Bonnie. "Habits and Virtues (Ia IIae, qq.49-70)." In *The Ethics of Aquinas*, edited by Stephen Pope. Washington, DC: Georgetown University Press, 2002, 116-130.

Kent, Bonnie. " Moral Provincialism." *Religious Studies* 30 (1994): 269-285.

Kent, Bonnie. "Transitory Vice: Thomas Aquinas on Incontinence." *Journal of the History of Philosophy* 27, no. 2 (1989):

199–223.

Kim, Andrew. *An Introduction to Catholic Ethics Since Vatican II*.Cambridge University Press,2015.

Knobel, Angela McKay. "Aquinas and the Pagan Virtues." *International Philosophical Quarterly* 51, no. 3 (2011/9): 339–354.

Knobel, Angela McKay. " Can Aquinas's Infused and Acquired Virtues Coexist in the Christian Life?" *Studies in Christian Ethics* 23,no.4(2010):381–396.

Knobel,Angela McKay."Prudence and Acquired Moral Virtue." *The Thomist* 69(2005):535–555.

Knobel, Angela McKay. "*The Infused and Acquired Virtues in Aquinas' Moral Philosophy.*" PhD diss., University of Notre Dame,2004.

Knobel,Angela McKay."Two Theories of Christian Virtue." *American Catholic Philosophical Quarterly* 84, no. 3 (2010): 599–618.

Koons,Robert C. "Eros and Agape Revisited: Reconciling Classical Eudaemonism with Christian Love?" In *Reason,Revelation,and the Civic Order: Political Philosophy and the Claims of Faith*, edited by Paul DeHart and Carson Halloway. DeKalb: Northern Illinois University,2014.

Kretzmann,Norman & Eleononre Stump, ed.*The Cambridge Companion to Aquinas*. Cambridge/New York: Cambridge University Press,1993.

Kretzmann, Norman, Anthony Kenny, Jan Pinborg, and Eleonore Stump, ed. *The Cambridge History of Later Medieval Philosophy: From the Rediscovery of Aristotle to the Disintegration of Scholasticism 1100-1600.* New York: Cambridge University Press, 1982.

Kries, Douglas. "Origen, Plato, and Conscience (Synderesis) in Jeromes's Ezekiel Commentary." *Traditio* 57 (2002) :67-83.

Küng, Hans & Karl-Josef Kuschel, ed. *A Global Ethic: The Declaration of the Parliament of the World's Religions.* London/ New York: Continuum, 1993.

Küng, Hans. *Global Responsibility: In Search of a New World Ethic.* London: SCM Press, 1991.

Lawler, Michael G. and William P. Roberts, ed. *Christian Marriage and Family: Contemporary Theological and Pastoral Perspectives.* Collegeville: The Liturgical Press, 1996.

Lepojärvi, Jason. "Does Eros Seek Happiness? A Critical Analysis of C.S. Lewis's Reply to Anders Nygren." *Neue Zeitschrift für Systematische Theologie und Religionsphilosophie* 53 (2011) : 208-224.

Liu, Qingping. "Confucianism and Corruption: An Analysis of Shun's Two Actions Described in Mencius." *Dao: A Journal of Comparative Philosophy*, no.6 (2007) :1-19.

Liu, Qingping. "Filial Piety: The Root of Morality or the Source of Corruption? Is Confucian Ethics a ' Consanguinism ' ?" *Dao: A Journal of Comparative Philosophy*, no.6 (2007) :21-37.

Liu, Qingping. "Filiality versus Sociality and Individuality: On Confucianism as 'Consanguinitism'." *Philosophy East & West* 53, Iss.2(2003/4):234–250.

Liu, Qingping. "May We Harm Fellow Humans for the Sake of Kinship Love?: A Response to Critics." *Dao: A Journal of Comparative Philosophy* 7(2008):307–316.

Locke, John. *An Essay Concerning Human Understanding*. Oxford: Clarendon Press, 1975.

Lodovici, Giacomo Samek. "The Role of God in Aquinas's Ethical Thought: Can an Atheist Be Moral?" In *Virtue's End: God in the Moral Philosophy of Aristotle and Aquinas*, edited by Fulvio Di Blasi, Joshua P. Hochschild & Jeffrey Langan. South Bend: St. Augustine's Press, 2008, 101–112.

Lyons, William. "Conscience: An Essay in Moral Psychology." *Philosophy* 84(2009):477–494.

MacDonald, Scott & Eleonore Stump, ed. *Aquinas Moral Theory: Essays in Honor of Norman Kretzmann*. Ithaca/London: Cornell University Press, 1999.

MacIntyre, Alasdair. *After Virtue: A Study in Moral Theory*. 3rd edition. Notre Dame: University of Notre Dame Press, 2007.

MacIntyre, Alasdair. *Ethics and Politics: Selected Essays*, Volume 2. Cambridge/New York: Cambridge University Press, 2006.

MacIntyre, Alasdair. *Whose Justice? Which Rationality?* Notre Dame: University of Notre Dame Press, 1988.

Maguire, Daniel C. "Ratio Practica and the Intellectualistic

Fallacy." *The Journal of Religious Ethics* 10, Iss.1 (1982/Spring):
22-39.

Marietta, Don E. Jr. *For People and the Planet: Holism and Humanism in Environmental Ethics*. Philadelphia: Temple University Press, 1995.

Masek, Lawrence. "The Moral Status of Human Embryos and Other Possible Sources of Stem Cells." In Jason T. Eberl (ed.). *Contemporary Controversies in Catholic Bioethics*. Cham: Springer, 2017, 331-344.

Mattison III, William C. "Can Christians Possess the Acquired Cardinal Virtues?" *Theological Studies* 72, no.3 (2011):558-585.

Mattison III, William C. "Movement of Love: A Thomistic Perspective on Agape and Eros." *Journal of Moral Theology* 1, no.2 (2012):31-60.

Mattison III, William C. "Thomas's Categorizations of Virtue: Historical Background and Contemporary Significance." *The Thomist* 74, no.2 (2010):189-235.

McCarthy, Margaret Harper. "Agape, the Revelation of Love and Its Appeal to the Heart: A Comment on Deus Caritas Est in Light of John Paul II's Category of 'Elementary Experience'." In *The Way of Love: Reflections on Pope Benedict XVI's Encyclical Deus Caritas Est*, edited by Livio Melina and Carl A. Anderson. San Francisco: Ignatius Press, 2006, 107-122.

McKay, Angela. "Prudence and Acquired Moral Virtue." *The Thomist* 69, no.3 (2005):535-555.

Meyer, John R. "The Ontological Status of Pre-implantation Embryos." In Jason T. Eberl (ed.). *Contemporary Controversies in Catholic Bioethics*. Cham: Springer, 2017, 17–34.

Miller, Tom. "The Folly of Attributional Personhood." *Ethics in Brief*. Vol. 18(2012) , 1–4.

Miner, Robert C. "Non-Aristotelian Prudence in the Prima Secundae." *The Thomist* 64(2000) : 401–422.

Mirkes, Renée. "Aquinas on the Unity of Perfect Moral Virtue." *American Catholic Philosophical Quarterly* 71, no.4(1997) : 589–605.

Mirkes, Renée. "Aquinas's Doctrine of Moral Virtue and Its Significance for Theories of Facility." *The Thomist* 61, no. 2 (1997) : 189–218.

Munro, Donald J. "Reciprocal Altruism and the Biological Basis of Ethics in Neo-Confucianism." *Dao: A Journal of Comparative Philosophy* 1, Iss.2(2002/6) : 131–141.

Naess, Arne. "Identification, Oneness, Wholeness and Self-Realization." In *Environmental Ethics: An Introduction with Readings*, edited by John Benson. London/New York: Routledge, 2001, 243–252.

Naess, Arne. "The Deep Ecology Movement: Some Philosophical Aspects." *Philosophical Inquiry* 8, Iss. 1/2 (1986/ Winter) : 10–31.

Nelson, James B. *Between Two Gardens: Reflections on Sexuality and Religious Experience*. Eugene: Wipf & Stock Pub. , 2008.

Nelson, James B. *The Intimate Connection*: *Male Sexuality*, *Masculine Spirituality*. Philadelphia: The Westminster Press, 1988.

Niebuhr, Reinhold. *Moral Man and Immoral Society*. New York: Charles Scribner's Sons, 1932.

Nisula, Timo. *Augustine and the Functions of Concupiscence*. Leiden/Boston: Brill, 2012.

Nothwehr, Dawn M., O. S. F. " By the Power of the Holy Spirit: Discernment of Spirits and Moral Choice." *New Theology Review* 20, no.1 (2007/2) : 18-28.

Nygren, Anders. *Agape and Eros*. Translated by Philip S. Watson. Chicago: University of Chicago Press, 1982.

O ' Meara, Thomas A. and Celestin D. Weisser, ed. *Paul Tillich in Catholic Thought*. Dubuque: The Priory Press, 1964.

O ' Meara, Thomas F., O. P. " Virtues in the Theology of Thomas Aquinas." *Theological Studies* 58, no.2 (1997) : 254-285.

Oderberg, David S. "The Metaphysical Status of the Embryo: Some Arguments Revisited." *Journal of Applied Philosophy*. Vol. 25, No.4 (2008) : 263-276.

Oord, Thomas Jay. *Defining Love*: *A Philosophical, Scientific and Theological Engagement*. Grand Rapids: Brazos Press, 2010.

Origen. *De principiis* (*On First Principles*). Edited by Henri de Lubac and translated by G. W. Butterworth. Gloucester: Peter Smith, 1973.

Orsuto, Donna Lynn. "The Harmony of Love: ' Idem velle atque idem nolle ' ." In *The Way of Love*: *Reflections on Pope*

Benedict XVI's Encyclical Deus Caritas Est, edited by Livio Melina and Carl A. Anderson. San Francisco: Ignatius Press, 2006, 277-286.

Osborne, Thomas M. Jr. " Perfect and Imperfect Virtues in Aquinas." *The Thomist* 71, no.1(2007):39-64.

Osborne, Thomas M. Jr. " The Augustinianism of Thomas Aquinas's Moral Theory." *The Thomist* 67, no.2(2003):279-305.

Otto, Rudolf. *The Idea of the Holy: An Inquiry into the Non-Rational Factor in the Idea of the Divine and Its Relation to the Rational.* Translated by John W. Harvey. New York: Oxford University Press, 1958.

Pasnau, Robert. *Thomas Aquinas on Human Nature: A Philosophical Study of Summa Theologiae Ia 75-89.* Cambridge: Cambridge University Press, 2002.

Payne, Craig. *Aquinas and Bioethics: Contemporary Issues in the Light of Medieval Thought.* Iowa: Vision Pub., 2014.

Payne, Craig. *Aquinas and the Human Person: Essays in Thomistic Anthropology.* Washington, D.C.: Catholic University of America Press, 2008.

Pinsent, Andrew Charles. " *Joint Attention and the Second-Personal Foundation of Aquinas's Virtue Ethics.*" PhD. diss., Saint Louis University, 2009.

Pope Benedict XVI. *Deus Caritas est.* Washington, D.C.: United States Conference of Catholic Bishops, 2006.

Pope Francis. " Laudato si ' : Encyclical Letter on Care for

Our Common Home."

Pope, Stephen J. *Human Evolution and Christian Ethics*. Cambridge/New York: Cambridge University Press, 2007.

Pope, Stephen J. *The Evolution of Altruism and the Ordering of Love*. Washington, D.C.: Georgetown University Press, 1994.

Pope, Stephen J., ed. *The Ethics of Aquinas*. Washington, D. C.: Georgetown University Press, 2002.

Porter, Jean. "The Subversion of Virtue: Acquired and Infused Virtues in the Summa Theologiae." *Annual of the Society of Christian Ethics* 12(1992): 19–41.

Post, Stephen G., Byron Johnson, Michael E. McCullough & Jeffrey P. Schloss, ed. *Research on Altruism & Love: An Annotated Bibliography of Major Studies in Psychology, Sociology, Evolutionary Biology & Theology*. Philadelphia: Templeton Foundation Press, 2003.

Post, Stephen G., Lynn G. Underwood, Jeffrey P. Schloss & William B. Hurlbut, ed. *Altruism & Altruistic Love: Science, Philosophy and Religion in Dialogue*. Oxford: Oxford University Press, 2002.

Potts, Timothy C. "Conscience." In *The Cambridge History of Later Medieval Philosophy: From the Rediscovery of Aristotle to the Disintegration of Scholasticism* 1100 – 1600, edited by Norman Kretzmann, Anthony Kenny & Jan Pinborg. Cambridge/New York: Cambridge University Press, 1982, 687–704.

Prieto, Antonio. "Eros and Agape: The Unique Dynamics of

Love." In *The Way of Love : Reflections on Pope Benedict XVI's Encyclical Deus Caritas Est*, edited by Livio Melina and Carl A. Anderson. San Francisco : Ignatius Press, 2006, 212-226.

Rahner, Karl. "The Theological Concept of Concupiscentia." in *Theological Investigations*, Vol. I. Translated by Cornelius Ernst, O.P. London : Darton, Longman & Todd, 1965, 347-382.

Rahner, Karl. *Hominisation : The Evolutionary Origin of Man as a Theological Problem.* Translated by W.J.O' Hara. New York : Herder and Herder, 1965.

Reichberg, Gregory M. "Beyond Privation : Moral Evil in Aquinas's De malo." *The Review of Metaphysics* 55, no.4 (2002) : 751-784.

Richardson, Peter J. and Robert Boyd. *Not by Genes Alone : How Culture Transformed Human Evolution.* Chicago : University of Chicago Press, 2005.

Ridley, Matt. *The Origins of Virtue.* Harmondsworth : Penguin Books, 1997.

Robertson, Charles. "A Thomistic Analysis of Embryo Adoption." *The National Catholic Bioethics Quarterly.* Vol. 14, No. 4 (2014) : 673-695.

Rolnick, Philip A. *Person, Grace, and God.* Grand Rapids : William B. Eerdmans Publishing Company, 2007.

Rolston, Holmes III. "Can the East Help the West to Value Nature?" *Philosophy East and West* 37, no.2 (1987) : 172-190.

Rolston, Holmes III. *Environmental Ethics : Duties to and*

Values in the Natural World. Philadelphia: Temple University Press, 1988.

Ryan, Thomas, S. M. "Revisiting Affective Knowledge and Connaturality in Aquinas." *Theological Studies* 66(2005): 49-68.

Saarinen, Risto. *Weakness of Will in Medieval Thought: From Augustine to Buridan.* Leiden/New York: E.J. Brill, 1994.

Saarinen, Risto. *Weakness of Will in Renaissance and Reformation Thought.* New York/Oxford: Oxford University Press, 2011.

Salzman, Todd A. and Michael G. Lawler. *Sexual Ethics: A Theological Introduction.* Washington, D.C.: Georgetown University Press, 2012.

Schaefer, Jame. *Theological Foundations for Environmental Ethics: Reconstructing Patristic & Medieval Concepts.* Washington, D.C.: Georgetown University Press, 2009.

Schindler, D.C. "The Redemption of Eros: Philosophical Reflections on Benedict XVI's First Encyclical." *Communio*, no. 33 (2006/Fall): 375-399.

Scruton, Roger. *Sexual Desire: A Philosophical Investigation.* London: Continuum, 2006.

Sequeira, Joshua Alexander. "Synderesis and the Magisterium: A Theological Proposal." *Cuestiones Teológica* 40, no.93(2013): 47-73.

Shanley, Brian J., O. P. "Aquinas on Pagan Virtue." *The Thomist* 63, no.4(1999): 553-577.

Sherwin, Michael S., O.P. "Aquinas, Augustine, and the Medieval Scholastic Crisis Concerning Charity" In *Aquinas the Augustinian*, edited by Michael Dauphinais, Barry David and Matthew Levering. Washington, D.C.: The Catholic University of America Press, 2007, 181–204.

Singer, Peter and Deane Wells. *The Reproductive Revolution: New Ways of Making Babies*. Oxford: Oxford University Press, 1984.

Singer, Peter. "Speciesism and Moral Status." *Metaphilosophy*. Vol.40(2009): 567–581.

Snell, R.J. "Connaturality in Aquinas: The Ground of Wisdom." *Quodlibet Online Journal of Christian Theology and Philosophy* 5, no.4(2003/10).

Sober, Elliott and David Sloan Wilson. *Unto the Others: The Evolution and Psychology of Unselfish Behavior*. Cambridge, MA: Harvard University Press, 1999.

Staley, Kevin M. "Thomas Aquinas and Contemporary Ethics of Virtue." *Modern Schoolman* 66(1989): 285–300.

Stegman, Thomas D. "Saint Thomas Aquinas and the Problem of Akrasia." *The Modern Schoolman* 66, no.2(1989): 117–128.

Strawson, Peter F. *Individuals: An Essay in Descriptive Metaphysics*. Garden City, NY: Doubleday Anchor Books, 1963.

Stump, Eleonore. "The Non-Aristotelian Character of Aquinas's Ethics: Aquinas on the Passions." *Faith and Philosophy*

28, no.1 (2011) :29-43.

Stump, Eleonore. *Aquinas.* London/New York: Routledge, 2003.

Suto, Taki. "Virtue and Knowledge: Connatural Knowledge according to Thomas Aquinas." *The Review of Metaphysics* 58 (2004/9) :61-79.

Swinburne, Richard.*The Evolution of the Soul.*Oxford: Oxford University Press,1997.

Tallon, Andrew. "Connaturality in Aquinas and Rahner: A Contribution to the Heart Tradition." *Philosophy Today* 28 (1984/Summer) :138-147.

Tillich, Paul. *Love, Power and Justice: Ontological Analyses and Ethical Applications.* New York: Oxford University Press,1954.

Tillich, Paul.*Morality and Beyond.*London: Routledge,1963.

Tillich, Paul. *Systematic Theology* (3 Vols.). Chicago: University of Chicago Press,1951-1963.

Tu, Wei-ming. "Confucianism." In *Our Religions*, edited by Arvind Sharma.San Francisco: Harper San Francisco,1995.

Wang,Tao Anthony. "A Comparative Study of St.Thomas's and Tillich's Ideas of Love: Integration with the Chinese Confucian Idea of Love." In*Paul Tillich and Asian Religions*, edited by Ka-fu Keith Chan & Yau-nang William Ng.Berlin: de Gruyter,2017,137-174.

Wang,Tao Anthony."St.Thomas Aquinas's Theory of Pagan

Virtues: A Pilgrimage towards the Infused Cardinal Virtues."
Jaarboek 2014-2015 Thomas Instituut te Utrecht Jaargang 34.
Tilburg(Netherlands): Thomas Instituut te Utrecht(Universiteit
van Tilburg),27-65.

White, Lynn. "The Historical Roots of Our Ecological
Crisis."*Science*,New Series 155,no.3767(1967):1203-1207.

White,Victor O. P. "Thomism and 'Affective Knowledge'
(I)."*New Blackfriars* 24,Iss.274(1943):8-16.

White,Victor O. P. "Thomism and 'Affective Knowledge'
(II)."*New Blackfriars* 24,Iss.277(1943):126-131.

White,Victor O. P. "Thomism and 'Affective Knowledge'
(III)."*New Blackfriars* 25,Iss.294(1944):321-328.

Wilkins,Jeremy D. "Grace and Growth:Aquinas,Lonergan,
and the Problematic of Habitual Grace."*Theological Studies* 72,
no.4(2011/12):723-749.

Wilson, Edward O. *On Human Nature.* Cambridge, MA:
Harvard University Press,1978.

Yao,Xinzhong.*Confucianism and Christianity:A Comparative
Study of Jen and Agape.*Brighton:Sussex University Press,1997.

Zagzebski,Linda.*Virtues of the Mind.*Cambridge:Cambridge
University Press,1996.

中文书目

《天主教教理》,香港:公教真理学会出版,1996 年。

曾庆豹编:《朋霍费尔与汉语神学》,香港:道风书社,

2006 年。

陈来:《道德的生态观:宋明儒学仁说的生态面向及其现代诠释》,载赖品超、李景雄编:《儒耶对话新里程:第四届基督教与儒家对话国际研讨会论文集》,香港:崇基学院宗教与中国社会研究中心,2001 年。

陈声柏编:《对话:中国传统文化与和谐社会》,北京:中国社会科学出版社,2011 年。

郭齐勇主编:《儒家伦理争鸣集:以"亲亲互隐"为中心》,武汉:湖北教育出版社,2004 年。

汉斯·昆(Hans Küng):《世界伦理构想》,周艺译,北京:三联书店,2002 年。

黄信二:《论儒家伦理观:以"亲亲互隐"为中心的探讨》,《鹅湖月刊》2009 年第 34 卷。

孔汉思(Hans Küng)、库舍尔(Karl-Josef Kuschel):《全球伦理:世界宗教议会宣言》,何光沪译,成都:四川人民出版社,1997 年。

赖品超、林宏星:《儒耶对话与生态关怀》,北京:宗教文化出版社,2006 年。

赖品超:《仁爱与神爱:中西慈善精神对比》,《汉语基督教学术论评》2009 年第 7 期。

赖品超:《文化多元与生物多样:从跨文化对话的生态转向反思基督宗教的环境伦理与宗教对话》,载卓新平、许志伟编:《基督宗教研究》,第 9 辑,北京:宗教文化出版社,2006 年。

赖品超:《休谟〈自然宗教对话录〉第十至十一章:一个跨

文化的解读》,《哲学门》2006 年第 14 辑。

赖品超:《宗教对话的生态转向:从儒耶对话到耶佛对话》,《新世纪宗教研究》2005 年第 4 期。

刘鹤龄:《所罗门王的魔戒:动物利他行为与人类利他主义》,北京:科学出版社,2008 年。

鲁道夫·奥托(Rudolf Otto):《论"神圣":对神圣观念中的非理性因素及其与理性之关系的研究》,成穷、周邦宪译,王作虹校,成都:四川人民出版社,1995 年。

罗秉祥、谢文郁主编:《耶儒对话:问题在哪里?》(上、下),桂林:广西师范大学出版社,2010 年。

洛克(John Locke):《人类理解论》,关琪桐译,北京:商务印书馆,1991 年。

马丁·布伯(Martin Buber):《我与你》,陈维纲译,北京:三联书店,2002 年。

麦金太尔(Alasdair MacIntyre):《谁之正义? 何种合理性?》,万俊人等译,北京:当代中国出版社,1996 年。

麦金太尔(Alasdair MacIntyre):《追寻美德:伦理理论研究》,宋继杰译,南京:译林出版社,2003 年。

苗力田主编:《亚里士多德全集》(十卷本),北京:中国人民大学出版社,1990 年。

墨翟:《墨经校诠》,高亨校诠,北京:中华书局,1962 年。

王守仁:《王阳明全集》(两卷本),吴光、钱明、董平、姚延福编校,上海:上海古籍出版社,1992 年。

王涛、赖品超:《从基督宗教、儒家及演化论看利他主义》,《汉语基督教学术论评》2013 年第 15 期。

王涛、赖品超:《再思圣多玛斯的生态伦理》,《哲学与文化》2010 年第 11 期。

王涛:《反思异教德性:圣多玛斯·阿奎那德性理论研究》,《汉语基督教学术论评》2015 年第 19 期。

王涛:《婚姻圣事中的性事:圣多玛斯的婚姻伦理》,《国学与西学》2017 年第 12 期。

王涛:《缪勒比较宗教学与伊利亚德宗教现象学方法之比较研究:宗教研究的方法论及学科旨归》,《世界宗教研究》2009 年第 117 期。

王涛:《圣多玛斯·亚奎纳论自然性向:兼论良知》,《哲学与文化》2017 年第 1 期。

王涛:《圣多玛斯意志哲学中的"意志薄弱/不自制"问题》,《哲学与文化》2016 年第 9 期。

王涛:《圣托马斯与蒂利希爱观之比较研究:圣爱—欲爱和友爱的视角》,《道风:基督教文化评论》2015 年第 43 期。

王涛:《欲的概念:从圣多玛斯与拉内的观点看》,《神学年刊》2017 年第 38 期。

王涛:《圣爱与欲爱:保罗·蒂利希的爱观》,北京:宗教文化出版社,2009 年。

王涛:《圣爱与欲爱:灵修传统中的天主教爱观》,香港:香港中文大学天主教研究中心,2009 年。

王雨辰:《论生态学马克思主义的生态自然观和生态价值观》,《鄱阳湖学刊》2009 年第 2 期。

吴金瑞主编:《拉丁汉文辞典》,台中:光启出版社,1965 年。

吴言生、赖品超、王晓朝主编:《佛教与基督教对话》,北京:中华书局,2005年。

徐松石:《基督教与中国文化》,香港:浸会出版部,1979年。

亚里士多德(Aristotle):《尼各马科伦理学》,苗力田译,北京:中国人民大学出版社,2003年。

伊利亚德(Mircea Eliade):《圣与俗:宗教的本质》,杨素娥译,胡国桢校,台北:桂冠图书股份有限公司,2001年。

尤西林:《基督教超血亲伦理及其起源:从〈旧约〉到〈新约〉》,《江苏社会科学》2007年第2期。

虞格仁(Anders Nygren):《历代基督教爱观的研究:爱佳泊与爱乐实》(全二册),薛耕南等译,香港:中华信义会书报部/瑞典教会中国差会董事部,1950—1952年。

约翰·希克(John Hick):《宗教之解释:人类对超越者的回应》,王志成译,成都:四川人民出版社,1998年。

郑玄注,孔颖达正义,吕友仁整理:《礼记正义》,上海:上海古籍出版社,2008年。

中国主教团秘书处:《梵蒂冈第二届大公会议文献》,台北:中国主教团秘书处/天主教教务协进会出版社,1996年。

跋

在《托马斯·阿奎那伦理学研究》编排校订进入尾声时，适逢新近一篇生命伦理研究论文《赋魂与人化：托马斯·阿奎那的胚胎发生哲学》完成，从而幸运地成为八个章节原书稿的第九章。

在段德智教授精彩的序言中也提到，本书应用伦理学部分内容"相当丰富"，但仍然给人以"言不尽意"之感，他鼓励我也能"再接再厉"，拿出"一个个专项成果"。对于前辈的恳切劝勉，晚生也只能继续踏踏实实埋头苦读、躬身笔耕。才疏学浅，谈不上什么"专项成果"，至多算是学习心得，在阿奎那神哲学思想的宏伟殿堂中，我们也只能做一位走马观花、漫不经心的观光客，偶尔呆立在宫墙前，对某一片散发夺目光辉的精美马赛克报以一声赞叹而已。

在这里要特别感谢拙作的责任编辑洪琼先生，尽管在冗长繁重的编排工作即将大功告成的最后一刻，他也能对我贸贸然添加新章节的鲁莽要求慷慨应许，提早成全了我原本计划于"再版"时再行并入的不甚现实的小小野心。

阿奎那学术博大精深，弱水三千，取一瓢饮，谨志，是为跋。

王　涛

2019 年春暖花开于香港岛黄竹坑问涛阁

责任编辑：洪　琼

图书在版编目（CIP）数据

托马斯·阿奎那伦理学研究/王涛 著. —北京：人民出版社，
　2019.9
（经院哲学与宗教文化研究丛书）
ISBN 978－7－01－021053－7

Ⅰ.①托… Ⅱ.①王… Ⅲ.①托玛斯·阿奎那（Thomas，
　Aquinas，Saint 1225－1274）-伦理学-研究 Ⅳ.①B503.21
　②B82-095.46

中国版本图书馆 CIP 数据核字（2019）第 139010 号

托马斯·阿奎那伦理学研究
TUOMASI AKUINA LUNLIXUE YANJIU

王　涛　著

人民出版社 出版发行
（100706　北京市东城区隆福寺街99号）

中煤（北京）印务有限公司印刷　新华书店经销

2019 年 9 月第 1 版　2019 年 9 月北京第 1 次印刷
开本：880 毫米×1230 毫米 1/32　印张：12.75
字数：280 千字

ISBN 978－7－01－021053－7　定价：66.00 元

邮购地址 100706　北京市东城区隆福寺街 99 号
人民东方图书销售中心　电话（010）65250042　65289539